Für meinen Vater

WICKED OZ

Ein Backpacker-Reisetagebuch
aus Australien und Neuseeland

von

Armin Hagemann

*Bibliografische Information der Deutschen Nationalbibliothek:
Die Deutsche Nationalbibliothek verzeichnet diese Publikation in
der Deutschen Nationalbibliografie; detaillierte bibliografische Daten sind im Internet über http://dnb.dnb.de abrufbar.*

*© 2016 Armin Hagemann
Umschlaggestaltung und Karten: Armin Hagemann
Herstellung und Verlag: BoD – Books on Demand, Norderstedt
ISBN: 9783741276033*

Buy the ticket, take the ride	9
01 Sydney "I had a dream!"	11
02 "On the Road"	30
03 Byron Bay	34
04 Surfers Paradise	38
05 Noosa	41
06 Fraser Island	48
07 Hervey Bay	53
08 Agnes Water/Town of 1770	55
09 Airlie Beach & Whitsunday Islands	58
10 Townsville & Magnetic Islands	66
11 Mission Beach	71
12 Innesfail	74
13 Cairns	78
14 Cape Tribulation	80
15 Green Island	83
16 Cairns II	88
17 Von Cairns nach Mackay	92
18 Brisbane	99
19 New Zealand - Teil I	148

20 Crazy Queenstown	159
21 New Zealand - Teil II	165
22 Melbourne	186
23 Mooroopna	194
24 Melbourne II - Great Ocean Road	212
25 Adelaide	228
26 Outback	237
27 Ayers Rock, Alice Springs	245
28 Outback II	254
29 Kakadu & Litschfield National Park	262
30 Darwin	268
31 Outback III & East Coast	282
32 Cairns III	289
33 East Coast nach Mackay	300
34 Brisbane im Mai	312
35 Cairns IV at Wicked	318
36 Sydney II and Back	392
Danksagung	401

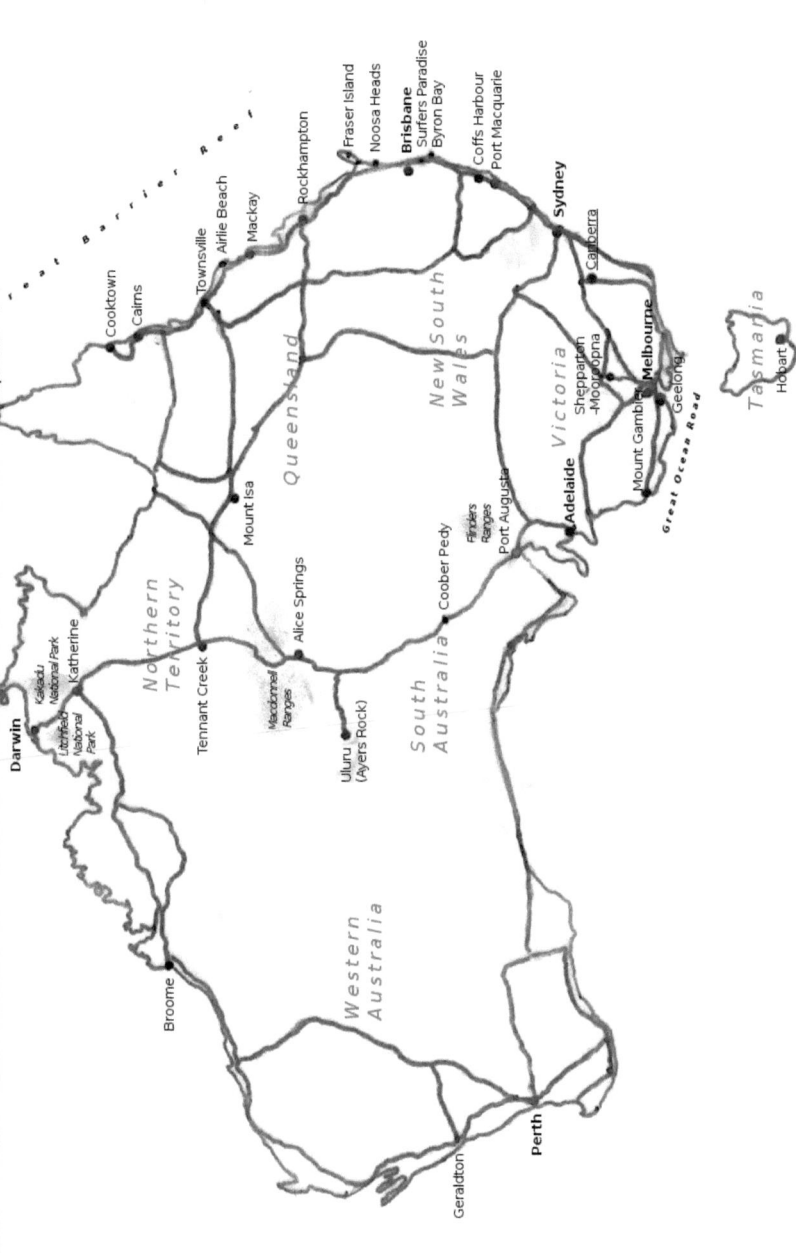

Buy the ticket, take the ride

Es ist immer wieder erstaunlich, wie kleine Dinge oder Ereignisse ein ganzes Leben beeinflussen können. Anfang des Jahres 2007 schickte mir mein langjährigster Freund eine kurze E-Mail, in der es hieß: „Schau dir das mal an, das wäre doch was für dich." Es ging um das „Work and Travel"-Visum, mit dem man in Australien ein Jahr lang reisen und arbeiten kann.

Der nachfolgende Reisebericht ist ein Backpacker-Tagebuch über das Reisen, Arbeiten und Leben in Australien und Neuseeland. Er ist aber auch ein Dokument darüber, dass es sich lohnt, etwas zu wagen, Altes loszulassen und neue Schritte zu gehen, Träume zu leben und sich neuen Herausforderungen zu stellen. Es geht darum, wie das Reisen Menschen verändert oder zu dem werden lässt, was sie eigentlich sind.

Ganz nebenbei ist der Bericht auch ein Zeitdokument des Reisens. Die Kommunikations- und Informationsmöglichkeiten haben sich bis heute gravierend verändert. WhatsApp gab es noch nicht, Facebook war noch nicht weit verbreitet. Smartphones und Tablets waren noch nicht entwickelt, WLAN/WiFi Raritäten in Hotels und Hostels. Reiseführer wurden als Bücher mitgeschleppt und lieferten die wichtigsten Ortskarten und Telefonnummern. E-Mails und Fotos wurden über Hostelrechner oder Internetcafés verschickt. Man möchte nicht von der guten alten Zeit sprechen, eher einer

Zeit des Übergangs. Durch die heutige Informationstechnologie ist das Reisen sehr viel einfacher geworden.

Allerdings sind dies alles nur Hilfsmittel auf dem Weg. Gehen muss man immer noch selber.

Und so startete auch ich meine Reise mit einem ersten Schritt, ließ das meiste in der Heimat zurück, um mit einem Rucksack von 20 Kilo das Abenteuer Australien zu starten. Oder wie es Hunter S. Thompson in seinem Buch „Fear and Loathing in Las Vegas" beschreibt:

"No sympathy for the devil; keep that in mind. Buy the ticket, take the ride ... and if it occasionally gets a little heavier than what you had in mind, well ... maybe chalk it off to forced conscious expansion: Tune in, freak out, get beaten."

1 Sydney: „I had a dream!"

Ein Traum hat sich erfüllt! Mein einziger wirklicher Traum, den ich schon seit über 15 Jahren in mir trage. Ich bin in Australien.

5:20 Uhr: Im Anflug auf Sydney muss ich eine Träne verdrücken, denn mir fällt ein, dass ich mich früher oft gefragt habe, was mein letzter Wille sein könne. Bis heute war das Ergebnis eindeutig: Einmal, wenigstens für einen Tag, nach Australien zu kommen.

Der Flughafen von Sydney ist übersichtlich. Ich bekomme sofort mein Work & Holiday Visum in den Reisepass geklebt. Es kann losgehen. Ich nehme den Shuttlebus und fahre direkt zur Sprachschule, wo mich mein Einstufungstest erwartet. Neben mir sitzen zwei Deutsche aus Kaiserslautern. Einer der beiden trägt einen hellblauen Pullover mit großer Hamburg-Aufschrift. Die fast einstündige Fahrt durch Sydneys Morgen kann ich dabei noch gar nicht richtig aufnehmen.

Um sieben Uhr bin ich vor der Schule, eine Stunde, bevor sie öffnet. Ich gehe in eine kleine Essbude an der Ecke und bestelle ein Frühstück mit fettigen Würstchen, Speck und Eiern.

Nach ein paar Jahren ohne aktiv Englisch zu sprechen hatte ich es für eine gute Idee gehalten, mit einem Crash-Kurs schnell wieder in die Sprache hineinzukommen. In meiner Schulzeit war ich an Sprachen wenig interessiert. Jetzt aber brauchte ich einen schnellen Einstieg und hatte deshalb einen dreiwöchigen Intensivkurs gebucht. Direkt nach der Landung mit dem Sprachtest zu starten, hatte ich ursprünglich nicht geplant. Doch die Zeitverschiebung von acht Stunden und die damit verbundene Datumsverschiebung hatte ich bei meiner Planung irgendwie übersehen ...

Am Nachmittag fahre ich in den Nordwesten Sydneys, nach Pymble, zu meiner Gastfamilie. Zusammen mit der Buchung des Sprachkurses hatte ich mich für diese mir einfachste Variante mit Halbpension entschieden. Ich wollte meine Zeit nicht mit Kochen verschwenden, mich gleich in die australische Gesellschaft integrieren und Menschen um mich haben.

Durch den Veranstalter wusste ich, dass ich bei Marian und ihrer Tochter Jane wohnen würde. Marian pflegt Hobbies wie Golfen und Bowlen, Jane ist Krankenschwester. Das Bild, das daraufhin in meinem Kopf erschien, weicht allerdings stark von der Realität ab. Marian ist geschätzte 80 Jahre alt, ihre Tochter 51. Das Haus ist ein Anwesen, sehr gediegen, mit stuckverzierten Zimmerdecken und alten Möbeln, sehr hell und sauber. Meine bescheidene Behausung liegt über der Garage und ist wie ein eigenes kleines Häuschen, mit einem großen getäfelten Zimmer, Toilette, Waschmaschine und einer eigenen Eingangstür. Einzig zum Duschen muss ich durch das gesamte Haus laufen, vorbei an der immer offenen Schlafzimmertür von Marian, in ein neues, schickes Bad.

Als Willkommensdinner gibt es Spaghetti Bolognese. Ich lerne dabei meine Mitbewohnerin und Gastschwester kennen, eine Brasilianerin, die ebenfalls an der

Sprachschule eingeschrieben ist. Noch attraktiver als sie ist die Aussicht, bald schlafen gehen zu können.

14. August 2007
Erster Schultag.

Ich muss allein frühstücken, da die Brasilianerin einen späteren Stundenplan hat. Im Zug läuft alles glatt, aber von der Capitol Square Station aus laufe ich in die falsche Richtung und komme zu spät zum Unterricht. Obwohl Sydney nach Blöcken und Straßen leicht zu erlaufen ist, sehen für mich die Hochhäuserschluchten alle gleich aus. Erst allmählich finde ich neben den inzwischen bekannten Straßennamen auch Orientierungspunkte.

In meiner Klasse – wir sind etwa ein Dutzend Leute – treffe ich eine Studentin aus München wieder, die gestern beim Test neben mir gesessen hatte. Ich hatte ihr meine Jacke geliehen, weil sie fror. Sie war ebenso wie ich davon ausgegangen, dass es in Australien warm ist. Aber eben nicht im südostaustralischen Winter. Neben ein paar weiteren Deutschen gibt es noch eine südamerikanische und eine asiatische Fraktion. Der Unterricht ist recht abwechslungsreich, nur bin ich grammatikalisch noch etwas hinten an. Die wöchentlich eintreffenden Neuankömmlinge werden gemäß ihrem Einstufungslevel in die bestehenden Klassen integriert. So gibt es eine ständige Klassenrotation. Ich habe heute einen kurzen Tag und ziehe daraufhin mit meinem neuen Freund Domenico aus Italien durch die Stadt. Er ist älter als ich und trägt eine hässliche weiße Sonnenbrille, die modern zu sein scheint. Ich hatte ihn bei der Einführungsrunde rübergewunken, da neben mir noch Platz war.

Als Erstes kaufe ich eine neue SIM-Karte für mein Handy. Im Infokabinett kann ich meine Taxfile number, meine Steuernummer, online beantragen, die für offizielles Arbeiten jeglicher Art notwendig ist.

Zum Abendessen in meinem neuen Zuhause gibt es sehr leckere Avocado-Hühnersuppe, gefolgt von Würstchen in Rosinensauce mit Kartoffelbrei.

15. August

In Australien herrscht in vielen Teilen des Landes, eigentlich bis auf den tropischen Norden, akuter Wassermangel. Ich übernehme daher die Angewohnheit, möglichst nur sehr kurz zu duschen.

Am Nachmittag gibt es eine organisierte Führung der Schule durch die Sydney-Oper. Zu meiner Überraschung gibt es fünf Theater und weitere 100 Räume im Gesamtgebäude, das insgesamt sehr viel größer ist, als es bisher auf Fotos oder im Fernsehen auf mich den Eindruck machte. Das knapp 70 Meter hohe, mit über einer Million Kacheln verzierte segelförmige Dach ist beeindruckend.

Im Anschluss an die Führung findet sich leider nur noch eine kleine Gruppe aus drei Deutschen und zwei Italienern, die sich in die „Rocks" aufmacht. Der besondere

Charme dieses ältesten Teils der Stadt am Hafen erschließt sich uns aber noch nicht. So gehen wir ins „Australien Hotel": kein Hotel, sondern eine Bar.

Etwas später am Abend stößt Chris, einer meiner ehemaligen Schüler, zu uns. Ich war einige Jahre als Dozent für Tourismusmanagement an einer privaten Berufsfachschule tätig. Bei meinem Abschied von Schülern und Kollegen hatten wir festgestellt, dass wir fast zeitgleich nach Australien reisen wollten und eine Menge gemeinsamer Ziele hatten. Hier, am anderen Ende der Welt, fühlt sich das Wiedersehen an, als würde man einen lang vermissten Freund wiedertreffen, mit dem man über vergangene Zeiten sprechen kann. Wir stellen uns beide der Herausforderung, nur auf Englisch miteinander zu reden. Das gelingt uns den ganzen Abend lang bei Gesprächen mit Emmanuele, einem Italiener, bei Wein und Bier.

16. August

Heute lerne ich die Koreanerin Jenny näher kennen. Bei einem Übungsgespräch erzählt sie mir, wie sie ihren Exfreund ihren konservativen Eltern vorstellte und wie schließlich die Hochzeit platzte. Leider verpasse ich später im Klassengespräch ihre Antwort auf die Frage, ob sie zurzeit einen Freund hat. Nach dem Unterricht treffe ich sie auf dem Weg zu ihrer Arbeit in einem Restaurant. Sie erzählt, dass sie genau wie ich die Ostküste hinaufreisen will.

Mein „buddy" Domenico wohnt in einem Appartement direkt am Hydepark, mit tollem Blick über die Stadt. Ich bin dort zu Spaghetti und aufgetoastetem Brot eingeladen. Wir essen schon, als das Schicksal seinen unglücklichen Verlauf nimmt und das Brot zu brennen anfängt. Das Feuer ist schnell gelöscht, aber die Rauchentwicklung ist ein Problem in einem Appartement im 15. Stock. Aus Sicherheitsgründen lassen sich die Fenster nicht öffnen. Die Rauchwolke verteilt sich im gesamten Raum, sodass der Rauchmelder anschlägt und im gesamten Haus die Alarmglocken läuten. Wir schaffen es nicht, den Rauchmelder auszuschalten. So ruft Domenico beim Concierge an: Es bestehe kein Grund zur Sorge. Der nimmt dies zwar zur Kenntnis, aber die Feuerwehr ist bereits auf dem Weg. Keine fünf Minuten später stehen drei Feuerwehrmänner in voller gelber Montur und Atemmasken in der Tür, verschaffen sich einen Überblick und ziehen in entspannter australischer Manier wieder von dannen. Die Flasche Wein danach schmeckt gleich doppelt so gut.

Heute habe ich das Gefühl, wirklich angekommen zu sein in Sydney, Australien.

17. bis 19. August

Am Freitag führe ich ein interessantes Gespräch mit meinem neuen koreanischen Sitznachbarn. Er ist ganz fasziniert von der Möglichkeit im Deutschen, Buchstaben und sogar Wörter in Schreibschrift miteinander zu verbinden. Mir kam das immer ganz normal vor, aber in asiatischen Sprachen besteht dieses Verknüpfen offenbar nicht. So muss ich ihm das Alphabet in einem komplett verbundenen Zeichensatz niederschreiben.

Am Samstagmorgen startet unser Schulausflug in die Blue Mountains, etwa drei Stunden von Sydney entfernt. Es ist ein sehr großes Eukalyptuswald-Territorium mit einer Vielzahl von Wanderwegen. Unter Einstrahlung der Sonne treten ätherische Öle aus den Blättern und legen sich in einem bläulichen Schleier über die Landschaft.

Unsere Ausflugsgruppe besteht neben Domenico, Emmanuele und mir aus 17 thailändischen Englischlehrerinnen, die sehr munter die komplette Fahrt ohne Unterbrechung lachen, singen und dazu in die Hände klatschen.

Nach einer Wanderung an der Kante der Berge, entlang der Apostel Felsformation, mit tollem Blick über den unendlich erscheinenden Wald werden wir zum Essen eingeladen, das unsere thailändischen Damen den ganzen gestrigen Tag gekocht haben müssen. Da sich meine Freude an scharfem Essen sehr in Grenzen hält, bin ich erfreut, dass die verschiedenen Speisen einfach nur gut schmecken, besonders das süß eingelegte Trockenrindfleisch.

Auf dem Rückweg durch einen weiteren Naturpark sehe ich meine ersten freilaufenden Kängurus! Sie sind zwar von Touristen angefüttert worden, aber „Roo" ist „Roo".

Für den Abend haben wir uns in „Kings Cross", der Amüsiermeile Sydneys, verabredet. Meine Gastmutter hat mich darauf hingewiesen, wie gefährlich es dort sei. Wer aber die Hamburger Reeperbahn kennt, sollte hier zurechtkommen. Ich treffe mich zunächst mit Andrea, einer Fränkin aus meinem Kurs, in einer Bar. Eine Stunde später stößt der italienische Part dazu. Nach längerem Suchen auf dem Hauptstrip von Kings Cross landen wir in einem extrem lauten kleinen, tanzbaren Club. Wir probieren uns durch eine Palette lokaler Schnäpse und als weit nach fünf Uhr Emmanuele auf der Toilette Stress mit zwei Maori-Türstehern bekommt, ist es Zeit für den Rückweg. Dankenswerterweise kann ich bei Emmanuele übernachten, mein Domizil erscheint mir unendlich weit weg.

Am Sonntagabend gegen sieben bin ich so weit, mit wahnsinnigen Kopfschmerzen das Bett zu verlassen, und mache mich durch den Dauerregen auf den Heimweg. Zwei Stunden später bekomme ich eine fettige Wurst gereicht, dazu Vorwürfe, ich hätte mich wenigstens melden können. Dass ich dazu nicht ansatzweise fähig war, verschweige ich lieber und gehe wieder ins Bett.

20. August
Das Beste nach einem verkaterten Tag ist die Dankbarkeit, wie fit man sonst eigentlich ist, und die Lust, diese Energie auch gleich zu nutzen. Trotz anhaltenden Regens gehe ich gut gelaunt in die Schule und spreche mit meinem Englischlehrer über mein anstehendes Bewer-

bungsgespräch bei APTC (All Pacific Travel Concept). Er gibt mir Tipps, will mich morgen abfragen und ein Übungsgespräch mit mir führen.

Ich habe mir mindestens zwei qualifizierende Praktika in Australien vorgenommen, damit meine Reise mehr als ein langer Urlaub ist. Außerdem will ich die Gelegenheit nutzen, in touristische Bereiche hineinzuschauen, zu deren Spezialisierung ich bisher noch keine Zeit gefunden habe. Am Ende meiner Reise, so meine Hoffnung, würde ich etwas finden, das mich erfüllt und für das ich gern bereit wäre, meine Arbeits- und Lebenszeit zu geben.

21. August

Jenny möchte mich am Abend zu einem koreanischen Essen einladen, kann sich aber nicht recht dazu entschließen. Sie erzählt, dass sie für einige Monate in Sydney bleiben werde, um Geld zu verdienen. In den letzten sechs Jahren habe sie als Kindergärtnerin in Korea gearbeitet und brauche nun eine Auszeit, um Dinge neu zu ordnen. Das kommt mir bekannt vor.

Nach der Schule habe ich zum ersten Mal richtig Zeit, Emails zu lesen und zu beantworten. Außerdem recherchiere ich nach Flügen in Richtung Neuseeland. Im Januar will ich mit meinen Freunden Micha und Mario für einen Monat dahin fliegen und per Wohnmobil um beide Inseln reisen. Die günstigsten Angebote gehen von Brisbane aus.

Nach erneutem Studieren der australischen Landkarte überlege ich nun, von Sydney aus direkt nach Cairns in den tropischen Norden zu fliegen und von dort aus mit dem Greyhound Bus runter nach Brisbane zu fahren. Da das Wetter hier im Südosten nachhaltig schlecht bleiben soll, hätte ein Direktflug in Richtung Sonne seine Vorzüge. Anschließend würde ich dem Frühling entgegenfahren.

Am Nachmittag eröffne ich ein Konto bei der Commonwealth Bank. Auch dank meiner Steuernummer, die heute ankam, bin ich nun wieder soziales und gemeldetes Mitglied einer Gesellschaft. Diesmal der australischen.

22. August

Ich spreche mit Jenny über koreanische Beziehungen. Sie erzählt, dass man zuerst nach dem Alter und gleich darauf nach der Blutgruppe fragt! 0, A, B, AB? Sie hat B und vermutet in mir ein A, da es charakterlich am besten passe. Ich wüsste gern Jennys Alter, aber sie ziert sich. Offenbar hat sie Interesse an mir, ich auch an ihr, aber es ist kompliziert.

23. August

Jenny hat mir ihr Alter verraten, sie ist 31. In Korea kommen die Kinder numerisch allerdings schon mit einem Jahr auf die Welt, dort ist sie also bereits 32 Jahre alt.

Am Nachmittag steige ich mit Andrea und Alex, einem weiteren Franken aus meiner Klasse, auf den Sydney Tower. Von oben haben wir eine beeindruckende Aussicht und bekommen ein Gefühl für die enormen Ausmaße Sydneys. Geteilt durch den Parramatta River, der in den Sydney Harbour mündet, reicht der Blick bis zu Manley Island im Nordosten, den Oststränden und dem Pazifischen Ozean.

Chris, mein ehemaliger Schüler aus der Heimat, hat eine SMS aus Cairns gesendet, wo er Arbeit sucht, bisher erfolglos. Auch ich denke weiter über meine Reisepläne nach. Vielleicht fahre ich doch zunächst nach Brisbane, kümmere mich dort um das zweite Praktikum und reise danach entspannter weiter nach Norden.

24. August

Kurz nach sechs Uhr morgens klingelt mein Telefon, doch ich bin zu spät dran. Micha, mit dem ich im Januar Neuseeland bereisen will, hat versucht mich anzurufen. Später lese ich in seiner Email, dass er leider nicht mitkommen kann. Er wird Vater! Also werden wir nur zu zweit sein.

Das Bewerbungsgespräch bei APTC am Nachmittag verläuft ganz gut und auf Deutsch. Stefanie, die Geschäftsführerin, hat meine Bewerbungsunterlagen zwar nicht gelesen, aber wir sprechen fast eine Stunde lang. Wenn alles klappt, werde ich für vier Monate eine neue Webseite kreieren und mir nebenbei die Agentur ansehen. Eine sehr anspruchsvolle Aufgabe, aber ich vertraue auf meinen Freund Micha, er ist ein Webseitenfreak. In zwei Wochen will sich die Agentur bei mir melden.

Zur Feier des Tages esse ich im Darling Harbour einen „Aussie Burger", der sich durch Rote-Beete-Scheiben auszeichnet, und gehe anschließend ins Aquarium. Einige solcher Unterwasserwelten habe ich schon gesehen, aber der Unterwassertunnel, umgeben von Haien und Rochen, beeindruckt mich dann doch.

25. August

Wir haben mit unseren Thailänderinnen einen Bus organisiert und fahren gemeinsam nach Australiens Hauptstadt, Canberra. Nur Emmanuele schafft es nicht zum Bus, da er wie jeden Abend unterwegs war und erst am Morgen zurückgekehrt ist.

In Canberra machen wir einen Rundgang zur Fontäne, durch das Parlamentsgebäude und das sehr schöne Nationalmuseum. Selbst das Militärmuseum und die Memorial Hall sind mit ihren Flugzeugen und anderem Kriegsgerät wirklich interessant. Canberra hinterlässt bei mir den Eindruck einer sehr ruhigen, im Vergleich mit Sydney fast schon langweiligen Stadt. Daher bin ich froh, hier keine Übernachtung gebucht zu haben.

Die Rückfahrt schließt direkt dort an, wo die letzte geendet hatte, in einem Dauersingsang mit Händeklatschen. So viele Lieder, die hier ohne Pause gesungen werden, sind mir auf Deutsch überhaupt nicht bekannt. Die thailändischen Lehrerinnen sind sehr liebenswürdig, verhalten sich aber wie Kinder. Zudem muss ich als Model für viele Gruppen- und Einzelfotos herhalten. Im kommenden Schuljahr bin ich bestimmt in einem thailändischen Englischlehrbuch als Mustereuropäer abgebildet.

26. August
Heute will ich zum Bondi Beach, dem bekanntesten Strand Sydneys. Ein einziges Sehen und Gesehenwerden und am ersten sonnigen Sonntag des Frühjahrs total überfüllt. Als ich Domenico anrufe, stellt sich heraus, dass er keine 100 Meter hinter mir geht. So flanieren wir gemeinsam. Viele schöne Menschen an der Promenade, viele Surfer und Schwimmer im Wasser. Mein erster wirklicher Urlaubstag mit Sonne und Strand.

Nach einer langen Rückfahrt durch verstopfte Straßen gibt es zu Hause wieder Lamm, diesmal als Kürbiseintopf mit Kartoffelmus.

Ich habe nun doch beschlossen, zunächst mit dem Bus die Ostküste hinaufzufahren und dann in Brisbane zu sehen, wohin es mich treibt.

27. August
Jenny erzählt mir, sie sei gestern genau zur selben Zeit wie ich am Bondie Beach gewesen. Sie möchte meine Telefonnummer haben und wir verabreden uns für Mittwochabend.

Ich gehe bei sonnigem Wetter gutgelaunt zur Central Station und informiere mich über die Optionen der Bustickets. Ich beschließe, den Minitravellerpass für rund 350 $ von Sydney nach Cairns zu kaufen. Diese Greyhoundreisepässe bieten eine sehr angenehme Art des Reisens. Fast der gesamte Kontinent ist hierdurch erschlossen und die Pässe sind 45 oder 183 Tage gültig. Dabei muss man sich für eine Richtung entscheiden und kann dann jeden Bus nutzen. Ich hatte mir lange Gedanken gemacht, in welcher Form ich die Ostküste bereisen wolle. Einen Gebrauchtwagen zu kaufen, in dem man zusätzlich noch schlafen kann, wäre reizvoll, würde aber ein paar Tausend Dollar fest binden. Wenn man eine alte Schrottmühle erwischt, wäre das ganze Geld schnell verloren. Per Mitfahrgelegenheit ist es mir momentan zu ungewiss und ein Mietwagen zu teuer. Der Bus ist für mich die einfachste und günstigste Variante.

28. August

Mittags ist die gesamte Mannschaft der Thailänderinnen aufgelaufen, um sich zu verabschieden. Von „Porn" bekomme ich ein Abschiedsgeschenk, eine Mischung aus Taschentuch und Tischunterleger. Sie mag mich wohl sehr. Am Morgen hatte sie mir per Mail geschrieben, dass sie noch nie jemanden aus Deutschland kennengelernt hat, der so sympathisch sei wie ich. Allerdings kannte ich den Absender nicht und hätte die Mail mit einem „Porn"-Absender beinahe als Spam gelöscht. Für kurze Zeit war ich, zumindest in meinem kleinen Thailand, ein richtiger Star.

Am Busbahnhof kaufe ich mir das Ostküstenticket und reserviere für Sonntag sieben Uhr einen Platz im Bus.

Am Nachmittag bin ich mit Jenny an ihrem Sushirestaurant verabredet. Pünktlich halb vier stehe ich an der Pitt Street und sehe Jenny durch die Glasscheibe zu, wie sie im Restaurant wirbelt. Als sie mich sieht, tuschelt sie erst einmal mit den anderen Kellnerinnen. Zur Begrüßung schenkt sie mir einen Snickers Schokoriegel. Wir gehen zum Circular Quai und nehmen die Fähre nach Manly Beach. Die Fahrt dauert 30 Minuten und wird mit allerhand Fotos dokumentiert.

Nach einem Bummel durch die Stadt erreichen wir den Strand. Wunderschön, mit hohen Wellen. Leider steht die Sonne schon sehr tief. Wir laufen die Promenade entlang und dann weiter am Wasser. Ich ziehe in aller Ruhe meine Schuhe aus und Jenny findet, ich sei sehr langsam. Sie hingegen ist hektisch, impulsiv und vergisst oft etwas. In Sydney sind ihr bereits drei Kreditkarten abhanden gekommen. Wir sitzen lange am Strand und sehen dem Mond beim Aufgehen zu. Ein Australier schlendert vorbei und macht ein Foto von uns beiden. Er erzählt von seinen Reisen durch die Welt und Haiangriffen in Australien. Auch über den heutigen Mond sagt er irgendetwas, wovon ich aber nichts verstehe.

Auf der Rückfahrt laufen wir entlang der Skyline, mit Blick auf die Harbour Bridge und die Oper wieder in den Hafen ein. In den „Rocks" müssen wir laut Jenny unbedingt im berühmten Pancake house essen. Wir bestellen Nachos und Pancakes mit Bananen, dazu Victoria Bitter, VB, Bier.

Auf dem Weg zur Circular Station sind wir kurzzeitig verwirrt, weil plötzlich alles um uns herum stehen bleibt und in den Nachthimmel schaut. Dort gibt es eine Mondfinsternis zu bestaunen und ich ahne, was uns der Australier am Strand erklären wollte. Am Ende verabschieden wir uns kurz sehr herzlich, bevor wir in unterschiedliche Züge einsteigen.

29. August
Sydney erinnert mich ein wenig an New York. Ich merke jeden Morgen die Hektik in der Stadt, aber auch die alles durchdringende Energie. Die Menschen gehen in der Frühe los, um an diesem Tag etwas zu erreichen, etwas zu bewegen. Und dies in hohem Tempo. Halte ich mich schon für einen flotten Fußgänger, muss ich mich doch sputen, Anschluss an den Strom zu halten. Die Ampeln dienen mehr als Hinweiszeichen und sind nicht sonderlich verbindlich.

31. August
Mein letzter Schultag, mit feierlicher Zeugnisübergabe auf der Dachterrasse bei Kaffee und Kuchen. Jeder wird einzeln aufgerufen und darf für ein Händeschütteln nach vorne zur Direktorin. Die Namenslesung hat dabei ihren eigenen Unterhaltungswert, denn insbesondere die asiatischen Namen gehen der Schulleiterin nicht so ein-

fach über die Lippen. Ich erhalte mein bestes Englischzeugnis, das ich jemals hatte, und bin vor allem stolz auf die Anwesenheitsprozente. Die eigene monetäre Motivation ist nicht zu unterschätzen. Selbst zum Nachmittagskurs gehe ich später noch, allerdings vor allem, um mich zu verabschieden. Hier bekomme ich von den Koreanerinnen „Sugar" und „Candy" eine Einladung nach Korea.

Kurz nach acht am Abend hole ich Jenny am Sushirestaurant ab. Wir gehen wieder in die „Rocks", ins Australian Hotel, für zwei VBs. Jenny beschäftigt die Chance, Restaurantmanagerin in einem anderen Sushirestaurant zu werden. Das Angebot ist eine Auszeichnung und die damit verbundene verlängerte Aufenthalts- und Arbeitserlaubnis ein entscheidender Punkt. Auf der anderen Seite hält sich ihre Lust in Grenzen, fast zwölf Stunden täglich in einem Restaurant zu arbeiten.

Um zehn treffen wir uns mit den anderen am Löwenbräuhaus. Alex und Andrea, die beiden Franken, sind bereits dort. Jenny war im Vorfeld sehr aufgeregt, managt die Situation aber gekonnt. Neben uns windet sich eine 30 Meter lange Schlange zum Eingang ins Trinklokal. Und das nur für Weißbier! Als Emmanuele ankommt, gehen wir weiter ins „Argyle", den Club nebenan. Dort ist der Andrang kaum geringer, aber der Laden um ein Vielfaches größer. Ohne Ausweiskontrolle und Dresscode, wie sonst üblich, sind wir in fünf Minuten drin. Das Publikum ist sehr aufgestylt, doch angenehm, die Musik poppig durchmischt mit etwas House-Einschlag. Hier gibt es ebenfalls Weißbier und so sind alle glücklich. Insbesondere Jenny hat einen ordentlichen Zug drauf. Sie ist noch nie in so einem Club gewesen. Mir fällt auf, dass hier so gut wie keine weiteren Asiaten sind, was für Sydney ungewöhnlich ist.

Wir sind inzwischen sehr vertraut miteinander. Um so trauriger ist es, dass sie um eins schon wieder gehen will. Sie sagt, sie habe keinen Schlüssel mit, es warte noch jemand zu Hause darauf, ihr die Tür zu öffnen. Ich solle sie am Sonntag um 6.20 Uhr anrufen, wenn ich mag, dann komme sie mit zwei Kaffee zum Bus. Sie wohnt direkt am Bahnhof. Ich freue mich darauf und bin gespannt, wie wir dann verbleiben werden.

2. September

Wir hatten gestern zum Abschluss noch eine wirklich lustige Runde in der Küche mit Marian und Jane, meinen „Gasteltern", die mich schließlich sehr freundlich verabschiedeten und sagten, ich dürfe gern einmal wiederkommen.

Der Wecker klingelt um 4.15 Uhr morgens. Nach dem Zusammenraffen meiner Sachen nehme ich ein Taxi bis Gordon Station, von da aus den Zug bis zur Center Station. Während der Fahrt schreibt mir Jenny: „Wenn du Kaffee willst, sag Bescheid." Schon aus der Ferne schön anzusehen, kommt sie mit zwei Kaffeebechern an. Sie erzählt mir, dass sie einen harten Samstagmorgen hatte und sich an den Abschied nicht mehr genau erinnern kann. Nach einer innigen Verabschiedung bekomme ich wieder einen Schokoriegel und dann geht es los. Wir wollen weiter in Kontakt bleiben und ich hoffe, sie in Brisbane wiederzusehen.

2 „On the Road"

2. September

Port Macquarie. Nun bin ich also dort, wo ich hinwollte, „on the road". Entlang der Ostküste Richtung Norden befahre ich das Greyhoundbus-System, welches das Land fast lückenlos und insbesondere die touristische Ostküste erschließt. Es ist eine moderne Busflotte mit angenehmen Sitzplätzen.

Nach sieben Stunden Fahrt in Port Macquarie angekommen, steht gleich jemand vom „Ozzie Pozzie Backpackers" Hostel am Bus, was mir viel Zeit spart, und fährt uns in seinem Van durch die Stadt. Das Hostel ist klein und hat eine schöne Innenterrasse mit Palmen. Da ich ein paar Tage bleiben möchte, kaufe ich nach einem langen Spaziergang entlang des Hafen-Strand-Rundweges im Supermarkt ein. Nudeln, Tomatensauce, Käse, Avocados, Zuckerrübensirup, Milch, Saft, Wasser und „Köpi-Bier".

Am Abend lerne ich fünf Engländer kennen und gehe mit ihnen trotz fast überwältigender Müdigkeit noch ins Planetarium. Das Ding ist so klein, dass wir es kaum sehen, als wir direkt davor stehen. Daher bin ich umso erstaunter, als wir zwei sehr gut verständliche Vorträge mit Live-Bildern von verschiedensten Sternenwarten dieser Welt erleben. Es geht um den Jupiter, das Sternzeichen Skorpion, schwarze Löcher und den Mittelpunkt des Universums. Meinen Mittelpunkt finde ich ein Bier später in meiner ersten Nacht in einem australischen Hostel.

3. September

Nach einem langen Frühstück gehe ich an den Strand, entspanne bei den Red Hot Chili Peppers und esse ein Sandwich mit Avocadomus. Essen ist momentan ein zentrales Thema für mich. Die Mahlzeiten teilen meinen Tag ein. Daran merke ich, dass ich mehr Entspannung brauche.

Am Nachmittag gehe ich weiter ins Koala Hospital, dem eigentlichen Anlass für die Fahrt nach Port Macquarie. Es ist sehr viel kleiner, als ich es mir vorgestellt hatte, aber ich sehe meine ersten Koalas. Es sind niedliche kleine Bären und sehr ruhige Zeitgenossen. Sie schlafen 22 Stunden am Tag und begnügen sich die verbleibenden zwei Stunden mit Essen. Was für ein Leben! Hier im Hospital werden vor allem die kleinen Waisen und Unfallopfer gepflegt. Viele Koalas werden angefahren oder Opfer von Waldbränden.

In einem Internetcafe lese ich eine Mail von APTC, die mir erst im November wegen meines Praktikums Bescheid geben wollen.

Mein Hostelzimmer hat sich gefüllt, das Bett über mir belegt ein dicker Engländer. Er schnarcht so unerträglich, dass ihm einer der beiden australischen Zimmergenossen, die hier auf Schülerexkursion sind, mitten in der Nacht ein Kissen an den Kopf wirft. Weil das wenig nützt, ziehen die beiden zum Schlafen in ihr Auto um.

4. September

Der Besitzer des Hostels fährt mich zur Bushaltestelle und erzählt, er habe schon öfter Backpacker vier Monate lang das Hostel leiten lassen, während er in der Welt herumgereist sei. Ich behalte das als Option im Hinterkopf.

Coffs Harbour ist meine nächste Station. Das Hostel macht einen sehr familiären Eindruck. Als ich eintrete, sitzt eine größere Gruppe im Wohnzimmer auf der Couch und schaut fern. Es sind fast alles Engländer.

Mein neuer „Room mate" Ben kommt aus Sydney. Seine Freundin hat ihn gerade verlassen. Nun ist er bereits seit ein paar Tagen hier und ballert sich zu. Hilft bekanntlich nicht viel, aber ich kann ihn verstehen.

Am Abend ist das gesamte Hostel in einer befreundeten Bar gemeinsam essen, zum unschlagbaren 2-for-1-Angebot für 10 $. Dazu einen Jugg Bier, also eine Karaffe mit etwas über einen Liter für 7 $, die ich mir mit einer sehr hübschen Italienerin teile. Sie studiert Meeresbiologie in Barcelona und hat eine unglaublich gute Figur.

Im Hostel ist Ben voll auf Droge. Wohl so ziemlich alles durcheinander. Er steht ständig auf, stößt gegen die Tür und legte sich wieder hin. Aber wir haben die Nacht überlebt.

5. September

Es bleibt weiterhin bewölkt mit kurzen Schauern. Ich würde gern mit dem hosteleigenen Kanu fahren, aber man muss zu zweit sein und außer mir hat keiner Lust sich dem Regen auszusetzen.

Ein längerer Fußmarsch führt mich auf Mutton Island, eine vorgelagerte Vogelinsel. Mit Glück sollen von hier aus auch Wale zu sehen sein. Ich sehe leider keine. In diesem Sturm und Nieselregen fühle ich mich wie auf Island.

Am Abend wird im Hostel gegrillt. Ich esse mein erstes Kängurufleisch als Frikadelle, das lecker, aber etwas trocken ist.

Mein Zimmer habe ich diese Nacht für mich allein, aber um 5.45 Uhr muss ich schon wieder raus, um den Bus nach Byron Bay zu erwischen.

3 Byron Bay

6. bis 12. September

Ich sitze auf der Veranda der „Arthouse Factory", die Füße hoch auf dem Geländer, und trinke einen Kaffee. Es läuft Chillout-Musik, nur der anhaltende Regen stört ein wenig.

Das Arthouse ist ein alternativer Komplex in Byron Bay, wahrscheinlich von ein paar Althippies erbaut. Ein idyllisches Plätzchen an einem kleinen See mit verschiedensten Übernachtungsmöglichkeiten. Es gibt indianische Tippies für zehn Personen, normale Campingplätze, Stoffbungalows auf einer Insel im See oder Sammelschlafräume im Haus für vier bis zehn Leute. Ich teile mir eines der Hostelzimmer mit zwei Franzosen. Aurelion ist ein 19-jähriger Surferboy, der demnächst einen Sprachkurs beginnt und länger bleiben will, Julien ist ein Rasta, der hier nach Arbeit sucht. Hinzu kommen der Bolivianer Jamie, ein weiterer Rasta. Er lebt in Sydney und arbeitet für eine der Minengesellschaften, was mich zunächst verwundert. Er ist aber studierter Soziologe und betreut die von Minenbetreibern initiierten Aboriginal-Projekte, in denen es darum geht, zwischen Mineninteressen und Ureinwohnern zu vermitteln.

Byron Bay liegt an einem feinen Sandstrand und ist eine Surf- und Partyhochburg. Der Ort besteht aus einer Hauptstraße mit wenigen kurzen Seitenarmen. Es scheint nur Surfshops, Hostels und Cafés mit biologisch angebauten Produkten zu geben. „Easy going" ist hier die Mentalität.

Ich laufe einen langen, abwechslungsreichen Rundwanderweg zum östlichsten Punkt Australiens. Vorbei an einem Leuchtturm, durch einen kleinen Dschungelweg, fast vier Stunden lang. In den nächsten Tagen werde ich versuchen, den traumhaften Sonnenaufgang zu erleben, den man von hier aus sehen können soll. Vielleicht habe ich diesmal mehr Glück mit den Walen. Heute sehe ich immerhin Delfine und wunderbare weiße Strände.

Am Abend gehe ich in die „Buddha Bar" zum Konzert eines lokalen Gitarrenvirtuosen. Er spielt unter anderem mit seinen Dreadlocks Gitarre und nutzt zugleich den Klangkörper als Trommel. So etwas Gutes hab ich bisher noch nicht live gesehen. Die gesamte Bar rockt.

Allmählich komme ich auf das entspannte Level, das ich gerne erreichen wollte. Zeit und Tage werden unwichtiger. Mein Essen stimme ich nur noch mit meinem Magen ab, nicht mehr mit der Uhr.

Meine Zimmermannschaft hat sich vergrößert. Musti, türkischstämmig, kommt aus Frankfurt und studiert in Sydney. David ist 19 und kommt aus Schweden.

Das Wetter bleibt weiter wechselhaft, Wolken, Regen, Sonne. Im Augenblick sitze ich zwar draußen in einem der Moonchairs am See, neben mir ein Leguan, ansonsten aber regnet es. Trotzdem habe ich um drei Tage verlängert.

Nach Nimbin, das Kleinst-Amsterdam Australiens, führt einer meiner Tagesausflüge in die umgebende Region. Mit dem „Be happy"-Rainbowbus fährt unser Zimmer gemeinsam an den „Minion Falls" vorbei in dieses kleine Kiffernest. Der Bus ist voll, cool, mit noch coolerer Crew. Der Busfahrer sieht aus wie Jason Statham, unser Guide ist ein Aborigini aus der Region. In Nimbin, das nur aus einer Straße mit kleinen, individuell eingerichteten Hippieläden besteht, gibt es neben einer Polizeistation auch einen Coffeeshop. Die Zwischenhändler kommen uns schon beim Aussteigen aus dem Bus entgegen und bieten vor allem Kekse an. Meine französischen Zimmergenossen kaufen ordentlich ein. Nach unserem zweistündigen Aufenthalt fahren wir zurück und nehmen einen Schuljungen mit in das nächste Dorf. Er heisst „Caos", was alles über die Bewohner dieser sehr speziellen Region sagt. Da sämtliche Businsassen die hiesige Sphäre bereits überschritten haben, fällt unserem Guide erst nach einer Stunde Fahrt auf, dass wir zwei ältere Damen in Nimbim vergessen haben. Man entscheidet sich, die beiden auch dort zu lassen, sie würden schon eine gute Zeit haben ...

Im Hostel wird erst einmal ein Joint geraucht, dazu gibt es Bier. Auf dem Campinggelände findet spontan eine großartige Jamsession mit vier Gitarren statt. Ich bin beeindruckt, wie Leute aus so unterschiedlichen Kulturen in dieser Harmonie miteinander spielen können. Einen Teil dazu trägt sicher auch die zirkulierende Friedensrolle bei.

Am Abend bin ich mit David, dem Schweden, und zwei Schwedinnen zusammen im „Cheaky Monkey" Club. Die Musik wird immer besser, aus den metallbeschlagenen Tischplatten eine große Tanzfläche. Es ist das erste Mal, dass ich auf Tischen tanze. Leider sind die beiden Schwedinnen nicht sonderlich hübsch, wovon sich David aber nicht abhalten lässt.

Die Tage in Byron Bay folgen einem immer gleichen Rhythmus, einzig die Zeiten verschieben sich. Spät aufstehen, Eier, Speck, Käse, Kaffee, dann je nach Wetterlage an den Strand, was rauchen, zurückkommen und etwas essen, meistens Spaghetti Bolognese, dazu Wein, später Bier mit billigem Wein.
    Die Arthouse Factory, wie ganz Byron Bay ist ein Erlebnis. Ich überlege, ob ich Ende Oktober noch einmal herkomme.

Am letzten Morgen unserer Kurzzeit-WG müssen alle früh raus. Aurelion hat seinen ersten Schultag, Julien will sich ein Zelt kaufen und auf das Campinggelände ziehen, Musti nimmt ein Taxi zum Flughafen, David und ich den Bus. Gemeinsam machen wir uns auf nach Surfers Paradise.

4 Surfers Paradise

12. bis 16. September

Surfers Paradise, was für ein Name! Gelegen an einem fast 70 km langen feinen Sandstrand, bildet es das vibrierende Zentrum der „Gold Coast". Es ist das touristische Hauptreisezentrum der Australier und erinnert mich an die spanische Costa del Sol mit ihren Hotelburgen. Was in Europa als vergangene Bausünde abgestempelt wird, ist hier eine wirkliche Besonderheit. In ganz Australien gibt es nichts Vergleichbares. Dennoch bin ich enttäuscht. Ich hatte ein romantisch verklärtes Bild von einem kleinen, hippen Dörfchen im Kopf, was sich die Marketingstrategen bei der Namensfindung wohl auch so gedacht hatten. Ich habe nicht die Absicht, lange zu bleiben, aber für Anfänger wie mich ist hier der passende Ort, um Surfen zu lernen.

Ich wohne mit David in einem Fünf-Bett-Zimmer mit eigenem Bad im „Backpackers Resort". Es erinnert an ein kleines, einfaches Hotel und liegt etwa 20 Gehminuten südlich des Zentrums.

Die Einführung ins „Paradise" geschieht gleich am ersten Abend. Mehrere Hostels organisieren zusammen einen Backpacker-Partybus, der für 25 $ pro Person die Hostels abfährt und die Reisenden einsammelt. Dann geht es durch vier Clubs der Stadt, mit jeweils einem Freigetränk und Pizza. Da wir das letzte Hostel auf dem Weg sind, ist der Bus bereits knallvoll mit partyhungrigen Packers, davon viele Mädels mit grünen Singlepunkten auf dem Arm.

Der erste Stopp ist eine Bowlingbahn, in der David gleich wieder zwei Schwedinnen ausmacht. Die anschließenden drei Clubs sind sehr durchgestylt, in zweien finden gerade Miss-Wahlen statt, die diesen Namen auch verdienen. Viel Alkohol, viel Getanze. David kommt einer der Schwedinnen näher, was ich für eine gute Wahl halte, denn mir gefällt die zweite besser.

Die nächsten beiden Vormittage bin ich damit beschäftigt, aufs Surfbrett zu steigen. Im Hostel gibt es ein Angebot über zwei mal zwei Stunden für 60 $.

In einem kurzen Neoprenanzug geht es mit dem Board unterm Arm an den Strand zur ersten Trockenübung, was lächerlich aussieht, aber hier zum normalen Strandbild gehört. Hinzu kommt ein längerer theoretischer Vortrag über das Wetter, die Wellen, Strömungen und Sicherheit, bevor wir zu ersten Bodyboardübungen ins Wasser gehen. Das klappt recht gut. Das Springen aufs Brett ist schwieriger. Trotz eines „Brettgrundgefühls" durchs Snowboarden ist dies hier unglaublich anstrengend. Auf die Welle warten, paddeln, aufspringen, Balance halten, durchs Wasser gleiten, springen, fallen, aufklatschen, untertauchen, wieder Luft holen. Ein Mordsspaß. Am Ende der beiden Tage schaffe ich es, kleinere Wellen auszufahren und selbstbestimmt vom Brett runterzukommen. Ich würde behaupten, ich kann surfen!

Auch David macht einen Kurs, und so können wir uns an den nächsten Tagen Boards und Anzüge ausleihen und weiter üben.

Am Samstag ist großer asiatischer Besuchertag an der Gold Coast, und so wird uns die zweifelhafte Ehre zuteil, als Gold Coast Surfcracks fotografiert zu werden. An Land sehen wir auch wirklich spitzenmäßig aus.

Zum Mittagessen gehen wir meist zu einem Italiener im Zentrum. Dort gibt es ein 5 $ Angebot, das ein Pastagericht oder eine kleine Pizza mit einem alkoholfreien Getränk beinhaltet. Dazu bestellen wir immer noch eine große Flasche Leitungswasser, machen uns nicht sonderlich beliebt, aber wer solche günstigen Angebote macht, muss auch damit leben, dass sie angenommen werden.

An unserem vorletzten Abend bekommen wir zwei weitere Mitbewohner. Kisoo ist ein ziemlich cooler Koreaner und Dave ein Ami aus der Navy, der auf der Insel Guam in einem U-Boot stationiert ist und nun für zwei Wochen Landurlaub in Australien macht.

David knüpft Kontakt zu einer Gruppe Schulmädchen, die neben uns eingezogen ist, und so ziehen wir alle gemeinsam durch die Clubs. Den anderen Abend gehts noch einmal mit dem Partybus auf Reisen und wir steigen im „Shooters" und im „Melbs" in die Massen. David und ich schaffen es dann, die anderen zu verlieren, und machen uns deshalb alleine auf durchs Clubleben.

Nach sehr kurzer Nacht und wiedervereint, nehmen Dave, David und ich den Bus, der uns weiter die Ostküste hinauf bringt. Nächster Stopp Brisbane. Dave und David fahren noch weiter nach Noosa, wo ich sie morgen wiedertreffen will.

5 Noosa

17. September

Am Morgen versuche ich mein Glück mit einem Vorstellungsgespräch bei „Ecotourism", einer weiteren Firma, zu der ich bereits von Deutschland aus Kontakt aufgenommen hatte.

Stephen, der Geschäftsführer, erklärt mir aber gleich, dass in der kommenden Woche bereits zwei deutsche Mädchen als Praktikantinnen anfangen werden und daher leider kein Platz mehr in dem kleinen Büro sei. Nach meiner ersten Enttäuschung sagt mir seine chinesische Mitarbeiterin, sie kenne noch jemanden, der vielleicht jemanden gebrauchen könne. Sie tefoniert kurz und sagt, in 30 Minuten werde jemand von „Happy Travel", einer kleinen Incoming/Outgoing-Agentur für den Chinesisch-Asiatischen Markt, hier sein. Stephen gibt mir noch die Adresse des „Kingfisher Bay Resort", dessen Büro auf der anderen Straßenseite liegt.

Ich laufe eine Runde um den Block, um meine Gedanken zu ordnen, und treffe mich dann mit dem Chinesen John von „Happy Travel". Er möchte mich gern zum Lunch einladen und über die Möglichkeiten meines Einsatzes sprechen. Mit seinem alten roten Mitsubishi fahren wir auf das ehemalige Expogelände von 1988, das direkt und sehr schön am Brisbane River liegt, und machen Fotos. John will mir alles zeigen und erklären und macht zahlreiche Fotos mit meiner Kamera.

Das markanteste Exponat ist der nepalesische Tempelnachbau. Aus Holz geschnitzt und voller Chimären, fällt er besonders durch seine Eckfiguren auf, die aus

Männern mit erigierten Gliedern bestehen, an denen Frauen hinaufklettern. Der Mann steht in Nepal über der Frau, was durch kniende, den Tempel tragende nackte Frauen symbolisiert wird, wie ich erfahre. Zudem sei in Nepal der Umgang mit Sexualität und Nacktheit sehr offen, da man sie dort als einen ganz natürlichen Akt der Zusammenführung von Positivem und Negativem sehe.

Anschließend fahren wir in die Uni, um einer Gruppe Dozentinnen einen Reiseplan für Cairns zu geben. Ich sitze eine halbe Stunde nur dabei und höre dem Chinesischen zu. Dann gibt es den Lunch im Lokal eines chinesischen Freundes. Das Essen ist gut und reichlich. Ich erspare mir die Peinlichkeit des Stäbchenherumhantierens und esse mit Löffel und Gabel. Als John mich zurück ins Hostel bringt, verbleiben wir sehr offen. Ich soll mich melden, wenn ich nach meiner Reise nach Norden wieder in Brisbane bin. Dann werden wir die Details besprechen. Bis hierher hatten wir über die Arbeit kaum ein Wort verloren.

Um die wenige verbleibende Zeit sinnvoll zu nutzen, gehe ich gleich weiter zur Agentur „Kingfisher Bay Resort" und lote die Möglichkeiten mit dem Geschäftsführer Gary aus. Der sagt, sie hätten noch nie einen Praktikanten gehabt, aber das heiße nicht, dass sie keinen nähmen. Ich lasse ihm meinen Lebenslauf da und soll mich in den nächsten Tagen noch einmal melden, um zu beschreiben, was ich mir als Arbeit für die Agentur vorstellen könne. Wir könnten über alles sprechen, wenn ich wieder zurück sei.

Es wird nun zeitlich wirklich eng, ich hole mein Gepäck im Hostel ab und erwische gerade noch den Bus nach Noosa.

Während der Fahrt resümiere ich: Aus der Absage von „Ecotourism" haben sich zwei neue Möglichkeiten ergeben und zudem gab es ein freies Mittagessen.

In Noosa Heads angekommen, ist vom Hostel Dolphins, in dem ich mich mit David und Dave treffen wollte, nichts zu sehen, und die Touristeninformation schließt gerade. Kurzentschlossen nehme ich im YHA Hostel, einem schönen Altbau mit umlaufender Veranda, ein Zimmer, das ich mir mit zwei Engländern teile. Im Hostel finde ich heraus, wo das Dolphins liegt und treffe mich abends dort mit Dave und David. Letzterer ist schon wieder mit zwei Schwedinnen in Gespräche vertieft. Wir verbringen einen ruhigen Abend. Zurück fährt leider kein Bus mehr und ich laufe heim durch Noosas Nacht.

18. September
In voller Wandermontur beginne ich am Mittag einen etwa vierstündigen Marsch durch den angrenzenden Nationalpark. Ich komme ein wenig vom Wanderweg ab, habe aber so das Glück, zwei große Warane zu sehen, die meinen Weg kreuzen. Einen Moment lang überlege ich, ob die etwa einen Meter großen Tiere gefährlich werden könnten. Beim Näherkommen verschwinden sie aber ins Gebüsch, und so komme ich lediglich durchgeschwitzt und von Mücken zerstochen zurück ins Hostel. Ich re-

serviere ein Zimmer im Dolphins, um noch ein wenig Zeit mit den Jungs zu verbringen, und nehme kurz darauf den Bus dahin.

Das Dolphins ist klein und in verschiedene Wohnbereiche aufgeteilt. Ein Bereich besteht aus zwei Vierbettzimmern, die sich Küche und Bad teilen. Ich bekomme eines der Viererzimmer für mich allein. Im anderen wohnen Martin aus Mönchengladbach, zwei Israelis und eine Französin. Ich mache mir nach umfangreichem Einkauf ein Riesensteak mit Nudeln und öffne eine Flasche Rotwein dazu.

Auf der Terrasse kann man richtig schön ausspannen. Ich bin etwas traurig, dass David morgen weiter will. Er hat bereits einige weitere Touren im Norden gebucht und insgesamt sehr viel weniger Zeit für seine Reise eingeplant als ich. Nach Australien will er weiter nach Südostasien. Wir wollen versuchen, uns noch einmal auf dem Weg nach Norden zu treffen. Die „Freunde" auf der Reise wechseln so schnell, dass für Trauer kaum Zeit ist. So kommen heute drei neue Mädchen aus Israel dazu, die viel Interessantes aus ihrem Kulturkreis zu erzählen haben, etwa über ihren zweijährigen Militärdienst. So sitzen wir lange draußen und erzählen uns weitere Geschichten dieser Welt.

19. September

So alleine im Zimmer habe ich gut und lange geschlafen. Daher sind bereits alle verschwunden, als ich aufstehe. Nach einem ausgiebigen Frühstück schnappen Dave,

Martin und ich uns die Hostel Boards und gehen zum Strand. Die Wellen hier sind eine ganz andere Nummer, viel höher und steiler als meine niedlichen im Paradise. Zudem wird das Wasser schnell tiefer, sodass ich kaum Möglichkeiten habe, aus dem Stand mein Glück zu versuchen. Es sind sehr viele Surfcracks in den Fluten und so versuche ich lieber, am Rand des Treibens aufs Brett zu kommen. Es ist unglaublich anstrengend und nur mäßig erfolgreich. Einer der Hauptgründe ist neben den hohen Wellen das sehr kleine, schicke Brett aus dem Hostel. Ich hatte zuvor nur auf den sehr viel schwereren Longboards gestanden, die stabiler und ruhiger fahren. Später gehen Dave und ich in die Schwimmerzonen, um unseren Body als Board zu verwenden und haben einen Riesenspaß mit den Wellen!

Zurück im Hostel, habe ich drei Mitbewohnerinnen bekommen, eine Holländerin und zwei Däninnen. Manchmal ist die Welt einfach gut zu einem.

Am Nachmittag fahre ich mit dem Shuttlebus in die Noosa Junction, an der ein größerer Einkaufskomplex liegt. Nach all den Planungen, die ich von David in den letzten Tagen mitbekommen habe, will ich mich auf meine möglichen kommenden Etappen vorbereiten. Im Reisebüro von „Peter Pan Travel" treffe ich auf den besten Reisebüromitarbeiter, mit dem ich jemals zu tun hatte. Ein junger Typ mit langen blonden Haaren, am ganzen Körper tätowiert, unglaublich nett und kompetent. Mit seinem Aussehen hätte er in Deutschland keine Chance, eine Ausbildung in einem Reisebüro zu machen. Ich lasse mich gern zu Ausflügen nach Fraser Island und auf die Whitsundays beraten und kann dann eine ganze Zeit lang frei im Internet surfen. Als ich mit einem Stapel Prospekten am frühen Nachmittag den Laden verlasse, kommt der Reiseberater gleich hinterher und schließt zu. Er habe für heute keine Lust mehr, sagt er, eben Australier.

Am Abend unterhalte ich mich lange mit Martin, der Medienkommunikation in Gladbach studiert und im Anschluss an seine Ostküstenreise ein Studienprojekt in Sydney beginnen will. Er hat sich heute ein gebrauchtes Surfboard gekauft und ist nun den ganzen Abend am Wachsen.

20. September

Nachdem ich gestern noch die Broschüren durchgesehen habe, fahre ich am Morgen wieder zur Junction und buche beim Mitarbeiter des Jahres einen Kombipack, was in Australien sehr beliebt und günstiger ist. Der erste Teil besteht aus einer dreitägigen Tour durch Fraser Island im Jeep, als Zweites will ich einen dreitägigen Segeltörn um die Whitsundays machen.

Da es endlich sonnig wird, kaufe ich noch schnell neue Sonnencreme, und ab mit Martin an den Strand und in die Wellen. Heute sind die Bedingungen sehr viel angenehmer für mich, weniger Wind und kleinere Wellen. Dennoch bin ich nach zwei Stunden am Ende meiner Kräfte.

Wir haben wieder drei neue Mitbewohnerinnen in unseren Trakt bekommen, aus ... Schweden.

Der Nachmittag besteht nur noch aus Abhängen, worin ich inzwischen geübt bin, Schreiben und Musik hören. Ich sitze draußen im Korbsessel, auf dem Sofa neben mir schlafen zwei Däninnen und als Martin aus der Stadt zurückkommt, öffnen wir das erste Bier. So trinken wir uns durch den Abend. Es ist ein Wohltat, sich einmal wieder ernsthaft mit jemandem unterhalten zu können, zu philosophieren, Zukunftspläne zu besprechen und alte Erfahrungen auszutauschen. Normalerweise sind die Gespräche immer ähnlich: Wo kommst du her, was hast du gemacht, wo bist du schon gewesen, wo willst du noch hin? All das können wir in einer halben Stunde abhaken und dann zu interessanten Themen übergehen, was wir beide genießen.

Ich kann mir gut vorstellen, auch nach Noosa noch einmal zurückzukommen. Das Dolphins Hostel ist für mich bis jetzt das angenehmste, mit Leuten in meinem Alter, klein, gemütlich. Martin hat sich ebenfalls überlegt, hier zu bleiben, nach Arbeit zu suchen und weiter surfen zu gehen. Er sucht ab morgen nach einer Wohnung und lädt mich herzlich ein, dort ebenfalls zu bleiben.

6 Fraser Island

21. September

Die Bushaltestelle in „Rainbowbeach" liegt direkt vor dem „Dingos Backpacker Resort" Hostel und ich beziehe mein Zimmer. Hier wohnen bereits drei Dänen, die gerade schlafen. Rainbowbeach ist wieder so ein wohlklingender Name, der mehr verspricht, als er halten kann. Ein kleines Nest mit einem langen Strand, der aufgrund schwarzer Gesteinseinlagerungen in der Sonne perlmuttartig schimmert. Besonders schön ist er nicht und vom ganzen „Rainbow" bekommt man schwarze Füße.

Mittags sind die Dänen erwacht, gemeinsam gehen wir zur Vorbereitungsrunde der dreitägigen Jeeptour, die am nächsten Tag startet. Wir werden in mehreren Gruppen fahren, bis zu elf Leute passen in einen Jeep. Da mir die Dänen sympathisch sind und ich dem Pulk an Deutschen entgehen will, lasse ich mich zu ihrer achtköpfigen Truppe stecken. Dazu kommen noch zwei Schweizerinnen, eine davon mit Cowboyhut und so attraktiv wie das Model Gisele Bündchen.

Auch die Alkoholreserven für die Tour müssen geklärt werden. Die Verpflegung ist im Preis bereits enthalten. Alles Prozentige muss jedoch extra bestellt werden. Ein sicher gutes Nebengeschäft. Mit der mir zugesicherten Option auf den späteren Weiterverkauf an Dänemark bestelle ich einen 30er Pack Tooheys-Bierdosen für mich. Man soll ja viel trinken bei der Hitze.

22. September

Um halb sieben bin ich im Bad und nutze noch einmal allen Komfort, bevor es in den nächsten drei Tagen eher spartanisch zugehen wird. Die Einführung des durchgeknallten Guides im Eingangsbereich ist sehr unterhaltsam und wird durch ein Video über die Gegebenheiten der Insel untermalt. Es klingt, als sei Fraser Island einer der Punkte auf dieser Welt, die man lieber meiden sollte. An Land gibt es giftige Schlangenarten, Dingos, die vor ein paar Jahren ein kleines Kind verschleppt haben sollen, und den wirklich lebensgefährlichen „Funeral web spider", eine etwa vogelspinnengroße Spinnenart, die sich im Sand vergräbt. Im Wasser kommen etwa alle gefährlichen Haiarten der Ozeane vor, weshalb Schwimmen strikt verboten ist.

Nach aufwendiger Beladung zwängen wir uns wie Sardinen in die Jeeps, ein auserwählter Fahrer und zwei Beisitzer vorne, die übrigen acht hinten. Im Convoy fahren wir auf die Fähre, die uns binnen zehn Minuten auf die Insel bringt. Befahrbar ist Fraser Island nur auf der Ostseite. Hier wird der Strand wie ein Küstenhighway genutzt, auf dem es mit 60 km/h in Richtung Nordspitze geht. Wir sind eine lustige Truppe bei guter Musik und in beschwingter Stimmung. Der Alkohol trägt seinen Teil dazu bei, das Level auch zu halten. Gleich zu Anfang sehen wir einen Dingo eine Sanddüne hinauflaufen. Er wirkt aber eher verloren als gefährlich. Nach einem Spaziergang am Nordende müssen wir uns beeilen, das Gebiet wieder zu verlassen, da das Befahren des schmaleren Strandabschnitts hier oben bei Flut unmöglich ist. Im schlechtesten Fall steckt man nicht nur im Sand, sondern auch im Wasser fest.

Auf einer Erhebung am Strand schlagen wir unser Nachtlager auf. Vier Zelte werden jeweils mit drei Leuten belegt. Das dänische Pärchen hat Glück. Ich teile mir mein Zelt mit Jonathan aus Kanada und Abib aus Indien. Keine Dänen, wie ich schon vermutet hätte, sondern Kommilitonen des Dänenklüngels aus Sydney. Beim Aufbau unseres Zeltes erkenne ich mit meinem pfadfindergeschulten Blick, dass Abib wenig Campingerfahrung mitbringt. Später gehen wir im seichten Wasser schwimmen und spielen Frisbee.

Zum Abendessen machen wir uns aus dem Verpflegungspack Steaks mit Kartoffelsalat, der dem Klischee entsprechend in mein Ressort fällt. Dazu viel Bier, Musik und Licht aus dem Autoscheinwerfer bei beinahe Vollmond. Als es leicht zu regnen anfängt, haben wir bereits das Gefühl, es sei mitten in der Nacht, obwohl es noch nicht einmal zehn Uhr ist. Der Regen wird aber dann zu einem ernsthaften Gewitter und lässt uns für Stunden in den Zelten verweilen. Ein Zelt bricht unter den Wassermassen zusammen und wir bekommen einen weiblichen dänischen Gast. So sitzen wir zu viert, Deutschland, Dänemark, Kanada und Indien, im zusehend nasser werdenden Zelt. Es tropft durch die Plane und wir rücken immer weiter zusammen, was bei der Zeltgröße kaum noch möglich ist. Abib stimmt ein sehr schönes indisches Volkslied an, mitten auf einer reinen Sandinsel in Australien. Er ist tatsächlich noch nie zuvor in einem Zelt gewesen. Auch hat er noch nie einen Schlafsack benutzt, was sich mir offenbart, als er sich nur darauf legt. Mitten in der Nacht weckt er mich, weil er dringend raus muss, aber das Reißverschlusssystem nicht durchschaut.

Als der Regen etwas nachlässt, bauen wir das zusammengesackte Zelt wieder auf und können zumindest versuchen, uns schlafen zu legen. Ich bin froh um meinen Schlafsack, denn ich liege unter der Windseite und es tropft fröhlich weiter auf mich herab.

Am Morgen ist es freundlicher, aber meine Klamotten sind komplett nass. Zur Stärkung gibt es Rühreier und Kaffee. Das Highlight des Tages ist der Lake McKenzie, ein See in der Mitte der Insel, umgeben von einem feinen, weißen Sandstrand. Man hätte ihn nicht schöner malen können. Aber was ein Bild nicht zeigen würde: Es ist verflucht windig hier und kühl, die Luft genau wie das Wassers. So fällt es mir leicht, auf das Schwimmen zu verzichten, denn das einzige mittlerweile getrocknete Kleidungsstück ist meine Badehose.

Unseren nächtlichen Schlafplatz wählen wir diesmal weise im Schutz von niedrigen Bäumen. Abib kümmert sich um das Chicken Curry. Heute wird ordentlich gebechert und noch ein Dingo gejagt, der den Fehler macht, durchs Camp zu tapsen.

Diese Nacht verläuft entspannt, am Morgen scheint die Sonne aufs Zelt und ich wache schwitzend auf. Wir machen eine halbstündige Wanderung zu dem grün funkelnden „Lake Wabby", der an einer Düne liegt. Uns bleibt leider nicht viel Zeit, das gute Wetter zu genießen. Um 12.30 Uhr müssen wir die Fähre erreichen, um den

Jeep rechtzeitig abgeben zu können, gereinigt und ausgeladen, was wir auch schaffen.

Zurück im Hostel, gehört die erste Dusche zu den schönsten meines Lebens. Die Zimmerverteilung hat sich noch einmal geändert, ich wohne nun mit den beiden Schweizerinnen zusammen.

Am Abend fahre ich mit einer Französin und einer hübschen Kanadierin aus dem Hostel auf eine nahegelegene riesige Sanddüne und bestaune, bei Resteverwertung der Jeeptour, den traumhaften Sonnenuntergang.

7 Hervey Bay

25. bis 26. September

Nach einer großen Verabschiedung fahre ich mit dem Greyhoundbus nach Hervey Bay.

Ich weiß gar nicht so genau, was ich hier will, denn Besonderheiten sucht man vergebens. Bei Busankunft stehen diesmal gleich acht Pick-ups bereit. Mein Lonely Planet, das ein Pfund schwere Monster von Reiseführer, rät mir zum YHA Colonial, das in Hafennähe liegt. Das Dreibettzimmer ist groß, wenn auch schlicht eingerichtet. Per Telefon reserviere ich gleich für morgen den nächsten Bus nach „Agnes Waters/Town of 1770", noch so ein klasse Name. Diese Empfehlung gaben mir bereits mehrere entgegenkommende Reisende als „Geheimtipp".

Nach einem längeren Hafenrundgang entdecke ich im Hostel einen Aushang, auf dem Crewmitglieder für einen Segeltörn nach Auckland über Neukaledonien, Vanutu, Fiji und Tonga gesucht werden. Ich male mir aus, wie ich auf einem Segelboot durch die Südsee schippere.

Auf dem Zimmer bekomme ich Gesellschaft von einem etwa 40-jährigen graumelierten Highschoollehrer aus Mission Beach im Nordosten Australiens. Er holt in Brisbane von einem Freund einen Mercedes Oldtimer ab. Er lässt mich an seiner Reisebegeisterung teilhaben, erzählt, er sei bereits in über 50 Ländern gewesen, und gibt mir vor allem später viele Tipps für meine weitere Australienreise. Wie in der Schule nehme ich meinen

Lonely Planet und einen Stift und trage die sehenswerten Ziele ein, über die er doziert.

Am nächsten Morgen schlendere ich erneut runter zum Hafen und halte nach der „Rainbow" Ausschau. Dieser Segeltörngedanke lässt mich nicht in Ruhe und ich will doch zumindest einmal die jetzige Crew kennenlernen. Ich kann das Boot aber nicht finden. Da der Hafenmeister krank ist, gehe ich in meiner Backpackerkluft in den Upper Class Boat Club. Die elegante Dame an der Rezeption ist sehr bemüht und bringt in Erfahrung, dass die „Rainbow" bereits ausgelaufen ist.

Enttäuscht schicke ich dem Kapitän zumindest eine SMS, bekunde mein generelles Interesse und biete an, im Norden Australiens dazuzustoßen.

Kurz nach zwei Uhr steige ich in den Bus nach Agnes Waters. Eine Stunde später erhalte ich einen Anruf, aber kurz darauf bricht das Funknetz ab. Ich vermute, dass es der „Rainbow"-Kapitän war. In Agnes Waters gibt es weiterhin kein Netz. So bleibt mir nichts anderes übrig, als auf das Schicksal zu vertrauen.

8 Agnes Waters/Town of 1770

26. bis 29. September

Mein Hostel heißt „Southern Cross", ist einer der Geheimtipps und daher bereits ausgebucht. Ich bekomme aber in einem etwas abgelegenen Bungalow noch eine Koje und teile mir die Hütte mit drei jungen Deutschen. Die arbeiten auf dem Gelände, legen neue Bäche an, fällen Bäume und können dafür umsonst hier wohnen und essen. Die Anlage liegt etwas außerhalb der Stadt in einem Wald und besteht aus Bungalows für bis zu vier Personen. Der Sohn des Besitzers und seine Freundin leiten über den australischen Winter die Anlage und sind jünger als ich. Die Atmosphäre ist sehr entspannt und angenehm.

Eine kostenlose Tour mit dem Hostelbus führt durch Agnes Waters und Town of 1770, die nach dem Entdeckungsjahr durch Captain Cook benannt ist. Bei allem Glanz der Namen bleiben es zwei Dörfchen mit schönen Ausblicken auf das Meer. Das kleine Grundstück mit Plumpsklo auf einem Hügel soll angeblich über eine halbe Million Dollar kosten, da sich hier langsam die Großstädter breit machen und Villen mit Seeblick in die Hügel bauen. In der Innenstadt lasse ich mich absetzen und gehe zum Strand. Eigentlich soll dies hier ein beliebter Surfspot sein, aber im Moment ist keine Welle zu sehen. Vielleicht wird es morgen besser.

Nach einem zweistündigen Marsch den Strand entlang komme ich am Südrand von 1770 an. Wenn man weiterkommen will, kann man hier nur noch die hohen

Felsen hinaufklettern, was ich auch mache. Dabei gilt mein Blick vor allem den dunklen Stellen zwischen den Steinen, in denen ich Schlangen vermute.

In der Innenstadt von Agnes Waters treffe ich zwei deutsche Mädchen aus meinem Hostel. Wir trampen zurück und fahren später zusammen in einen Pub. Es ist nicht viel los, und der Liveband gelingt es kaum, gute Stimmung zu verbreiten. Ein weiterer Deutscher aus dem Hostel unterhält uns allerdings recht gut mit seinen Trinkgeschichten der jungen Vergangenheit. Später treffen die drei israelischen Mädchen vom letzten Abend in Noosa ein und es wird lustiger.

Hier in der Abgeschiedenheit habe ich Zeit und Muße, Briefe an die Heimat zu schreiben. An meine Familie und meine Freunde, die mir fehlen und mit denen ich so gern die neuen Eindrücke und Erfahrungen teilen möchte. Das Schreiben tut mir gut. Und während ich meine Gedanken konzentriere und niederschreibe, wird mir einiges klarer. Es geht mir gut, stelle ich fest.

Mit einem Surfboardverleih mache ich einen guten Deal. Wegen des noch immer geringen Wellengangs zahle ich zunächst 5 $ und wenn ich wirklich länger bleiben will, später noch mal etwas nach. Es ist ein harter Kampf, aber ein paar gute Ritte sind mit dabei.

Am Nachmittag mache ich mir Sandwiches für meine heutige Nachtbustour nach Airlie Beach. Dabei fällt mir die gesamte Hostelbarbecuesauce auf die Fliesen. Als ich den Boden wische, finde ich auch die Ursache für den schon heute Morgen unglaublichen Gestank in der Küche. Hinter dem Kühlschrank liegt eine halbverweste Maus.

Die drei Israelis aus Noosa und ich fahren am späten Abend in einem Greyhound-Shuttlebus zu einem eine halbe Stunde entfernten Parkplatz im Nirgendwo. Es ist stockfinster, ich sehe überhaupt nichts und krame nach meiner Taschenlampe. Allerdings bietet die Finsternis einen beeindruckenden Blick in den Sternenhimmel. So viele Sterne habe ich noch nie gesehen. Da stehen wir nun, eine Gruppe von etwa zehn Leuten, irgendwo in der Steppenwüste, im Dunkeln. So ungefähr stelle ich mir die Situation an der US-mexikanischen Grenze vor, beim Warten auf den Schlepperbus.

Der Greyhound schwebt dann hell erleuchtet wie ein Raumschiff ein und hält für jeden einen freien Doppelsitzplatz bereit.

9 Airlie Beach & Whitsunday Islands

30. September bis 2. Oktober

Airlie Beach. Hier liegt das längste Korallenriff der Welt, das weltberühmte Great Barrier Reef. Es heißt, man könne es sogar aus dem Weltall sehen.

Ich komme am sehr frühen Morgen direkt an der Lagune an, das Wetter ist großartig. Doch es ist Ebbe und statt tropischem Strand zeigt sich bräunlicher Matsch. Da ich im Bus eine unruhige Nacht hatte, schlafe ich auf einer Landzunge unter eine Palme gleich neben dem Segelclub ein Stündchen im Schatten.

Um halb neun checke ich im Büro der „Southern Cross" Company für den gebuchten Segeltörn ein. Die Dame hinter dem Schreibtisch ist zwar recht unfreundlich, sie hat das Backpackerwesen wohl bereits etwas über, kann für mich aber immerhin zwei Sixpacks Bier ordern. Ich packe meine wichtigsten Sachen als Handreisegepäck zusammen, bringe meinen großen Rucksack ins Reisebüro und stelle mich an der Shuttlebushaltestelle zum Rest meiner neuen Reisetruppe. Fast schon wie gewohnt stehen dort bereits zwei der Schwedinnen aus Noosa.

Das Segelboot trägt den hoffungsvollen Namen „Boomerang" und wurde von einem sportbegeisterten Millionär für Bootsrennen zwischen Australien und Neuseeland gebaut. Ich habe das Gefühl, die richtige Wahl getroffen zu haben. Die Einführung an Bord macht Liam, der „Deckhand", nachdem alle ihre Schuhe abgegeben haben, die sind hier nicht erlaubt. Das Boot ist ausgebucht, 28 Packer und vier Leute Besatzung, was mir bei nur drei Toiletten viel erscheint. Nach drei Stunden Fahrt in Richtung der Whitsundays halten wir zum ersten Schnorchelstopp. Im Vorfeld des Ausflugs gab es bereits Diskussionen, wie es um die aktuelle Quallenlage in diesem Gebiet bestellt sei. Bereits in der Lagune von Airlie Beach stehen an jedem Strandabschnitt große Warn- und Erklärschilder zur Quallengefahr und zum Umgang mit möglichen Verbrennungen. Insbesondere die Chironex Seewespe besitzt meterlange Tentakel, die auch abgerissen nicht an Giftstärke verlieren. Bei Berührung kommt es zu Lähmungen, die vor allem beim Schwimmen folgenschwer sein können.

Zu dieser Jahreszeit ist es aber den Quallen noch zu kalt hier oben. Ich spare mir die 10 $ für das Leihen eines Wetsuites an Bord, die Angst wird sicher nicht umsonst geschürt. Mit dem Beiboot fahren wir an einen Ausläufer des großen Riffs und ich lande beim Rückwärtseintauchen vom Bootsrand direkt in einem großen Schwarm bunter Fische. Ich bin begeistert. Auch die Korallen sind sehr schön, und so nutze ich die komplette halbe Stunde aus, bevor ich mich völlig durchgefroren wieder ins Beiboot hieve.

Am Abend gehen wir windgeschützt in einer Bucht vor Anker. Zum Abendessen gibt es Steaks, Kartoffelbrei, Gravy Soße (eine der beliebtesten Beilagen in Australien), Knoblauchbrot und Nudelsalat. Eine eigene Zusammenstellung, vor allem aber viel. Danach sitzen wir alle an Deck, sehen den springenden Fischen um das Boot herum zu und geben uns unseren flüssigen Vorbestellungen hin. Es ist eine angenehme und durchmischte Gruppe. Um die zehn Israelis, etwa gleichviele Iren, zwei Schwedinnen, ein paar Engländer, eine Brasilianerin und ich als Quotendeutscher. Wie es meine Art ist, klinke ich mich am Abend öfters aus den Gesprächen aus und genieße das Leben mit all meinen Gedanken auf dem Boot. Die Koje ist klein, aber ausreichend, mit Blick auf Team Schweden.

Wecken ist um sieben Uhr, Abfahrt um halb acht. Sonnencreme ins Gesicht, Sachen unter der Matratze verstaut und ab an Deck zum Segeln. Als alter Segler, immerhin habe ich seit einem Jahr den Binnensegelschein, geht es mir großartig bei extremer Schräglage des Bootes, voll im Wind. Bei anderen macht sich bald dieses flaumige Gefühl im Magen breit. Nach zwei Stunden Fahrt bin jedoch auch ich froh, als wir wieder in die Horizontale kommen und auf Whitsunday Island anlanden.

Eine zehnminütige Wanderung führt uns zur „White Heaven Beach". Hier muss die Postkarte des Paradieses erfunden worden sein. Es ist einer der Plätze, die in Bildbänden zu bestaunen sind und für einen selbst unerreichbar scheinen. Ein Traum. Einzig der Himmel zieht sich etwas zu und der Wasserstand ist höher, als es die Postkarten zeigen, so dass der Kontrast zwischen dem korallenweißen Sandstrand und dem glasklaren blauen Wasser weniger stark ist. Aber es bleibt beeindruckend schön und ich laufe weit in das knietiefe Wasser. Wir wurden an Bord bereits vor am Boden liegenden Rochen gewarnt. Wer darauf tritt, läuft Gefahr, sich von einem

Schwanzstachel den Fuß durchbohren zu lassen. Das ist zwar nicht tödlich, muss aber schmerzhaft sein. So bewundere ich den großen Rochen, der vor mir liegt und umgehe ihn mit dem nötigen Respekt. Außerdem sehe ich einen Hai, wenn auch nur einen kleinen Sandhai, der sich bei meiner versuchten Annährung alsbald davon macht. Aber Hai ist Hai.

Die weiteren drei Stunden wandere ich mit dem Fotoapparat in der Hand den Strand entlang, spiele Fußball mit den Israelis und trinke zwei Dosen Bier. Bis heute ist dieser Tag der Höhepunkt meiner Reise.

Unsere Crew aus Jimmy, dem coolen, immer weiß eingecremten Kapitän, dem Deckhand Liam mit den schmutzigen Witzen, der verrückten Lisa und Jenny, der hübschen, etwas zu dünnen Freundin des Capitanos, ist einfach großartig. Jeder geht seine Aufgaben so leidenschaftlich an, dass die Betreuung der 28 Backpacker nie wie Arbeit wirkt.

Nach einer kurzen Nacht hängen wir mit leichtem Schädeldrücken am Oberdeck ab und chillen. Um elf Uhr laufen wir in den Hafen von Airlie Beach ein. Ich fragte Liam nach Adressen für eine Bewerbung als Deckhand. Ich könnte mir gut vorstellen, wie er den ganzen Tag ums Reef zu cruisen.

3. Oktober

Nach einer Nacht in einem schmutzigen Fünfbettzimmer des „Koala Hostel" in Airlie Beach rufe ich gleich morgens im „Bushvillage Backpackers" an, um mich aus diesem Drecksloch zu retten. Das scheint öfter vorzukommen, denn die Werbung des Bush-Hostels auf Flyern und Shuttlebussen spielt genau darauf an.

Das „Dörfchen" liegt etwa 30 Minuten fußläufig außerhalb im Norden. Ich zahle den stolzen Preis von 31 $ die Nacht, aber ich habe das Gefühl, es muss einfach sein. Die Unterkünfte der Anlage sind kleine Hütten mit Veranda, kleiner Küche, Bad und Vierbettzimmer. Meine beiden Mitbewohner sind Nacho aus London, halb Spanier, halb Australier, und Dave, ein etwa 40-jähriger Aborigine, der hier auf einem Schiff arbeitet. Nacho ist erst gestern Nacht aus Europa angekommen und schläft daher den Großteil des Tages. Die restliche Zeit redet er unglaublich viel. Er scheint schwul zu sein, was er aber abstreitet, arbeitet in einer Londoner Reiseagentur und ist angeblich gut befreundet mit der Chefin des Adlon-Hotels in Berlin.

Nach vier Wochen meiner Reise wasche ich heute zum zweiten Mal Wäsche. Erstaunlich, wie weit man mit ein paar T-Shirts, einer langen und einer kurzen Hose kommt.

4. Oktober

Ich nehme mir vor, mich auf einem Schiff als Deckhand zu bewerben. Ich mag diesen tropischen Ort und will versuchen, länger hier zu bleiben. Ich hatte mir von Dave, meinem Aborigine-Mitbewohner, zwei Adressen von Arbeitsvermittlungsagenturen geben lassen und recherchiere in der Innenstadt weiter nach Kontaktadressen.

Ich versuche mein Glück bei „LR Recruitment" in der Innenstadt, die mich weiter an die „Southern Cross Sailing Agentur" verweisen. Dort gebe ich meinen Lebenslauf ab, für die Stelle des Deckhand und gleich noch als Marketing Assistent. Man bedankt sich und will sich bei mir melden.

An der Lagune treffe ich Chris, meinen ehemaligen Schüler. Er hat sich seit langer Zeit nicht mehr rasiert und, wie sich herausstellt, ein paar bewegte Tage hinter sich. Seit gestern Nacht wohnt er im „Magnums Backpackers". Zuvor hatte er auf einer Farm in den Bergen bei Airlie Beach gearbeitet. Eine australische Organisation vermittelt zwischen Arbeitsuchenden und vorwiegend Farmen, die gegen Arbeit freie Kost und Logis anbieten. Viele Backpacker nutzen solche Jobs auf Farmen, um das Land und sein Kultur kennenzulernen. Mit seinem Gastvater hatte Chris gestern Nachmittag einen Segeltripp unternommen. In der Kneipe danach wurde er einfach „vergessen". Da Chris wusste, dass das Auto in der Nähe bei einem Freund des Gastvaters stand, lief er dorthin und schloss das Auto mit einem Schraubenzieher kurz. Auf der Fahrt in die Berge wurde er von der Polizei angehalten, weil das Licht flackerte. Obwohl es weder sein Wagen war und er keinen Führerschein mithatte, kam er mit einer Verwarnung davon. Auf der Farm ging es weniger glimpflich aus. Nach großer Aufregung des Gastvaters packte Chris seine Sachen und lief den zehn Kilometer langen Weg zu Fuß zurück in die Stadt.

Die Nacht führt uns ins „Beaches", „Morrocos" und „Mama Africas", wo ich die drei Israelinnen aus Noosa wiedertreffe und sehr herzlich begrüßt werde. Nach all dem Tanzen und Trinken zwar schon völlig am Ende, gehen wir dennoch auf ein Letztes in die „Loungebar", wo wir von einem kopulierenden Pärchen, erst auf der Tanzfläche, später auf dem Sofa, gut unterhalten werden.

5. Oktober

Schwer angeschlagen, erinnere ich mich am Morgen an meine Bier-Idee, für die „Whitsundays Tourism Company" eine Studie über die Bedürfnisse von Backpackern zu erstellen. Ich hatte in der lokalen Zeitung gelesen, dass die Zahl der Backpacker auf den Islands in den vergangenen sechs Monaten um 40 Prozent zurückgegangen sei. Mit einem groben Plan im Kopf lasse ich mir die Adresse des Verbandes an der Hostelrezeption bestätigen.

Wie sich dann beim „Whitsunday Tourism" Verband herausstellt, ist der Geschäftsführer gerade in Brisbane und kommt erst am Montag wieder zurück. Ich kann meine Idee aber ausführen und erhalte seine Visitenkarte mit direkter E-Mail-Adresse. Auf dem Rückweg schaue ich bei einer privaten Arbeitsagentur vorbei, die mir jedoch mitteilt, sie vermittle nur Einheimische.

Am Nachmittag schreibe ich dann ein 2,5-seitiges Grobkonzept für eine lokale Besucherbefragung und Auswertung.

Als ich am Abend Chris in seinem Hostel besuche, kocht er gerade in der externen kleinen Küche, und so habe ich Zeit, mir das Gelände genauer anzusehen. Das „Magnums Backpackers" ist das günstigste und zugleich zentralste Hostel der Stadt. Es ist ein riesiges Gelände voller Bananenpalmen und besteht aus Holzhütten auf Pfählen. Mit ihren kleinen Terrassen muten sie sehr idyllisch an, sind aber innen sehr eng. Unter den Pfählen sehe ich fette Ratten huschen.

Im „Beaches" schauen wir das Rugby-WM-Viertelfinale Australien gegen England. Leider geht pünktlich 20 Minuten vor Schluss das Licht an, der Fernseher aus und der Saal wird geräumt. Was wäre in Deutschland oder England los, wenn die Kneipe kurz vor Ende eines Fußball-WM-Spiels geschlossen würde! Anarchie und Tote. Hier bleibt uns nichts weiter übrig, als zurück ins „Magnums" zu gehen und den 12:10-Sieg der Engländer dort zu erleben.

Chris verabschiedet sich recht früh, da er morgen für zwei Wochen auf einen Segeltörn um die Inseln und das Riff bis nach Mackay im Süden geht. Er hilft zwei älteren Männern, 50 und 70, auf deren privatem Segelboot aus. Ich bin etwas neidisch, aber mein Weg geht weiter nach Norden.

10 Townsville & Magnetic Islands

7. Oktober

Im Townsviller „Globetrotter Hostel" ist nur noch ein Doppelzimmer frei, das ich für 25 $ die Nacht nehme und mir später mit Felix aus Deutschland teile. Townsville erscheint mir nicht sehr interessant. Allerdings ist es Sonntag und wahrscheinlich einfach nicht viel los. Ich hatte gelesen, dass die Lebensqualität in dieser Region am höchsten in ganz in Australien sei, bedingt durch die vielen Sonnentage bei angenehmem Klima. Dies zieht aber vor allem Senioren an, die zwar Geld, aber kein Leben in die Stadt bringen.

Auf meinem Spaziergang entlang der schönen, langen Strandpromenade und einigen beschwimmbaren Strandabschnitten treffe ich meinen Zimmerkameraden Felix und wir essen in einem Irish Pub „Irish stew". Er erzählt, er habe sich in Cairns sehr günstig ein Auto gekauft. Er hatte ein gutes Angebot ausgemacht, sich das Auto angesehen und versucht zu verhandeln. Zu seinem vorgeschlagenen Preis war es nicht zu haben, aber er wusste, dass der Verkäufer bald zurückfliegen musste und so unter Druck stand. In den nächsten Tagen lief Felix dann durch die Stadt, riss alle neuen Aushänge für das Auto ab und rief den Verkäufer so lange an, bis er schließlich verkaufen musste. Für einen 20-Jährigen ohne Führerschein eine tolle Nummer.

8. Oktober

Die Fährfahrt nach „Magnetic Island", dem Anlass meines Aufenthalts in Towsnville, dauert nur 25 Minuten. Ich habe auf der Insel ein Kombipaket für zwei Übernachtungen im „Koala Village Ressort" plus Zoobesuch gebucht. Während ich in einer langen Schlange auf die Fähre warte, kommt mir von Bord eine hübsche Deutsche entgegen, Kathrin, die ich aus Noosa kenne. Sie erzählt mir von einem Hostel in Cairns, ihrem nächsten Reiseziel, und wir wollen versuchen, uns bald dort zu treffen.

Der Inselbus bringt mich quer über die Insel Richtung „Horseshoe Bay". Die Bungalows der Anlage habe ich mir gemütlicher vorgestellt. Es sind zwar Holzhütten, aber für acht Leute. Meine Hütte ist voll besetzt.

Mittags um zwölf laufe ich los in die Horseshoe Bay, die zwar hübsch, aber nach all den anderen Beaches nichts Besonderes mehr für mich ist. Nach ausgiebigem Bad im warmen Wasser schlage ich mich bei sengender Hitze durchs Gebüsch, es sollen ja noch ein paar Buchten folgen. Leider habe ich mir nur eine Flasche Wasser mitgenommen, was bei Weitem nicht ausreicht, mein Wohlbefinden zu erhalten. Nach gut vier Stunden Kampf durchs Dickicht stoße ich auf eine Wanderwegkreuzung, auf der Gott sei Dank eine Saftverkäuferin steht. Ausgetrocknete Backpacker muss es hier noch mehr geben. Für jeden Preis dieser Welt hätte ich den halben Liter Apfel-Karotten-Ingwer-Drink gekauft, der es mir ermöglicht weiterzumarschieren. Nach einer Stunde komme ich auf einer Anhöhe mit einem alten

Armeebunker an und werde mit einer traumhaften Aussicht belohnt.

Auf meiner Suche nach Koalas (auf „Magnetic Island" soll es die größte Koaladichte Australiens geben) werde ich zumindest mit einem Wallaby entschädigt, das im Straßenbusch sitzt. Ein Wallaby ist ein kleines, sehr niedliches, etwas dickliches Känguru und das Maskottchen des australischen Rugbyteams.

Im Hostelzimmer lerne ich einen jüngeren Südafrikaner kennen. Wir kochen zusammen im Halbdunkel der geräumigen, aber komplett vergitterten Hüttenküche. Zu unseren Nudeln bekommen wir von Irge, der heute Abend abreist, Asiafood angeboten, das ganz hervorragend schmeckt. Als wir auf der Küchenveranda dinieren, raschelt es plötzlich überall und wir werden von Possums umzingelt. Ich hatte schon von diesen possierlichen kleinen Nagern gehört, die aussehen wie eine Mischung aus Waschbär und Ratte. Sie sitzen mit Vorliebe in der Regenrinne und warten auf einen günstigen Augenblick, um auf den Tisch zu springen und irgendetwas Essbares zu stibitzen.

9. Oktober

Um zehn Uhr beginnt die Führung durch den Zoo, ein allerdings eher kleines Gehege direkt neben der Bungalowanlage. Der Buschranger, so urig, wie ich mir einen Buschranger vorstelle, startet mit unserer kleinen Gruppe bei den Krokodilen. Ein kleines, weiches Exemplar mit klebebandumwickelter Schnauze können wir auf den Arm nehmen, für Fotos natürlich. Dann sehen wir Echsen, die aussehen wie Miniaturausgaben der Drachen in „Jurassic Park", die den Halskamm ausstellen und fauchen können. Diese hier wechseln zudem ihre Farbe, je nach Untergrund. Unser Ranger erzählt eine ganze Menge Geschichten, zum Beispiel, dass Steve Irwins Tierdokumentationen nur mit eigenen oder Tieren in Gefangenschaft gedreht worden seien. In Australien stünden alle diese Tiere, auch die giftigsten Schlangen der Welt, unter Artenschutz und dürften daher nicht angefasst werden.

Dann kommen wir zum Höhepunkt der Führung, den Koalafotos. Wir bedienen damit zwar ein touristisches Klischee, aber dem Charme der Tiere kann auch ich mich nicht entziehen. Ich löse den Gutschein ein, der in meinem Paket enthalten war. Der Bär ist relativ schwer, riecht nach Eukalyptus wie ein Bonbon und hat unvermutet scharfe Krallen, die sich durch mein T-Shirt bohren. Der Koala scheint sich bei mir wohlzufühlen und kackt mir entspannt auf den Schuh.

Ein zweiter Koala trägt ein Junges auf dem Rücken, das natürlich noch niedlicher ist. Danach nehme ich das Angebot an, mir eine Python um den Hals legen zu lassen.

Am Ende unserer zweistündigen Führung machen wir einen Abstecher ins Waldstück gleich neben unserem Dörfchen. Wir stoppen unter zwei enorm hohen, ausladenden Bäumen, von deren Spitze es laut auf uns herabschreit. Kopfüber hängen dort hunderte von Flughunden. Manche von ihnen bewegen sich wie kleine Affen von Ast zu Ast und haben eine Spannweite von einem guten Meter. Ich bin fasziniert und erkläre die Begegnung zu meinem heutigen Highlight, noch vor den Koalas, da sie so unverhofft in der freien Natur geschieht.

Meine Wanderung führt mich Richtung Nelly Beach. Es ist wieder sehr heiß. Nach zwei Stunden lege ich meinen ersten Supermarktstopp ein und kaufe mein derzeitiges Lieblingsgetränk, Ice-Coffee von Brekka. Dann geht's auf die eigentliche Wanderstrecke, die Bärenhochburg. Der Treck führt mich etwa 1,5 Stunden durch hügeliges Gelände mit tollen Blicken auf die Küste. Ich merke wieder, wie sehr mir das Wandern Spaß macht, trotz der Schweißbäche, die an mir hinablaufen. Obwohl ich aufmerksam bin und oft unter potenziellen Eukalyptusbäumen stehen bleibe, sehe ich keinen einzigen Koala. Dafür habe ich das Gefühl, jemand lacht über mich, entweder aus dem geschützten Wipfel eines Baumes oder dem Marketingbüro von Magnetic Island.

11 Mission Beach

10. Oktober

Die Fähre bringt mich kurz vor zehn Uhr morgens wieder nach Townsville zurück. Um ein Haar steige ich in den falschen Bus, doch bald fährt der richtige ein und weiter geht es nach Mission Beach. Dort steht der „Treehouse Hostel" Shuttlebus samt oberkörperfreiem Fahrer schon zur Abfahrt bereit.

Das Treehouse ähnelt der Arthouse Factory in Byron Bay. Es ist ein großes, sehr hohes, aus dunklem Tropenholz erbautes Gebäude mit wenigen Zimmern, die fast alle an den großen Aufenthaltsraum angrenzen. Es ist hier sehr „szenig" mit viel Gepose. Alle, die hier sind, scheinen sich schon ewig zu kennen und gemeinsam abzuhängen. Auf mich wirkt es aufgesetzt und wie ein bemühter Versuch, die 60er/70er Jahre wiederzubeleben.

In der Küche des Hostels wollen meine Bratkartoffeln einfach nicht braun werden und ich bekomme entsetzlichen Hunger. Als sie endlich fertig sind, öffne ich den Rotwein, der besser schmeckt als gedacht. Zwei Schweizerinnen setzen sich zu mir an den Tisch, wir reden noch zwei Stunden und trinken Wein aus Kaffeebechern. Die beiden wollen morgen weiterreisen und gehen deshalb bald ins Bett. Auch ich lege mich recht zeitig hin.

11. Oktober

Bedingt durch die Lage der Zimmer ist es nachts zunächst sehr laut. Zum Frühstück gibt es Eier mit Speck, bevor es auf einen Walkingtreck durch den Regenwald geht. Schon nach fünf Minuten merke ich, dass ich jetzt wirklich in den Tropen bin. Ich schwitze und bin bald komplett durchnässt. Der Weg ist leicht zu laufen, dennoch treffe ich auf meiner ganzen Tour keinen Menschen. Aber ein großer Leguan kreuzt meinen Weg und klettert gemächlich auf einen Baum.

Im Hostel bleibt nur die Dusche. Auf der bequemen Couch passe ich mich der Umgebung an und hänge einfach nur ab.

Am Nachmittag kämpfe ich mich in den Shuttlebus, um in die Stadt zu fahren. Obwohl das Hostel ein Stück entfernt liegt, gibt es nur sehr wenig Pendeleinsätze für das fast ausgebuchte Haus. Der Strand erscheint unendlich lang und weit. Leider warnen Schilder und Einwohner vor Salzwasserkrokodilen, die zwar aus den Flüssen kommen, sich aber am Meer neue Gebiete und Fortpflanzungspartner suchen. Der Strand erscheint mir hingegen als Krebsland, mit den typischen Kügelchenaufwürfen.

Zum Abendessen gibt es bei mir baked beans mit Rührei und Rotwein direkt aus der Flasche, da schon wieder alle Becher in Benutzung sind. Es ist einer dieser Abende, wo sich zwar ein paar Iren für smalltalk mit an den Tisch setzen, aber es zu keinem wirklichen Gespräch kommt. Vielleicht bin ich einfach zu uncool für dieses Haus.

Beim entspannten morgendlichen Auschecken zahle ich es dann allen heim, indem ich auf eben dieses Auschecken verzichte. Da es keine Schlüssel in diesem Haus der Freunde gibt, brauche ich mir auch keinen Pfand zurückzuholen, und eine weitere Nacht gibt es hier für mich nicht. Die letzte war schon zu viel.

12 Innesfail

12. Oktober
Ich bin froh, als ich in den Bus steige und meine Fahrt Richtung Norden fortsetze. Zum ersten Mal, seit ich mit Greyhound unterwegs bin, ist der Bus fast komplett mit Aborigines besetzt. Ich bekomme noch einen der letzten Plätze und eine nette Kanadierin an meine Seite, die schon draußen mit mir gewartet hatte. Für mich endet die Fahrt bereits nach einer Stunde. Auf dem Weg zum Ausgang stelle ich fest, dass ich der Einzige bin, der den Bus verlässt. In Innesfail soll es eine große Krokodilfarm geben, wie mir der Collegedozent in Harvey Bay verraten hatte. Selbst der Busfarer fragt noch einmal nach: „Bist du sicher, dass du hier aussteigen willst?"

Dem Stadtplan direkt an der Bushaltestelle entnehme ich, dass die Krokodilanlage drei Kilometer außerhalb der Stadt liegt. In dieser Hitze, mit meinem Rucksack ist das ein ganzes Stück. Schon nach einem Kilometer in der Schwüle merke ich, dass ich so mit meinem Rucksack nicht weiterkommen werde. An der nächsten Tankstelle bitte ich die Verkäuferin, meinen Rucksack für ein paar Stunden aufzubewahren, was kein Problem ist.

200 Meter weiter hält ein Jeep neben mir und bringt mich direkt zur Farm. Nett, dieses Innesfail.

Die Farm macht auf den ersten Blick einen heruntergekommenen Eindruck. Trotzdem kostet der Eintritt 18 $. Ich warte im Eingangsbereich 30 Minuten darauf, dass endlich die versprochene Führung beginnt. Als aber immer noch niemand zu sehen ist, gehe ich los. Die erste Anlaufstelle ist eine Krokodilzuchtstation. Darin sind auf engstem Raum über 500 kleine Krokodile zusammengepfercht, die kreuz und quer übereinander liegen. Nicht schön, aber beeindruckend. In den weiteren Gehegen liegen zum Teil riesige Exemplare. Andere schwimmen in den kleinen Teichen, wieder andere sind gar nicht zu sehen. Das größte Tier ist 5,5 Meter lang und gute 65 Jahre alt. So direkt neben diesem scheinbar schlafenden prähistorischen Reptil ahnt man, dass man im Fall der Fälle niemals eine Chance hätte. Auch ein Känguru läuft frei zwischen den Gehegen herum.

Als ich gerade wieder zurück zum Eingang komme, beginnt der Herr des Hauses tatsächlich seine Führung für zwei Deutsche. Ich schließe mich an. Der Guide ist ein spezieller Kauz, der viele derbe Späße über Deutsche macht. Ich möchte wetten, dass er sie seinem Publikum variabel anpasst. An der Zuchtstation schauen wir einer Fütterung zu. Ich habe selten so etwas Ekliges gesehen, was vielleicht auch damit zusammenhängt, dass ich als Großstadtkind nicht viel mit dem Landleben zu tun hatte und lediglich einmal eine Schweineschlachtung miterlebt habe. In der Schubkarre, aus der die Krokodile gefüttert werden liegen bis über den Rand aufgetürmt frische Hühnerköpfe! Das muss ich erst mal kurz verwinden. Doch es wird nicht besser. Die Hilfskraft greift beherzt mit bloßen Händen hinein und wirft die Köpfe über den Zaun ins Gehege. Das vorher ruhige Gewässer scheint wie unter Strom zu stehen, alles zuckt und springt in heller Aufregung durcheinander. Wir erfahren, dass die Köpfe vorher noch Hälse hatten. Aber die

Krokodile würden sonst zu fett, was schlecht für das Fleisch ist.

Aus dem Nichts heraus setzt ein kräftiger Tropenschauer ein. Wir unterbrechen die Führung für eine Weile und nutzen die Zeit zum fröhlichen Pythonhalten. Mir ist es eine große Freude, diese relativ kleine Schlange um den Arm gewickelt zu halten. Allerdings ist unser Guide für gute zehn Minuten einfach verschwunden und ich stehe mit der Python in der Hand ein wenig verloren am Eingang der Anlage. Da wir beide ruhig bleiben, passiert jedoch nichts. Als der Besitzer zurückkommt, fragt er: „Willst du nicht mal von einer Python gebissen werden?" Er drückt mir den Daumen zusammen und sagt: „Wenn es rot wird, riecht die Schlange das Blut und beißt zu!" Über die Frage hatte ich bisher noch nicht nachgedacht. Spontan entscheide ich mich für „nein" und ziehe meinen Finger weg. Obwohl der Gedanke, erzählen zu können, dass ich von einer Schlange gebissen wurde, reizvoll ist. „Es brennt etwa eine halbe Stunde lang, als hätte man in kochendes Wasser gefasst", berichtet der Guide, was meine Entscheidung allerdings weiter unterstützt.

Der zweite Teil der Führung bringt uns an die kleineren Tümpel, die ich bereits passiert hatte in dem Glauben, sie seien leer. Eine grobe Fehleinschätzung. Durch bloßes Zurufen, vorzugsweise von „Germans, Germans", kommen die ersten Riesen angeschwommen. In anderen Gehegen schlägt unser verschrobener Aussie mit einer Harke ganz kurz auf die Wasseroberfläche und fast in derselben Sekunde springt eines der Ungetüme in die Höhe. In einen tropisch gelegenen See gehe ich ganz sicher nicht mehr. Zum Ende der Runde setzt er sich auf das größte aller Exemplare und lüftet den Hut. Verrückter Typ.

Ich habe erneut Glück, dass mich zwei Australier im Auto mit zurück zur Tankstelle nehmen, wo ich meinen Rucksack abholen kann. Der Chef hatte mich fahren wollen, aber ich blieb besser auf Abstand. Er sucht eine weitere Aushilfskraft, die die Gehege sauber macht und den Tieren die Zähne putzt. 15 $ die Stunde plus Behalten der herausgefallenen Zähne, die bei entsprechender Aufbereitung, etwa als Schmuck, bis zu 100 $ wert sein sollen.

Es ist schön, Optionen zu haben: Mit etwas mehr Liebe zum Detail und minimaler Investition könnte man sicher mehr aus dem Park machen. Aber die Vorstellung, täglich mit Hühnerköpfen um mich zu werfen, und ein Blick auf die völlig zernarbten Beinen des Eigentümers geben mir ein gutes Gefühl, als ich im Greyhound weiter nach Cairns fahre. Was würde wohl in Deutschland mit Gästeführern im Zoo passieren, die anbieten würden, sich von einer Python beißen zu lassen?

13 Cairns

12. Oktober

Nach insgesamt über 3 000 km entlang der Ostküste erreiche ich mein vorläufiges Ziel, Cairns. Das „Dreamtime Hostel", „die" Empfehlung vieler Reisender, ist in der Tat sehr niedlich, gemütlich und extrem verwinkelt. Es erinnert eher an ein großes Haus als an einen klobigen Hostelblock. Mein Zimmer teile ich mit einem jungem Deutschen, einem Schweden und einer Irin.

Als ich an der Rezeption einchecke, steht plötzlich Kathrin neben mir. Da das hausinterne Restaurant, in dem ich eigentlich meinen Etappensieg feiern wollte, bereits geschlossen hat, lädt sie mich zu Suppe und Brot ein. Ich habe überhaupt nichts mehr zu essen. Beim Abwaschen in der Küche treffe ich völlig überraschend die beiden Schweizerinnen aus Mission Beach, denen sofort auffällt, dass ich mich endlich mal wieder rasiert habe. Das nenne ich einen vielversprechenden Einstieg in eine neue Stadt.

Am Abend gehe ich mit den drei Mädels und einer Asiatin aus London etwas trinken, anschließend ins „Gilligans", das eigentlich ein Hostel ist, aber einen großen schicken Club beherbergt. Es ist voll, wir tanzen viel. Die Mädchen wollen gegen zwei Uhr zurück ins Hostel. Ich bleibe noch und kann deshalb zusehen, wie dicht neben mir vier herausragend attraktive Geschöpfe tanzen, mit Sicherheit Models, mit unfassbar langen Beinen in kaum vorhandenen Miniröcken. Daneben tanzt eine ebenfalls sehr hübsche Frau im Rollstuhl. Was mag sie wohl denken, auf Augenhöhe mit den schönsten

Beinen der Welt? Für mich sind sie alle wunderhübsch, jede auf ihre Weise, und ergeben zusammen ein unvergessliches bizarres Bild.

13. Oktober

Mein erster Stopp in Richtung Stadt führt auf die andere Straßenseite in ein großes Shoppingcenter. Im „Coles", der einzigen wirklichen Konkurrenz zu Woolworth, gibt es einen Iced coffee auf die Hand und „Heinz Ravioli" für den Abend. Heute kein großer Aufwand. Zum Mittag versuche ich mich an Sushirollen, die nicht nur schmecken, sondern auch günstig sind. Die wird es jetzt öfter geben.

Die Innenstadt selber ist eine einzige mittelgroße Touristenfalle. Nicht schön, aber mit vielen Geschäften für das Backpackerleben. Nach drei Stunden im „Global Gossip", einer Internetcafé-Kette, treffe ich eine wichtige Entscheidung. Ich buche meine Flüge nach Auckland und zurück nach Melbourne für Januar. Damit ist Neuseeland gebongt.

Gut gelaunt mache ich einen Spaziergang an die „Lagoone", ein groß angelegtes Freibad direkt am Meer und doch zentral in der Stadt. Der Pool scheint direkt ins Meer überzugehen. Doch das ist zum Glück nicht der Fall. Die künstliche Badelandschaft hat den Sinn, die Menschen vor Krokodilen und Quallen zu schützen.

14 Cape Tribulation

14. Oktober

Den Shuttlebus des „Cape Tribulation"-Veranstalters, der fast in allen Hostels von Cairns hält, startet bei mir um 7.20 Uhr in den tropischen Urwald Richtung Norden.

Nach kurzer Rast in einem Café fährt uns ein kleines Blechboot über den Daintree River, der sehr trübe und unspektakulär aussieht. Immerhin erblicken wir ein kleines Krokodil, eine Schlange im Baum und Flughunde. Aber leider ist nichts davon mehr so aufregend, wenn man bereits etwas Vergleichbares gesehen hat. Ich mache kein einziges Foto, was vielleicht ein wenig ungerecht der Natur gegenüber ist.

Am „Cape Tribulation" angekommen, besiedelt mit ein paar Häuschen und Hostels, ziehe ich ins „Ferntree Hostel" und teile mir den Raum mit Adam aus Manchester. An der Seite der Hütte liegt ein Wasserloch, die Verbreiterung eines schwach fließenden Flusses, in dem man schwimmen kann. Am schönen Daintree Strand empfiehlt sich das Schwimmen hingegen wieder einmal nicht.

Es gibt einen sehr interessanten Rundwanderweg durch den Regenwald, in dem kleine Glastafeln Flora und Fauna der Region erklären. Er führt durch die verschiedenen Landschaftszonen im Daintree, beginnend mit dem wirklichen Regenwald mit riesigen Farnen und Lianenpflanzen, weiter durch Mangroven, Buschwerk und an den Strand unter Palmen. In ihrer Ursprünglichkeit wirken einige Teile wie grüne Wände und es ist mir kaum vorstellbar, wie hier je Menschen bloß mit Macheten durchgekommen sein sollen.

Es soll in diesen Wäldern noch den „Cassowary" geben, einen schwarzen, straußenartigen, flugunfähigen Vogel mit buntem Hals und blauem Kopf, den ein roter Kamm ziert. Nicht nur dass er sehr groß und schnell ist, er hat lange und scharfe Klauen an den Hinterläufen, die auch für Menschen gefährlich sind. Vor allem im Gefolge ihrer Jungen sind die Vögel sehr angriffslustig. Ich halte Ausschau, sehe aber nichts außer ein paar kleinen schwarzen Hühnern. Ist das schon wieder ein Touristennepp?

15. Oktober

Erneut auf dem Dschungelpfad unterwegs, treffe ich Kathrin, die mit zwei Israelis aus meinem Bus unterwegs ist. Shmuel und Ynnon erzählen, dass sie sehr religiös seien, beim Militär waren und nun mit einem Jeep durch Australien reisen. Der Wagen wird gerade repariert, soll aber Ende der Woche wieder einsatzbereit sein.

Nach der Abfahrt aus dem Hostel am Nachmittag halten wir zunächst an einer Obstplantage, wo es sehr gutes, aber teures Fruchteis aus eigener Obstproduktion zu kaufen gibt. Etwas später gelangen wir an den „Mossman Falls", einen sehr schön gelegenen Fluss mitten im Wald, in dem man schwimmen kann. Ich mache stattdessen Fotos des Schwimmteams Israel, das auf der Rückfahrt in nassen Badehosen im klimatisierten Bus sitzt. Letzter Stopp ist Port Douglas, die Stadt der Reichen und Rentner im Norden, die sehr schön angelegt ist. Unser Aufenthalt ist erneut knapp bemessen, sodass kaum Zeit ist, etwas Vernünftiges zu tun.

Am Abend in Cairns geht es mit Kathrin und der Wienerin Johanna, die ebenfalls mit in Mission Beach war, noch mal los ins „Rhinos", einer weiteren Bar mit Clubcharakter. Hier bewegen sich viele begabte Tänzer. Nicht mehr ganz so überrascht, treffe ich auf „meine" drei Israelinnen aus Noosa. Die verfolgen mich doch. Ich bin aber nicht gut drauf und gehe früh mit Kathrin zurück. Dabei treffen wir Eva, die zweite Deutsche aus Agnes Water. Kleine Backpackerwelt.

15 Green Island

16. Oktober

Habe heute Morgen im Wooferbuch des Hostels geblättert. Das ist jene Organisation, über die Chris seine Farmerfamilie gefunden hatte, bei der es nicht so gut lief. Ich stelle fest, dass für mich nichts dabei ist. Es klingt mir zu spirituell und alles dreht sich um „organic food" oder Schafehüten.

Im „Global Gossip" erwartet mich eine Mail von John dem Chinesen. Er schreibt, er habe weiter Interesse an einem Praktikanten. Gute Nachrichten! Ich schreibe zurück und frage nach einem kleinen Gehalt. Auch schaue ich mich auf den Seiten der australischen „fruit picking"-Organisation um, die vom australischen Staat getragen wird. Die Backpackerszene ist mittlerweile ein bedeutender Wirtschaftsfaktor, insbesondere für Arbeitskräfte in der Landwirtschaft geworden. Hier in der Region sieht es im Augenblick saisonbedingt leider schlecht aus. Die Option fällt also aus.

Am Nachmittag buche ich einen Boots-Trip zur „Green Island". Als ich in einem der vielen kleinen Reisebüros entlang des Hauptstrips im Zentrums Cairns sitze, treffe ich die beiden Israelis Shmuel und Ynnon vom Cape-Tribulation-Ausflug. Sie sind bestens gelaunt und kommen gerade von einem Tauchtrip zurück. Sie erzählen, ihr Auto sei weiterhin zur Reparatur, aber sie würden mich gerne mitnehmen auf ihrem zweiwöchigen Roadtrip runter bis nach Sydney. Das wäre eine günstige Alternative zum Flug nach Brisbane.

Wieder zurück im Hostel, muss ich mich um eine neue Bleibe für morgen kümmern, da hier bereits alle Betten ausgebucht sind und ich nicht rechtzeitig verlängert habe. Das ist auch schwierig, weil ich nicht genau weiß, wie es weitergeht. Die Freiheit ist zwar sehr schön, bedeutet aber auch eine stete Ungewissheit und damit verbundene Sorge. Beim Anruf im dritten Hostel habe ich Glück und reserviere für die Nacht.

17. Oktober
Das Einchecken auf der „Ocean Free" am frühen Morgen im Hafen wird sehr genau genommen, ich muss dreimal meinen Voucher vorzeigen. Das Segelboot ist klein und mit 25 Personen ausgebucht. Eine recht bunte Mischung aus Familien und Pärchen. Einer der Familienväter aus Melbourne sitzt neben mir und hilft beim Ausfüllen des Tauchfragebogens. Zur Begrüßung gibt es Pulverkaffee, Muffins und eine Einweisung über das Verhalten an Bord und den Verlauf des heutigen Tages.

Wir sind 1,5 Stunden unterwegs, bis wir anhalten und es losgehen kann mit Schnorcheln und Tauchen. Tauchen gehörte nie zu den Dingen, die ich unbedingt tun wollte. Viele Taucher, die ich kennengelernt habe, erzählten zwar, wie faszinierend es ist, aber ich gehöre zu der Generation, die den Weißen Hai zu früh gesehen und deshalb Angst vor Untiefen hat. Dennoch – am großen Reef, „dem" Tauchspot der Welt, will ich sie überwinden. Da nur drei Leute tauchen gehen wollen, steige ich mit dem Kapitän persönlich hinab. Nach einer kurzen Einweisung an Bord quälen wir uns in die Anzüge und springen ins Wasser. Meine Tauchtour führt mich etwa 40 Minuten Hand in Hand mit dem Capitano rund um unser Boot. Wir sind höchstens sechs Meter tief, daher sehe ich nicht viel mehr als die Schnorchler um uns herum. Aber das Gefühl ist toll, mit dieser Leichtigkeit und Freiheit durchs Wasser zu gleiten. Wie ein Fisch, der etwas kompliziert atmet und immer nach unten sackt anstatt nach oben zu treiben, wie ich es vom Schnorcheln gewohnt bin. Man ist näher dran am Geschehen und kann die riesigen Muscheln berühren, von denen ich gelesen habe, dass Taucher mit den Füßen darin stecken geblieben sind. Was man nicht alles so liest. Das Riff um uns herum scheint bereits vom „Reefbleaching" befallen, bei dem die Korallen allmählich durch Verschmutzung absterben, sodass ihre leuchtenden Farben in Grau umschlagen. Es ist nicht so bunt wie angenommen. Dafür sehen wir einen ganzen Schwarm bunter Fische und einen großen Schwarzen, der direkt unterm Boot sitzt. Er heißt „Darth Vader", sieht ziemlich fies aus, soll aber ein harmloser Zeitgenosse sein.

Es ist eine lohnende Erfahrung. Noch nicht ausreichend, um mich dazu zu bringen, einen Tauchschein zu machen, aber perspektivisch wäre das schon was.

Mit dem Tenderboot fahren wir nach „Green Island". Diese kleine, sehr gut erschlossene Insel beherbergt ein nobles und teures Ferienresort, einen Rundweg und einen kleinen Tierpark. Ich nutze lediglich den schönen Rundweg und sehe an einem der Strandzugänge eine Wasserschildkröte den Hals aus dem Wasser strecken. Beim Versuch, ihr den Weg abzuschneiden, um ein schönes Foto zu machen, taucht sie aber ab und davon. Es bleibt noch Zeit für ein kurzes Nickerchen an diesem fast weißen Strand, der einem einen Traumblick über das glasklare, türkisfarbene Wasser gewährt.

Die Rückfahrt dauert fast drei Stunden. Wir nutzen diesmal auch die Segel und gleiten bei ordentlicher Schräglage durchs Wasser. An Bord gab es zuvor ein kaltes Büfett und nun Wein und Käse. Ich unterhalte mich sehr angeregt mit zwei weiteren Deutschen. Einer von ihnen heißt Friede und besucht seinen Cousin in Perth. Sie wollen zusammen Mitte Dezember nach Tasmanien runter und dort die Insel durchwandern. Ich bin herzlich eingeladen mitzukommen. Friede selber will zuvor als Autopolierer in Cairns anfangen zu arbeiten. Es soll noch freie Stellen geben und 17 $ die Stunde.

Auf dem Rückweg zum Hostel lese ich kurz meine Mails und erhalte von John dem Chinesen das Angebot, dass ich zunächst bei ihm in Brisbane wohnen könne. Wegen der Bezahlung müsse er noch einmal nachfragen. Bei wem auch immer.

Im Hostel löse ich meinen Rucksack aus und laufe zum 20 Minuten entfernten „Dreamtimes" Hostel. Dort habe ich nun ein Dreibettzimmer mit zwei weiteren Deutschen. Chris, ein Tauchlehrer, tourt schon seit zwei Jahren durch Asien und Australien, Sven ist Student auf Weltreise, hat Asien bereits hinter sich und will jetzt durch Australien.

Am Abend esse ich per Voucher einen 6 $ Burrito im legendären „Woolshead", wo niemand gewesen sein will, aber alle waren. So etwas wie die Bildzeitung unter den Cairnser Clubs, billig, simpel, verrucht. Anschließend treffe ich mich mit Shmuel und Ynnon in der „Mad Cow" auf eine paar billige Jugs Bier und gehe dann mit Shmuel noch ins „Rhinos". Er war noch nie in einem Club und ist aufgeregt. Leider ist nicht viel los, was uns mehr Zeit gibt, über sein interessantes Leben zu sprechen. Er war während seiner obligatorischen dreijährigen Militärzeit in Israel Offizier und verantwortlich für 30 Soldaten. Shmuel ist jetzt 23 Jahre alt! Er hatte verschiedene Aufträge, musste vermeintliche Attentäter aus Palästina herausholen oder bei Nachtpatrouilleneinsätzen dunkle Gestalten von den Dächern schießen, auch wenn sie vielleicht nur zu unpassender Zeit auf ihrer Dachterrasse spazieren gingen. Eine verrückte Welt. Er merke erst heute, sagt er, wie krass die Situation und die Handlungen eigentlich waren. Während seiner Einsatzzeit wurde ihm immer erzählt, das sei normal so.

16 Cairns II

18. Oktober
Als Erstes lese ich heute im Internet Cafe eine lange Mail von Jenny. Ihr geht es nicht besonders gut, sie ist auf Arbeitssuche, sendet aber viele Küsse. Ich selber stelle fest, dass ich mit meiner Reiseplanung nicht vorankomme. Allmählich fängt es an zu nerven. Diese Ungewissheit, der sich aufbauende Druck, die richtige Wahl zu treffen, strengen an. Soll ich nun direkt nach Sydney fliegen, mit Shmuel und Ynnon fahren, gleich nach Brisbane zu John oder doch lieber Noosa oder Byron Bay?

Zum Nachmittag entdecke ich mein neues Lieblingsbistro, einen Asiastand im Shoppingcenter, der für 6 $ Reis und süßes Huhn mit gekochtem Kürbis anbietet. Als wenn mein Tag nur aus Essen bestehen würde, gehe ich um 19 Uhr zum Hostelspecial Dinner, bei dem es für 10 $ Pizza satt und ein Bier gibt. Mit Shmuel und Ynnon treffe ich mich wieder in der „Mad Cow", in die später auch Chris und Sven aus meinem Zimmer kommen. Heute zum 2 $-„Basic Spirit"-Trinken. Unverantwortliche Preise, denn wir sind schnell voll und fangen an zu tanzen. Im Rhinos treffen wir auf meine drei israelischen Grazien, aber meine Verkupplungsversuche unter den Israelis bleiben erfolglos.

19. Oktober
Ein unruhiger Morgen. Allen hängt der gestrige Abend nach. Aber es nutzt nichts, wir müssen alle drei auschecken, da dieses Zimmer bereits wieder vermietet ist. Die

beiden können sofort ein neues Zimmer nehmen, ich hingegen warte an einem Tisch beim Frühstück auf den Anruf von Shmuel. Wir haben gestern im Suff ausgemacht, dass sie mich mit nach Mackay nehmen. Zumindest als eine Option, von wo aus ich möglicherweise einen Flug weiter nach Brissi nehme. Als sich keiner meldet, rufe ich an und bekomme zur Antwort, dass es heute sicher nichts mehr wird, das Auto sei immer noch kaputt. Damit wird es auch nicht morgen und Sonntag, denn ab dem heutigen Freitagabend bis zum späten Samstagnachmittag halten die Juden Sabbat und am Sonntag arbeitet niemand in der Werkstatt. Das werden sie doch auch gestern schon gewusst haben. Der Ritus besteht bereits seit ein paar tausend Jahren. Also kann ich mich erneut im Hostel einchecken und bekomme ein Viererzimmer direkt neben der überaus nervigen Stimme der angrenzenden Rezeption.

Am Nachmittag gehe ich noch einmal alternative Flugoptionen nach Brisbane durch. Die einzig preiswerte Möglichkeit von Cairns geht erst ab Dienstag, alles andere nur von Mackay. Ich hänge also noch ein paar Tage hier fest. Chris und Sven wollen morgen gemeinsam nach Sydney aufbrechen. Chris hat einen eigenen Van, leider nur einen Zweisitzer, den ihm Sven dann in Sydney abkaufen will. Ich rufe Ynnon noch einmal an und mache für morgen einen Termin aus, um unsere Reise, für die ich mich jetzt entschieden habe, gemeinsam zu besprechen. Da ab heute Abend den beiden auch der Einsatz von Handys nicht erlaubt ist, machen wir ganz altmodisch feste Termine ab. Sie wollen in der Stadt noch Zettel für weitere Mitfahrer aushängen.

20. Oktober

Die raue Stimme der neuseeländischen Rezeptionistin weckt mich durch die Wand. Ich verabschiede mich lange von den beiden Jungs, die heute bereits früh nach Süden aufbrechen.

Im „Global Gossip" gehe ich erneut die Flugpreise ab Mackay durch, als mich Jenny auf dem Handy anruft. Sie vermisst mich und will versuchen, nach Brisbane zu kommen. Ich freue mich sehr darüber. Im „Rosies Backpackers" treffe ich am Nachmittag Smuel und Ynnon. Wir vereinbaren die Abfahrt für den Montag und werden begleitet von Tomel, einem weiteren Israeli aus dem Hostel. Somit werde ich aller Voraussicht nach bereits am Donnerstag in Mackay sein und könnte am Samstagabend weiterfliegen. Für unsere Reise brauchen wir noch ein Zelt, ansonsten ist alles, zum Beispiel koscheres Geschirr für alle, vorhanden. Ich sage ihnen gleich, dass ich alles esse und es am klügsten wäre, wenn sie einkaufen und ich mich daran beteiligen würde. Ich buche meinen Flug von Mackay nach Brisbane. Endlich ist etwas fixiert. Es gibt einen Plan.

Am Abend fahre ich mit einem Hamburger, einem weiteren Deutschen und einer Engländerin mit dem Taxi in die Stadt. Zunächst ins „Rhinos", dann weiter in den Irish pub „P. J. O'Brians", in dem die Kellnerinnen auf der Bar tanzen. Dort treffe ich zwei Mädchen aus Airlie Beach und dann Lia, eine nette junge Deutsche aus Byron Bay. Wir reden eine Weile und tauschen am Ende Telefonnummern aus, da sie ebenfalls weiter nach Brissi will. Ich schlage mich weiter durch ins „Woolshead". Es ist voll, eng, dunkel, heiß und stickig. Aber die Stimmung ist gut, alles tanzt, viele auf den Tischen. Ich überlege noch, bis um fünf Uhr zu bleiben, um das Rugby-Finale zwischen England und Südafrika zu sehen, bin aber um vier Uhr so müde, dass ich zurück ins Hostel laufe.

17 Von Cairns nach Mackay

22. Oktober

Meine beiden neuen holländischen Mitbewohnerinnen gefallen mir sehr und hätten ruhig schon eher kommen können, denn ich reise heute ab. Ich genieße noch einmal die schöne Lagune und schreibe dort auf einem Grasstück ein wenig, als Shmuel anruft, um mir mitzuteilen, dass es erst gegen 16 Uhr losgeht. Spät, aber immerhin, wir fahren. On the road again.

Zwischen Innesfail und Townsville schlagen wir unser Nachtlager auf. Es ist ein sehr kleiner Rastplatz mit Toiletten. Er wäre ein wahres Idyll mit einem kleinen Fluss an der Seite, läge er nicht direkt am vielbefahrenen Highway. Das neue Zelt macht einen guten Eindruck, ist aber recht klein. Als wir eine Luftmatratze hineinlegen, wird es innen noch kleiner, sodass Tomel und ich beschließen, die Rucksäcke im Auto zu lassen.

Dann gibt es mein erstes koscheres Essen. Gehackte Zwiebeln, Knoblauch und Tomaten mit Öl, Paprikapulver, Petersilie und frischem Basilikum. Alles zusammen in einem Topf angebraten, dazu noch Tomatensauce und später Eier. Mit Brot gereicht, lecker und nahrhaft. Nach zwei Bieren gehen wir schlafen. Neben dem Krokodilwarnschild am Rastplatz und dem Lärm der Straße sorgt die hohe Luftmatratze dafür, dass wir schlecht schlafen.

23. Oktober

Mit den ersten Sonnenstrahlen wird es heiß im Zelt. Deshalb fällt das Aufstehen trotz Übermüdung leicht. Zum Frühstück gibt es Wheet Bix, etwas wie „Toppas", die quadratischen, gepressten Zerealien. Dazu israelischen Kaffee, dem ein Gewürz beigemischt ist, das wie Rauchkraut schmeckt. Unsere beiden heutigen Stopps sind zwei Wasserlöcher zum Baden. Das erste liegt im „Tully River". Das zweite ist „Crystal waters", das ebenfalls an einem Creek liegt. Bei der Anfahrt macht sich unser Allradmobil bezahlt, ansonsten wäre es unzugänglich. Wir teilen uns den schönen Platz lediglich mit einer kleinen Familie und können entspannen. Im Wasser umkreist mich ein Schwarm kleiner Fische, die mir meine überschüssigen Hautfetzen, Sonnenbrand und Blasen, abknabbern. Es ist zunächst ein ungewohntes Gefühl, aber nützlich und angenehm, nachdem klar ist, dass die Fische alles Intakte an mir in Ruhe lassen.

In Townsville buchen die Jungs bei „Ocean Rafting" einen Tagesausflug für morgen in Airlie Beach. Ich würde gerne mitkommen, will aber Geld sparen und kenne die White Heaven Beach ja bereits.

Zur Nacht suchen wir einen Platz möglichst nah an Airlie Beach und landen auf einem bezahlbaren Campingplatz, dessen Rezeption aber bereits geschlossen ist. Daher fahren wir im Dunkeln hinauf, schlagen unser Lager auf und kochen schnell einen Topf Nudeln. Noch ein Bier und ab in die Zelte.

24. Oktober

Am Morgen machen wir uns aus dem Staub und halten am mir bekannten Bus-Terminal von Airlie Beach für ein ausgiebiges Frühstück. Etwas später kommen zwei weitere Israelis hinzu, die Ynnon nur anhand der Sandalenmarke und der Extrasicherung des Uhrenarmbands – damit es im Kampf nicht abfällt – ausgemacht hat.

Nach dem Bootsausflug der drei geht es weiter Richtung Mackay und in ein Waldgebiet, das nach ein paar Kilometern einen wilden Campingplatz offenbart. Wir sind hier die Einzigen und sollen per Selbstregistrierung bezahlen: ein Formular ausfüllen und einen Umschlag mit Geld in eine Holzbox werfen. Was ich auch gemacht hätte, aber Shmuel und Ynnon erklären, sie seien schon auf so vielen dieser Plätze gewesen und hätten noch nie gezahlt. Es gibt eine angelegte Feuerstelle, die wir trotz des extrem trockenen Buschwerks drum herum nutzen und einen Topf Reis mit Baked Beans kochen. Es erscheint mir eine sehr eigenwillige Mischung, aber es schmeckt hervorragend und macht extrem satt. Ich lasse mir zudem ein paar Regeln über koscheres Essen erklären. So gibt es verschiedene Grundregeln für koschere Nahrung. Es gelten nur Tiere mit gespaltenen Hufen und Wiederkäuer als koscher. Schweine sind dies nicht, ebenso sind Muscheln und andere Meeresfrüchte verboten. Der gleichzeitige Verzehr von Fleisch und Milch ist ebenfalls nicht erlaubt. Bei dieser Liste fällt somit das Känguru aus dem Speiseplan. Ich hatte mich bereits gefragt, wie im Jüdischen mit so einem Tier umgegangen wird, das es in Israel nicht gibt. Überhaupt wird mir jetzt durch unsere Reise deutlich, wie schwierig es ist, als Jude unterwegs zu sein. Bei strenger Auslegung der Essensgebote bleibt nicht viel übrig, bei dem sie sicher sein können, was sie essen. Die Auswahl ist sehr beschränkt. Ich lerne, dass es Lebensmittel gibt, die besondere Markierungen haben, die sie als koscher deklarieren. Die beiden haben auch Listen von Lebensmitteln dabei, auf denen Marken für koschere Produktion stehen. Tomel ist weniger gläubig und in einem säkularisierten Umfeld aufgewachsen.

Später schauen wir auf Ynnons Kleinstbildschirm den Film „Das Leben des Brian" an, eine Persiflage der Kreuzigung Jesu. Bald werden wir geräuschvoll von einer Horde Possums umringt, die Nahrung wittern und die wir durch Stockwurf vertreiben. Dies alles bei völliger Dunkelheit mitten in einem abgeschiedenen Waldstück in Australien. Skurril.

25. Oktober

Kurz vor Mackay legen wir einen Zwischenstopp an der vielversprechenden „Black Beach" ein. Die ist wirklich schwarz. Wie zu vermuten, herrscht hier Rochenalarm, weshalb wir nur ganz kurz am Rand untertauchen und uns dann an den öffentlichen Duschen waschen. In einiger Entfernung, an einer Flussmündung, sehe ich etwas durchs Wasser peitschen und denke sofort an Haie. Doch dieses Schauspiel wiederholt sich mit steter Regelmäßigkeit, es sind also nur gegenläufige Wellen.

In Mackay suchen wir eine Werkstatt auf, die nach nun 800 km einen Check des neuen Motors machen soll. Der dauert allerdings zwei Stunden, weshalb wir zu Fuß in die Innenstadt laufen und uns koschere Cracker mit Tomaten und Cottage Cheese kaufen. Tomel nutzt die Zeit für einen Friseurbesuch. Mich hat seit Beginn meiner Reise kein Frisör mehr gesehen.

Dem Auto geht es gut, die Jungs setzen mich im zentral gelegenen „Geckos" Hostel ab und fahren weiter Richtung Sydney. Es ist eine herzliche Verabschiedung, von einer weiteren Etappe meiner Reise und von Freunden. Obwohl wir so unterschiedlich sind, kulturell und charakterlich, sind sie mir sehr ans Herz gewachsen. Ich bin aufrichtig dankbar für die Chance auf einen Blick in diese andere Welt und ein besseres Verständnis dafür.

Im „Geckos" beziehe ich ein karges Zimmer. Das Hostel und ganz Mackay haben, wie ich auf einer späteren Wanderung durch die Stadt bemerke, nicht sonderlich viel zu bieten. Die meisten Bewohner verdienen ihr Geld in einem nahegelegenen größeren Hafen und den Minen. Entsprechend ist der Umgangston eher rau.

Nach einem Nickerchen kaufe ich mir marinierte Känguruspieße, das Fleisch enthält fast kein Eigenfett. Es schmeckt sehr lecker, etwas zwischen Steak und Leber.

Mein Vater hat heute Geburtstag, daher rufe ich von einer Telefonzelle an einer lauten Hauptstraße zuhause an.

Am Abend treffe ich mich mit Chris. Er ist bereits seit zwei Tagen in Mackay und liegt mit dem Boot im Hafen. Seine Tour um die Inseln muss fantastisch gewesen sein, natürlich mit den üblichen Abstrichen einer Bootsreise, wie Langeweile oder Lagerkoller. Er will heute noch mit dem Bus weiter nach Agnes Waters. Bis zur Abfahrt trinken wir noch ein paar Bier in einer Kneipe mit deutscher Backpackerbedienung. Ich bringe Chris zum Mitternachtsbus und gebe ihm die Telefonnummern von meinen israelischen Freunden, die ebenfalls nach Fraser Island wollen und etwa zeitgleich dort ankommen müssten.

26. Oktober

Bei meinem Bummel durch die Stadt komme ich an einer kleinen Kunstgalerie vorbei. Das Großartige in ganz Australien ist der freie Eintritt in jede Galerie, solang es dort keine wichtigen Sonderausstellungen gibt. Heute gibt es eine Ausstellung junger Künstler der Region, die hochinteressante Konstrukte wie Würfel aus Dias oder Bücher mit Türöffnern zu bieten hat. Eine kleine weitere Ausstellung im Eingangsbereich zeigt anlässlich eines Wettbewerbs eine Zusammenstellung von CD-Covern, die zum Thema „Lifesaver" gestaltet wurden. Sehr abwechslungsreich, da sehr viel verschiedene Stilarten genutzt werden, einiges auch komplett per Computer erstellt wurde.

Mein weiterer Weg führt mich den Pioneer walk entlang des Mackay Rivers, der hübsch angelegt unter Bäumen verläuft. Auf eine der Bänke setze ich mich zwischen grüne Ameisen und schreibe mein Tagebuch. Diese Ameisen sollen ein herrlich süß-saures Sekret absondern, wenn man sie zwischen die Finger nimmt und ihnen am Hintern leckt. Komisch, worauf Menschen so kommen.

18 Brisbane

27. Oktober

Abflugtag. Alles verläuft sehr entspannt, bis ich versuche, meinen Transfer zum Flughafen zu organisieren. Es soll ein „Bustaxi" geben, das nur zu diesem Zweck existiert. Als ich dort anrufe, muss ich meine Flugnummer angeben. Im Park habe ich sie aber nicht bei mir. Vom Hostel aus probiere ich es noch einmal, aber für eine heutige Reservierung ist es zu spät. Also ein Taxi. Ich laufe alle mir bekannten Punkte der Stadt ab, finde aber keins. Also mache ich mich zu Fuß in Richtung Flughafen auf. Da müssen doch Taxis vorbeifahren. Tun sie auch, aber nur sporadisch und immer belegt. Ich komme an einer netten Frau vorbei, die gerade ihren neuen, schwarzen Allradwagen belädt. „Wo willst du denn hin?", fragt sie. Ich sage bloß: „Flughafen". „Ich muss leider in die andere Richtung, meinen Sohn abholen. Aber wenn du später immer noch unterwegs bist, sammle ich dich ein." „Vielen Dank", sage ich und trotte weiter.

Nach einer weiteren Dreiviertelstunde erklärt mir ein älteres Ehepaar, dass es noch eine gute weitere halbe Stunde dauere, da ich um den Flughafen, der doch schon deutlich vor mir liegt, herumlaufen müsse, um ins Terminal zu kommen. Nun wird es eng, eigentlich ist es nicht mehr zu schaffen. Ich gebe schon fast auf, da hält neben mir der schwarze Wagen und ein Junge hält mir die Rücksitztür auf. „Ich wollte doch mal schauen, wie weit du es geschafft hast", sagt die Frau, die der Himmel schickt. Pünktlich setzt sie mich am Flughafen ab.

So bleibt mir sogar noch Zeit, in Ruhe meine Brote zu essen, bevor ich in den Flieger steige. Ich reise aktuell mit 18 Kilo, inklusive Zelt.

Im Flugzeug erwische ich eine schwarze Kunstledersitzreihe für mich allein und kann auf dem einstündigen Flug entspannen. Zumindest bis plötzlich meine Sitznummer ausgerufen wird. Ich habe wohl irgendetwas gewonnen. Der Stewart schüttelt mir die Hand, ich darf eine Karte freirubbeln und gewinne einen Einkaufsgutschein über 50 $ bei „The good Guys", einer mir unbekannten Kaufhauskette. Beim Ausfüllen des Datenbogens stellt sich heraus, dass nur Australier an diesem Gewinnspiel teilnehmen dürfen und so fällt mein Preis dem Mann hinter mir zu.

In Brisbane nehme ich den 12 $-Shuttlebus zum Busbahnhof in der Rome Street. Erste Anlaufstelle von hier ist das „Tinbilly"-Hostel, das mir bereits mehrfach empfohlen wurde. Doch es ist ausgebucht. Das Nächste soll noch freie Plätze haben, wird mir versichert. Also versuche ich mein Glück in der „Cloud Nr. 9". Auch voll. So geht es noch ein paar Hostels weiter. Alle sind ausgebucht. Es ist Samstagnacht, 23.30 Uhr. Zwei Stunden nach meiner Ankunft wühle ich mich als Einziger mit einem Rucksack auf dem Rücken durch die Partygemeinde. Nach zwei Anrufen in weiteren Hostels ist keine Besserung in Sicht. Mir fällt Lia ein, das Mädchen aus Byron Bay und Cairns. Sie wollte auch nach Brissi. Fast schon überrascht, erreiche ich sie auch. Sie gibt mir weitere Telefonnummern, bei denen ich es versuchen soll. Ihr Hostel sei ebenfalls bereits voll. Aber nichts zu machen. Völlig resigniert frage ich zwei Mädchen an einer Bushaltestelle, ob sie eine Idee hätten, ich sei noch ohne Bleibe für diese Nacht. Obwohl es nicht gerade seriös klingt, um Mitternacht im Dunkeln von einem völlig durchgeschwitzten Fremden angesprochen zu werden, will mich die eine mit zu einem anderen Hostel in ihrer Nähe bringen, wenn der Bus kommt. Kurz darauf stehe ich wieder allein da. Ich gehe zum hundertsten Mal meinen Lonely Planet durch, der heute wirklich seinen Namen verdient. Ich finde noch einen Campingplatz außerhalb der Stadt und greife mir das nächste Taxi. Dass andere schon warten, ist mir in diesem Augenblick herzlich egal. Der taxifahrende Inder hat aber heute seine erste Nacht, kennt den Campingplatz nicht und bittet mich daher, ein anderes Taxi zu nehmen. Weil ich fürchte, dass so schnell keins kommen wird, lehne ich ab und bleibe sitzen. Wir machen uns also mit meiner schlechten Karte auf die Suche und werden irgendwann fündig. Ein teurer, zweifelhafter Spaß. Kaum bin ich ausgestiegen, ist er auch schon weg, was schade ist. Denn der Campingplatz entpuppt sich als Caravanpark ohne Zeltstellplätze, mit betonierten Grund und einem riesigen Schild vor einem Sperrzaun, dass unbefugtes Betreten streng verboten sei. Die Rezeption hat bereits geschlossen. Nun stehe ich da und überlege, körperlich und geistig am Ende, was ich machen kann. Im Vorgarten der Anlage gibt es ein wenig Grün und auf der anderen Straßenseite einen kleinen Park. Den sehe ich mir an, aber schon nach fünf Metern ist es stockfinster. Grölende, besoffene Passanten torkeln an mir vorbei, sie würden mir ohnehin den Schlaf rauben. Resigniert setze ich mich in einen der Besucherstühle vor der Rezeption. Ab und an passieren ein paar Autos die Schranke, auf einem der Betonplätze würde ich vielleicht überrollt werden. Um halb vier nutzt es nichts mehr, ich lege mich eingewickelt in mein Zelt und mit dem Kopf auf meinem Rucksack in den Vorgarten. Ich will einfach nur schlafen und hoffe, dass das australische Kriechvieh heute Gnade mit mir hat.

28. Oktober

Gegen sechs Uhr packe ich meine Sachen und laufe zurück in die Stadt. Nach gut zwei Kilometern mache ich Rast auf einer sonnigen Parkbank unter lila blühenden Bäumen. Ich weiß nicht, welche Art es ist, aber sie sind schön. Dank der Sonne kehren langsam Energie und gute Laune zurück. Um halb zehn gebe ich meinem heutigen Glück eine Chance und gehe ins Hostel „The Aussie Way" und siehe da, ein Bett ist frei. In meinem Zimmer wohnen ein Engländer und zwei Deutsche. Wir sprechen nur kurz miteinander, sie brechen zu einem Ausflug nach Surfers Paradise aus, ich falle ins Bett.

Bereits gestern hatte ich festgestellt, dass ich von „bedbugs" befallen bin! Am Anfang meiner Reise dachte ich, das seien nur so Geschichten unter Backpackern. Nun weiß ich, dass sie stimmen. Bettwanzen sind mit bloßem Auge kaum zu erkennen, haben es gerne warm und trinken Blut. Sie sitzen in Betten, Schlafsäcken, Kissen und werden von der Reisegemeinschaft durchs Land getragen. Ich bin mir sicher, meine neuen Begleiter in Mackay aufgegabelt zu haben. Die Bisse sind vergleichbar mit Mückenstichen. Aber der Juckreiz hält sehr viel länger an und auf der Suche nach einer passenden Ader beißen die Parasiten immer mehrere Male in einer Reihe zu. Wer also fünf Bisse hintereinander hat, kann sich seiner Kumpane sicher sein. Ich habe diese Bisslinien an Armen, Beinen, Rücken und Bauch und keine Ahnung wo sich die Viecher versteckt haben. Ich kann bloß alles waschen und hoffen.

29. Oktober
In dem Gefühl, wieder bereit für das soziale Leben zu sein und etwas wie einen Alltag zu haben, rufe ich John den Chinesen an. Wir verabreden uns in der Nähe eines Parks in der Innenstadt. Im Wickham Park an einer Mühle fragt mich John, wie ich mir die „financial assistens" vorstelle. Ich erkläre ihm, dass es problematisch mit der Unterkunft sei. Im Hostel hatte ich schon angefragt, aber die privaten Apartments sind zurzeit alle besetzt.

John führt zwei Telefonate auf Chinesisch und wir fahren wieder in das Restaurant vom ersten Mal. Wie sich herausstellt, gehört es seiner Schwester. Das Essen ist erneut hervorragend, vor allem die mir bis dahin völlig unbekannte, salzige „black bean"-Sauce ist ein Traum. John erzählt mir beiläufig, dass ich bei der Schwester von Stephanie, der Mitarbeiterin von „Ecotourism Australia" (die damals den Kontakt hergestellt hatte), wohnen könne. Als indirekte Bezahlung für das

Praktikum. Wir wollen nach dem Essen dorthin fahren und sehen, ob es mir gefällt.

Die Schwester heißt Ann und wohnt in einer guten Gegend, in einem großen Haus mit fünf Schlafzimmern. Sie ist ebenfalls Chinesin, Mitte dreißig und ausgesprochen attraktiv. Stephanie ist auch dort und öffnet die Tür mit einem großen Hallo. Ann ist selber erst Anfang September hier eingezogen, weshalb noch einige Kisten herumstehen. „Mein" Zimmer steht noch voller Ordner, hat aber ein kleines eigenes Bad. Ein Tisch und ein Bett sollen noch gekauft werden. John muss nach Hause, Stephanie soll mich später mit in die Stadt nehmen. Ann besitzt einen kleinen Kioskwagen, den sie früh immer im Haus belädt. Dabei soll ich ihr wohl auch mal helfen. John will mir morgen die Stadt und das Büro zeigen.

30. Oktober

John holt mich im Hostel ab und wir fahren zu „Singapore Airlines", da er dort einen Termin hat. In Ermangelung freier Parkplätze in der Nähe stellen wir uns direkt vor das Büro auf die Hauptstraße. Ich warte gut 20 Minuten im blinkenden Wagen und schwitze in brütender Hitze vor mich hin. Anschließend geht es nicht ins Büro, sondern ins Shoppingcenter, damit ich einkaufen gehen kann.

Nachdem ich mich „zu Hause" bei Ann innerhalb von zehn Minuten eingerichtet habe, essen wir in der Küche Nudeln. Wir kommen schnell auf die Themen Aufstehen und Arbeit. Ann sagt, sie stehe jeden Tag um vier Uhr auf, um ihren Imbisswagen vorzubereiten, und ich solle ihr dabei helfen. Ich hatte davon gestern am Rande etwas mitbekommen, wobei von einer kurzfristigen Aushilfsarbeit die Rede war, da die eigentliche Hilfskraft nicht könne. Wenn ich helfen kann, helfe ich gerne, aber nicht für immer. Das hatte ich auch zum Ausdruck gebracht. Ich bin ja nicht nach Australien gekommen, um jeden Morgen für kein Geld um vier Uhr aufzustehen und Stullen zu schmieren. Wir wollen darüber morgen noch einmal mit John sprechen, der mir von diesem zweifelhaften Vergnügen nichts erzählt hatte. Bei ihm hieß es noch „Wohnen im Haus für Arbeiten im Büro".

Ich gehe relativ früh ins Bett, muss ja morgen früh hoch ..., und habe das Gefühl, dass ich hier nicht lange bleiben werde. Mit allen möglichen Gedanken zu Alternativen im Kopf versuche ich einzuschlafen, was mir nur schwerlich gelingt.

31. Oktober

Der Wecker klingelt um vier Uhr. Mein Gott, ist das früh. Noch völlig benommen schleiche ich durchs Haus und stelle fest, dass niemand außer mir Anstalten macht, irgendetwas vorzubereiten. Bereits angesäuert lege ich mich wieder ins Bett. Um halb fünf klingelt es an der Tür. Die chinesische Aushilfe, ein relativ großer Schüler, kommt herein und wir legen los mit den Vorbereitungen. Wie ein Azubi renne ich die ganze Zeit hinter ihm her, um zu lernen, wie was wo eingepackt wird. Alles passiert unglaublich hektisch für so eine frühe Stunde, zumindest für mein Verständnis. Ich bin wirklich am Rennen. Um halb sieben fahren dann beide ab. Die eine zum Verkauf in die Büros, der andere in die Schule. Ich habe das Haus für mich alleine und nach all dem Frittenfett auch richtig Hunger.

Als ich geduscht habe, kommt Stephanie mit Jessica, ihrer zwölfjährigen Tochter vorbei. Keine Ahnung warum, aber sie wartet mit mir, bis John um acht kommt, um mich abzuholen. Es beginnt eine sehr lautstarke Diskussion über die Arbeit oder Nicht-Arbeit. Stephanie stellt sich sehr zickig an. Ich stelle meinen Standpunkt noch einmal klar. John will selber im Haus aushelfen und bietet mir an, nur drei Tage die Woche bei ihm zu arbeiten. Der vorläufige Plan sieht so aus, dass eine neue Aushilfe per Zeitungsannonce gefunden werden soll. Bis dahin helfe ich im Haus aus und bekomme den Freitag plus Wochenende immer komplett frei. Es ist zumindest ein Anfang.

Das Büro von „Happy Travel" liegt an einer großen Schnellstraße in einem Industriegebiet. Es gibt drei kleine Schreibtische, Platz für maximal drei Personen. Immerhin habe ich einen eigenen Computer mit Internetanschluss, wenn auch eine alte Kiste. Meine Aufgabe ist es in der nächsten Zeit, eine Datenbank über Reiseagenturen in Brisbane und Umgebung zu erstellen, über die „unsere" Reisen verkauft werden können.

Um 10 Uhr kommt Navy ins Büro. Navy hat etwa mein Alter und arbeitet für eine andere chinesische Firma mit John zusammen. Der erste Arbeitstag endet für mich um vier Uhr nachmittags und John fährt mich nach Hause. Bei dem ganzen Herumgefahre habe ich überhaupt keine Ahnung, wo ich in Brisbane wohne und wie ich von hier aus allein ins Büro oder die Innenstadt kommen könnte. Gedanken darüber kann ich mir aber auch nicht machen, denn ich falle vor Müdigkeit sofort ins Bett.

2. November

Ich versuche mich ein wenig in meiner neuen Wohngegend zurechtzufinden und eine Busstation mit Anbindung an die Innenstadt aufzutun. Es dauert eine Weile, bis ich ein Gefühl für die Umgebung entwickle. Das „Sunnybanks Plaza Shopping Centre" ist in Laufnähe, nicht gerade großartig, um einzukaufen, aber um für 22 $ zum Friseur zu gehen.

Heute sollen die Haare ab. Ich habe keine Vorstellung, wie ich es genau haben will, nur kürzer. Das Foto auf meinem Führerschein erleichtert es der netten Dame, eine vage Vorstellung zu entwickeln. Als sie fertig ist, sind meine Haare zu kurz, aber wer wenig erwartet, kann auch nicht mehr verlangen.

Am Abend fahre ich mit dem Bus eine Dreiviertelstunde bis in die „Queensmall Station" und schlendere in die „Down under"-Bar, die ich noch von meinem ersten Aufenthalt in Brissi kenne. Ich trinke mit zwei Neuseeländern, die zum Feiern übers Wochenende hergeflogen sind, ein paar Bier. Zurück am Haus erwartet mich eine kleine Überraschung. Ann hat von innen die Türkette eingehängt. Meine Runde ums Haus beruhigt mich in der Feststellung, dass ich hier sicher wohne und mir wegen Einbrechern keine Sorgen machen muss. Es nutzt also nichts, ich klingele Ann aus dem Bett.

3. November

Zum Mittag rotiert Stephanie wieder durchs Haus und verkündet: „Ich habe eine Lösung für das Wohnproblem gefunden." Ich könne bei „ihr" im Haus wohnen mit zwei Indern und Chinesen. Sie vermietet anscheinend ein Haus nur an Studenten und wohnt in einem anderen. Wir fahren also in dieses von außen wirklich nette Häuschen auf der Rückseite des Sunny Plaza.

Von innen allerdings ist es ein Dreckloch! Der Teppich ist total versifft mit dem Dreck aus Jahrzehnten, die Küche zugemüllt und voll von Ameisen. Die Toiletten schlicht abartig. Ich habe so etwas noch nicht gesehen. Ich war bis jetzt weder in China noch in Indien, aber mit dieser Einführung verspüre ich keine großen Ambitionen auf eine baldige Reise in diese Regionen. Dabei wohnt hier doch die angehende gut ausgebildete geistige Elite. Auch der Wasserhahn läuft. Er tropft nicht, sondern er läuft und zwar mit heißem Wasser. Wie uns berichtet wird, schon über eine Woche. Gibt's denn das. Ganz Brisbane leidet seit Monaten unter der schwersten Dürre seit Jahrzehnten und hier läuft der Hahn seit Tagen und keiner kümmert sich darum. Immerhin wird jetzt der Klempner gerufen.

Ich denke, trotz aller Widrigkeiten werde ich dort einziehen, denn bei Ann fühle ich mich ein wenig verloren. Und zumindest Sony, einer der Inder im Haus, scheint in Ordnung zu sein. Aber es muss vorher saubergemacht werden, das ist meine Bedingung an Stephanie, sonst geht's nicht. John soll für die Miete aufkommen. Hoffentlich weiß er schon von seinem Glück.

5. November

Bei John im Büro erstelle ich weiter Listen, wenig spannend. Allerdings kann ich meine EDV-Kenntnisse ganz gut einbringen, denn davon ist im Büro wenig vorhanden.

Chris ist nun auch in Brissi angekommen und sucht nach Arbeit. Falls er in nächster Zeit nichts findet, zieht er weiter. Jenny soll morgen ankommen. Die soziale Lage sollte sich also für mich zum Wochenende hin stark verbessern.

6. November

Der Arbeitstag im Büro wird heute sehr angenehm dadurch unterbrochen, dass ein großes Reitturnier in Melbourne stattfindet. Es heißt dementsprechend auch „Melbourne Cup". Mir fällt kein vergleichbares Event ein, schon gar nicht mit Pferden, das landesweit in Deutschland so groß gefeiert wird. In Melbourne ist heute deshalb sogar allgemeiner Feiertag. Da unser Kleinbüro in einem Bürokomplex liegt, gibt es eine Empfangsdame und ein Bürokomplexmanagement. Diese organisieren nun anlässlich dieses Ereignisses eine kleine Bürofeier im Konferenzraum. Zuvor läuft die nette Empfangsdame durch alle Büros und bietet für 1 $ Lose für Pferdewetten an. Ich kaufe drei, um mich sozial einzugliedern, auch wenn ich mir weder etwas aus Wetten noch Pferderennen mache. Um die Mittagszeit werden wir alle in den geschmückten Konferenzraum gerufen, wo ein riesiger Fernseher läuft. Dazu gibt es Cracker, Schnittchen, Käse, Wurst, Wein und Bier. Soweit ich den Ablauf begriffen habe, gibt es über den Tag verteilt eine ganze Menge an Rennen und dann ein paar Hauptrennen, bei denen wir alle auf die beteiligten Pferde gesetzt haben. Mein Pferd „Purple Haze" wird knapp Zweiter, was mir 6 $ einbringt. Ein spezielles Volk, diese Australier.

Meine Wohnungssituation bleibt weiter ungeklärt. Dafür sind jetzt Stephanie und ihre beiden Töchter bei uns ins Haus gezogen und alles steht voller Kram. In deren Haus wurde in den letzten beiden Monaten zweimal eingebrochen.

8. November
Eigentlich wollte ich mich mit Chris treffen, aber er hat mit seinem Umzug zu tun und fängt morgen als Eisverkäufer im Norden der Stadt an. Auch mit Jenny habe ich gesprochen, doch sie teilte mir mit, sie sei nur noch morgen in der Stadt und fahre dann weiter nach Rockhampton, um dort fünf Wochen in einer Fabrik zu arbeiten. Das ist für mich sehr enttäuschend und nicht nachvollziehbar. Meine Pläne sahen anders aus. Wir

wollen uns morgen Abend treffen, mit ihrem „Freund", was vielleicht einiges erklärt.

Im Haus wurde heute beschlossen, dass ich ab morgen bei John wohnen und am Dienstag in Stephanies Haus, zu den Indern ziehen soll. Der Teppich soll am Montag professionell gereinigt werden.

9. November

Ich ziehe zu John in den Süden, Kuraby, noch weiter außerhalb der Innenstadt. Ich mache mir Sorgen, wie ich von hier in die Stadt und am Abend wieder hinauskommen soll. In Johns Haus soll ich auf einem Klappsofa im Wohnzimmer schlafen, da die anderen Zimmer belegt sind.

Nach kurzem Abwerfen meines Gepäcks nimmt mich John mit in die Stadt. Ich treffe Jenny und ihren „Freund" im schönen botanischen Garten am Brisbane River. Jenny sieht aus, wie ich sie in Erinnerung hatte. Ihr Freund Son, auch Koreaner, ist erst 25 und trägt ein weißes Muskelshirt, etwas prollig.

Wie sich herausstellt, waren die beiden schon in Sydney, also noch vor Schulbeginn, zusammen. Dennoch bin ich mir sicher, dass ich mehr für sie war als nur eine nette Bekanntschaft aus Deutschland. Meine Hoffnung, mit Jenny viel gemeinsame Zeit in Brisbane zu verbringen, besteht nun natürlich nicht mehr und das trifft mich.

Wir gehen ins „Down under", immerhin Heimspiel für mich, auf ein Bier und Pommes. Das Gespräch entwickelt sich gut. Ich zeige die Highlights meiner Reisefotos, ertappe mich aber doch dabei, wie ich heimlich immer noch hoffe, da der Altersunterschied in Korea ein wirkliches Problem zu sein scheint. Son ist aber ein netter Typ, studiert Sport an einer der Elite-Unis Koreas und ist eine „gute Partie". Wir gehen in die Queensmall auf ein weiteres Bier und verabschieden uns bereits um halb zehn voneinander. Jenny und ich hoffen sehr, dass wir weiter in Kontakt bleiben. Sie will Ende Januar nach Neuseeland und mit ihren Eltern im nächsten Jahr noch mal nach Australien. Aber es ist natürlich alles offen.

Ich laufe zurück zur Southbank Station, bekomme gleich den richtigen Zug und bin eine halbe Stunde später in Kuraby. John hatte mir am Nachmittag angeboten, mich abzuholen, aber ich hatte im Internet gesehen, dass es nur ein guter Kilometer zu Fuß ist, und marschiere direkt nach Hause. Die Haustür ist offen in diesem schönen Land der netten Menschen und so muss niemand geweckt werden. Ich lasse mich auf meinem neuen Bett nieder.

10. November
Die Nacht auf meiner Couch ist sehr angenehm, obwohl ich schon um acht Uhr wach bin, als John noch schläft. Er bewohnt das kleinste Zimmer im Haus, ein Eckzimmer, in dem auch der Rest seines „Home office" steht. Eigentlich ist es mehr ein Büro mit Bett. Zum Frühstück gibt es bei ihm einen Topf wässrigen Reis mit Gingerbred-Keksen. Bei mir Wheet Bix mit geborgter Milch. Nach einem gemeinsamen Großeinkauf essen wir

auch gemeinsam zu Abend. John irgendein angebratenes grünes Gemüse, das zuhauf bei ihm im Garten wächst, ich Spaghetti mit Schweinefiletspitzen. Dazu trinken wir eine Flasche Rotwein.

13. November

Im Büro mache ich mich heute an den Kalender 2008 von Happy Travel. Es wird das Jahr der chinesischen Ratte sein und so suche ich alle möglichen Ratten und Mäuse aus dem Netz. John will unbedingt einen 2008er Kalender an potenzielle Schulen versenden. Allerdings will er dafür aus Sparsamkeit die Rückseite der 2006er-Kalender nutzen. Ein Unding! Ich sage ihm das auch, aber er ist der Boss und bis zum nächsten Jahr werde ich nicht mehr hier sein.

Stephanie erweist uns die Ehre und verkündet, der Teppichreiniger komme heute und das Haus sei dann 24 Stunden nicht zu betreten. Also bleibe ich noch eine weitere Nacht bei John.

14. November

Am späten Nachmittag erlebe ich eine einstündige Diskussion zwischen John und Navy mit. Worum es geht, ist mir unklar, da alles auf Chinesisch abläuft, aber es ist vor allem laut. So laut, dass wir die Bürotür schließen müssen und es mir unmöglich ist weiterzuarbeiten. So eine Art der Streitkultur wäre in Deutschland nicht denkbar. Nach fünf Minuten, spätestens nach zehn wäre einer der beiden wutentbrannt aufgestanden und aus dem Zimmer gestürmt. Hier wird hitzig und laut, wie ich es auch schon öfter am Telefon mitverfolgt habe, argumentiert. Dabei sitzt Navy ganz ruhig und ungerührt in seinem Sessel und erhebt lediglich die Stimme. Er wäre ein grandioser Pokerspieler. Auf der Heimfahrt spreche ich John darauf an, was denn los gewesen sei. Er antwortet überrascht: „Ach, überhaupt nichts, wir haben nur ein neues Projekt besprochen, alles ist in bester Ordnung."

16. November

Um zwölf Uhr mittags fahre ich mit dem Zug bis zur South Bank Station und gehe von dort weiter zu Fuß in die Art Gallery. Ein wenig Kultur auf meiner Reise wird mir nicht schaden. Wie überall in Australien ist auch hier der Eintritt kostenlos. Beim Betrachten des Bildes „The Traveller", das einen Mann im Anzug mit einem kleinen Reisekoffer in der Hand zwischen zwei riesigen Bussen zeigt, habe ich eine Eingebung. Keine Erleuchtung, aber einen Strudel an Ideen, der mich umkreist und gefangen nimmt. Eine Art Gallery im Internet zum Thema „Reisen – Travel" ist das Erste, was mir einfällt. Ich hatte schon einmal die Idee, eine Reisegedichtesammlung zu erstellen, und nun könnte dies alles so wunderbar verknüpft werden. Bilder, Fotos, Gedichte, Videos auf einer Plattform vereint. Thematische Ordnung mit einer hinterlegten Datenbank zum Thema Reisen und Tourismus. Die Grundidee bleibt aber die Bilder-Kunst-Galerie.

Kunstgalerien inspirieren mich. Ich muss nach diesem Erlebnis schnell alles Gedachte zu Papier bringen, bevor ich es vergesse. Um einige der Überlegungen direkt weiterzuentwickeln, gehe ich in das angrenzende „Museum of Modern Art", wo ebenfalls sehr schöne Gemälde hängen.

Etwas geschafft und bestens gelaunt steuere ich den Southbank Park am Brisbane River an und laufe eine große Runde bis zum „Kangaroo Point". Von hier hat man einen sehr guten Blick auf das Zentrum Brisbanes und eine Vielzahl von Segelbooten. Brisbane kann wirklich schön sein. Auf dieser am Nachmittag sonnenbeschienenen Seite des Rivers lebt eine ganze Menge größerer „Waterdragons", eine Schwimmechsenart, die sich ganz offensichtlich an Menschen gewöhnt hat und die ich fasziniert betrachte.

Chris und ich haben uns für 19 Uhr auf der Victoria Bridge verabredet. Bis dahin ist noch etwas Zeit. Auf dem Unigelände sehe ich mir meine dritte Kunstausstellung für heute an, die aber vergleichsweise klein ist. Kurz vor der Victoria Bridge spielt eine schottische Kapelle mit Dudelsäcken, unterhält die Menschenmenge und mich, bis ich Chris treffe. Wir laufen 20 Minuten durch die Südstadt, um zu seinem neuen „Sharehouse" zu kommen.

Nach einem ersten Bier treffen wir im Nachbarhaus seine neuen Bekannten. Es sind viele Deutsche dabei und es gibt viel zu trinken. In großer Gruppe gehen wir zur Hauptparty des Abends. Im Haus wohnt eine interessante Mischung aus Australiern, Deutschen und Afrikanern aus Gabun. Nach dem ersten Sixpack Bier bin ich jetzt dabei, mir mit Chris eine umgefüllte und kalte Flasche Goon zu teilen. Obwohl ich diese süße, billige Kopfschmerzbrühe eigentlich nicht trinke, schmeckt sie heute erstaunlich gut. Dazu gibt es in der Küche fettiges Fleisch und Couscous. Alle essen mit den Fingern aus einem Topf. Sehr schmackhaft und Fett auf Bier geht immer.

Als es draußen anfängt hell zu werden, mache ich mich mit einer von Chris' Mitbewohnerinnen auf den Weg ins „Sharehouse". Ich bin wieder völlig ahnungslos, wo in Brisbane ich mich befinde.

17. November

Wieder bei John versuche ich auf der Couch, ein wenig Schlaf nachzuholen, breche es aber ab, da ständig jemand durch die Haustür kommt und geht. „Meine" Couch steht direkt neben der Eingangstür.

Für den Abend bin ich wieder mit Chris verabredet. In der Southbank schlage ich mich nach meiner vagen Erinnerung durch und gratuliere mir, als ich ohne Zwischenfälle bei Chris mit einem Sixpack unterm Arm ankomme. Etwas später stößt André, sein deutscher Kumpel, mit einem Engländer dazu, den er kurz vorher im Bus kennengelernt hat.

Wir wollen einen von Andrés Arbeitskollegen aus dem Hotel besuchen, der eine Party schmeißen soll. Obwohl zentral gelegen, ist es ein Einzelhaus mit kleinem Garten, sehr schön angelegt und in einer solchen Gegend nicht zu vermuten. Die Gastgeber passen allerdings in mein Bild. Groß, schwer, volltätowiert, Metalfans, laut.

Unser Gastgeber steht bei unserer Ankunft unter der Dusche. Aus gutem Grund. Das Wohnzimmer – ein Raum nach einer Schlacht. Der ganze Raum ist über und über mit Ketchup bespritzt. Boden, Wände, Poster, Sofas, Stühle, alles. Die Bewohner ebenfalls, die nun halbnackt umherlaufen. Wir stehen und staunen. Setzen oder anlehnen ist unmöglich. Ich werfe einen Blick ins Bad – es ist mir unvorstellbar, wie man hier leben kann. Ich gehe über die Veranda ums Eck in die Büsche. Das Bad wird mich heute nicht noch einmal sehen. Bei allem Dreck und sind die Jungs aber nette Kerle, nur zu voll. Ich trinke mit, wenn auch eher unfreiwillig, denn sie drohen mir an, mich sonst aufs Dach zu werfen. Ihren „Punsch", eine trübe, grünliche Mischung aus Alkoholika im Wert von über 300 $, zapfen sie per Gartenschlauch aus einer riesigen blauen Kühlbox. Das Zeug, von dem ich anfangs dachte, es handle sich um Regenwasser, schmeckt erstaunlich gut, aber nach einer „flying eggs"-Performance verlassen wir doch lieber diese Party, um uns auf einer anderen selber einzuladen.

André erzählt, Rios, der Engländer aus dem Bus, sei bereits auf eine andere Party gegangen, aber wir könnten dort gerne vorbeigehen. Wir finden die Feier in einem Wohnungsblock im dritten Stock. Haustür und Wohnungstür stehen offen, sodass wir bloß der Musik zu folgen brauchen. Es ist kurios, außer Rios, den wir aber nicht sehen, kennen wir niemanden. Weder Namen noch den Gastgeber, noch den Anlass der Feier. Und trotzdem sagen alle freundlich Hallo und bieten uns Bier an. Australier. Erst nach 20 Minuten fragt mich jemand, mit dem ich mich über Brisbane unterhalte, wie ich eigentlich hier her komme. Als ich auf Rios verweise, ist der immerhin ein Begriff und etwas später anwesend. Es ist die Highschool-Abschlussparty einer Schülerin und zugleich die Geburtstagsfeier ihres Bruders, der gerade von einer Weltreise zurückgekommen ist. Als ich mich genauer umsehe, fällt mir auf, dass alle sehr jung sind. Ich lerne dann die Mutter, die Wohnungseigentümerin, kennen. Eine sehr nette Person, mit der ich mich fast den gesamten Abend unterhalte. Sie erzählt mir von einem Armin aus Hamburg, mit dem sie ein paar Jahre in Thailand liiert war. Wer weiß, wie es wirklich war, aber es ist eine nette Geschichte.

21. November

Mittags kommt Collin nach Hause, ein kleinerer stämmiger Aussie-Glatzkopf mit einem Haufen Tattoos. Er wohnt in einem Zimmer im Obergeschoss, das ich noch nie betreten habe. Wir unterhalten uns, obwohl ich ihn kaum verstehen kann. Er erzählt, er verdiene als Mechaniker 23 $ die Stunde. Nick, ein weiterer Mitbewohner, 27 $ als Gabelstaplerfahrer und der dicke Kumpel von ihm 1 500 $ die Woche bei den städtischen Wasserwerken von Brisbane. Der habe zudem noch einen Zweitjob in der Nacht, der allerdings in Australien pauschal mit 49 Prozent besteuert wird. Es bleiben aber trotzdem noch 400 $ die Woche übrig. Für das Geld lohnt sich harte Arbeit.

22. November

John erklärt mir seine und damit auch meine aktuelle Situation. Das alte Auto, das langsam seinen Geist aufgibt, gehöre eigentlich Nick. Der bekomme in ein paar Tagen seinen Führerschein zurück. Damit habe John kein Auto mehr. Deshalb werde er zunächst von zu Hause aus arbeiten. Ich könne zwar zu Stephanie ziehen, er würde die 100 $ bezahlen, aber ich müsse dann sehen, wie ich ins Büro komme, und würde dort nur mit Navy sitzen. Alternativ könnten wir den Zweitrechner aus dem Büro holen und im Haus aufbauen. Ich könnte zunächst im Wohnzimmer wohnen bleiben und Mitte Dezember, wenn der junge Chinese Andrew auszieht, in dessen Zimmer ziehen.

Das ist wirklich eine neue Situation. Ich sage John, ich werde es mir überlegen. Den ganzen Tag im Haus sein, ohne eigenes Zimmer, ist natürlich nicht das, was ich wollte. Auf der anderen Seite ist nicht allzu viel zu tun und ich hätte immerhin den ganzen Tag einen Rechner. Es wäre allerdings gut, wenn ich noch einer zweiten Arbeit nachgehen könnte, um etwas Geld zu verdienen.

24. November

Chris hat einen neuen Job in einer Hotelbar gefunden. Am Abend treffe ich mich mit ihm, gehe aber zuvor in einen Bottleshop. Es gibt hier „Thooyes Pils", wohl eine neue Sorte, die schmeckt. Mit Chris und einer Masseuse, die mit im Haus wohnt, sehen wir die Wahlen. Die Labor Partei, mit Kevin Rudd an der Spitze, gewinnt die

Wahl deutlich. Damit gibt es nach 11 ½ Jahren einen Regierungswechsel, Ron Howard muss abtreten. Wählen ist in Australien nicht nur Recht, sondern Pflicht. Wer nicht wählen geht, zahlt 150 $ Geldbuße!

André kommt kurz vor zwölf von der Arbeit und wir fahren per Taxi ins „Caesars" in der City. Es ist ein sehr angesagter R&B Club. Fast alle um mich herum sind schwarz, wir fallen richtig auf. Meine beiden Jungs gehen auf der Tanzfläche ab, als würde für ein neues Musikvideo mitgedreht werden.

25. November

Nach kurzem Snack in der Mall sitze ich fast eine Stunde auf einer Steinbank im Park und schaue auf den Brisbane River, lausche U2s Vertigo.

Ich bin in Brisbane, der Stadt, die ich vor gut 18 Jahren auf einer Landkarte Australiens dazu auserkoren hatte, meine neue Heimat zu werden. Hübsche Menschen, viele Freaks, gutes Wetter, große Partys. Alles ist gut. Ich bin frei und könnte weiterziehen, aber ich bin mir sicher, dass ich hier bleiben will, weil es gut für mich ist. Ein ähnliches Gefühl habe ich bei John und dem Haus. Auch hier sagt mir etwas, dass es gut für mich ist zu bleiben. Was ich mir in Erinnerung rufe, ist die Frage: „Have you lived your day in passion?!" War ich wirklich voll dabei, habe ich alles gegeben und genossen? Das wäre ein gutes „Motiv" für ein Tattoo.

Am Nachmittag fahre ich zurück ins Haus und setze mich zu Nick und Maak ins Wohnzimmer. Wir unterhalten uns über Bands. Nick ist dabei voll auf Droge oder total besoffen und kichert ständig.

Maak, der Tongaer, wie sich später herausstellt, will später noch eine Runde um den Block spazieren gehen und ich begleite ihn. Bei einem Fußballplatz, auf dem eine gemischte Truppe Araber spielt, machen wir auf einem Holzbalken Rast. Maak hat fünf Kinder, die aber alle bei seiner Exfrau, ebenfalls in Brisbane, leben. Ich erzähle ihm, dass ich darüber nachdenke, länger in Australien zu leben, es aber sehr schwer ist, ein langfristiges Arbeitsvisum zu bekommen. Dies nutzt er als Aufhänger, um über den Glauben, den Heiligen Vater und die Kirche zu sprechen. Er merkt, dass ich skeptisch werde, und fragt, ob es für mich ok ist, wenn wir über diese Themen sprechen.

Er doziert über die Prüfungen auf Erden und das „richtige" Leben im Himmel. „Wir sind nur hier, um uns weiterzuentwickeln, geprüft und dann hinaufgeholt zu werden. Gott sieht alles und es macht keinen Sinn, nach Entschuldigungen zu suchen." Er erzählt: „Ich faste einen Tag pro Woche, meist Sonntags, und gebe das Geld, das ich dabei einspare, an Bedürftige. Es ist sehr wichtig, an Gott zu glauben, dem alles auf dieser Welt gehört, und auf seinen Weg zu vertrauen. Dann ist alles möglich. Es ist wichtig, dass die richtigen Leute diese Botschaft weitertragen. Ich glaube, du bist einer von ihnen. Das habe ich heute gemerkt, als ich dich beim Tagebuchschreiben gesehen habe."

Er will mir sagen, dass es wichtig ist, Vertrauen in den Plan zu haben. Dass etwa die richtigen Menschen in der Visabehörde sitzen. Sie würde mir den Stempel geben, wenn sie sähen, dass ich der Richtige bin. So hätte er seinen australischen Führerschein bekommen, obwohl er gar keinen Pass hatte. Alles sei möglich, wenn man darauf vertraut. Er schaut mich an und ihm kommen ihm fast die Tränen. Ich schlage vor, dass wir zurückgehen.

Am Abend läuft ein Interview mit dem Comedian Jerry Seinfeld im Fernsehen. Er philosophiert über Dinge des täglichen Lebens: Man solle sie genießen wie eine gute Tasse Kaffee. Innehalten und sehen, dass vieles sehr gut ist. Sich voll in das hineinhängen, was man macht, dann komme immer etwas Gutes heraus. Den Menschen wirklich zuhören, viele Fragen stellen, sodass man aus jeder Situation im Leben etwas lernen kann.

Wenn ich es so überdenke, läuft alles auf „Live your life in passion" hinaus. Es wäre wirklich ein gutes Mantra für ein Tattoo. Ich brauche nur eine künstlerische Form oder ein Symbol.

26. November
Bewerbungstag. Zumindest ein Versuch. Ich gehe zum Woolworth-Infoschalter in unserem Einkaufscenter. Wie befürchtet, laufen alle Bewerbungen zentral und online. Bei „Big W", einem Discounter, teilt mir die Frau am Schalter unfreundlich mit, dass für das Weihnachtsgeschäft bereits alle Stellen vergeben sind. In einem Baumarkt ist das letzte Training zur Einarbeitung für diese Woche angesetzt und damit die Bewerbungszeit vorüber. Im benachbarten Möbelgeschäft steht das Per-

sonal gelangweilt herum. Ich verzichte auf eine Nachfrage.

Büro fällt heute aus, so bleibt mir viel Zeit, die Woolworth Homepage zu erkunden. Aber es gibt kein Angebot für meine Region. Das Postcenter in Underwood, also gleich die Straße runter, käme infrage, aber hier muss man eine lange und sehr komplizierte Onlinebewerbung durchlaufen.

27. November
Kurz nach sechs Uhr klingelt es an der Haustür, also direkt neben meinem Bett. Die Polizei. Zwei Beamte fragen nach Nick. John gibt Auskunft und lässt nur Gutes über Nick vernehmen. Im Laufe des Tages ruft die Polizei noch einmal an. Nick müsse seine Strafzettel bezahlen, wenn er seinen Führerschein wiederbekommen wolle.

Ich versuche mich bei der Post zu bewerben und brauche über eine Stunde. Die wollen wirklich alles wissen. Ich muss sogar drei persönliche Referenzen nachweisen, als wolle ich in den höheren Beamtendienst. Ich will doch bloß in der Nacht Briefe sortieren, am Fließband.

28. November
Am Abend gehe ich eine Runde mit Maak spazieren. Als ich ihn nach einem Buch frage, das er mir eventuell leihen könnte, kommt er sofort auf die Bibel zu sprechen.

Maak: „Die kann man immer wieder lesen, jedes Mal etwas Neues entdecken und sich inspirieren lassen. Sie zeigt einem auf, was es noch alles zu tun gibt und woran noch zu arbeiten ist." Er erklärt mir: „Auch der Professor braucht seinen Weg und seine Zeit, um anzukommen, und ebenso muss man an seinem Glauben arbeiten und Schritt für Schritt weitergehen, um zur Erleuchtung zu gelangen."

Mir wird in diesem Moment klar, dass die Entdeckung meines Lebenskonzepts ebenfalls nur in kleinen Schritten vorangehen wird und ich nicht in vier Monaten alles wissen werde. Jetzt, nach gut drei Monaten in Australien, merke ich, dass ich bereit bin, etwas zu verändern.

30. November

Heute ist der Geburtstag meiner Schwester. Mein Brief ist bereits auf dem Weg, daher schreibe ich nur noch eine kurze Mail hinterher oder besser vorweg. Dafür spreche ich mit meinem Kumpel Ali in Zürich fast 1,5 Stunden, und es tut mir richtig gut. Endlich ein Gespräch mit einem wahren Freund, dem ich nicht alles erklären muss.

Am Nachmittag sind wir mal wieder im Office, Kalender drucken. Dabei überrascht mich erneut Johns Sparsamkeit und Improvisationstalent. Er bohrt die leere rote Farbpatrone auf, füllt sie mit neuer roter Farbe und verschließt sie wieder mit Poster-Klebe-Kit. Das Ding läuft einwandfrei. Wir drucken, bis das Büro komplett mit Kalendern zum Trocknen ausgelegt ist.

Nach dem Abendessen nehme ich den Zug in die Stadt. Dabei sitze ich mit einem Typen aus Sydney zusammen, der mir suspekt ist und ein merkwürdiges, anstrengendes Gespräch beginnt. An der Haltestelle treffe ich ihn erneut, und es lässt sich nicht vermeiden, dass wir gemeinsam ins Zentrum laufen. Er erzählt, er sei letzte Woche gekidnappt, verschleppt, gefesselt und fast erschossen worden. Als die Pistole bereits am Kopf war, habe er sich losreißen und freiprügeln können. Sein Gesicht ist wirklich etwas verbeult. Er zeigt mir auch seine Zahnlücken und Schwielen an den Handgelenken. Genauer will ich es gar nicht wissen. Ich habe das Gefühl, dass es, wenn dies alles stimmt, auch einen Grund dafür gibt. Er will in einen Stripclub, ich ins „Down under", und so trennen sich unsere Wege.

Um Mitternacht treffe ich mich mit Chris und André im „Caesars". Sie sind in Begleitung zweier sehr junger Mädchen, mit denen sie auch später von dannen ziehen. Ich tanze eine ganze Weile vor mich alleine hin. Heute ist asiatische Nacht. Nicht offiziell, aber es sind außer mir nur noch Asiaten im Club. Ich fühle mich schon selber als Halbchinese und weiterhin wohl. Später kommt es zu zwei Schlägereien, in die jeweils um die 30 Leute involviert sind. Ich kann mich aber heraushalten.

1. Dezember

Ich befasse mich mit Maori-Tattoos, die Einzigen, die mir gefallen. Leider lese ich in einem Tattoo-Forum, dass die Maori es nicht gerne sehen, wenn Stammesfremde mit ihren Zeichen herumlaufen. Traditionell wird bei ihnen zuerst entschieden, ob jemand eines Tattoos würdig ist, und erst dann, welches. Dabei verweisen die meisten Tattoos auf eine Familien- und Lebensgeschichte mit entsprechenden Symbolen.

2. Dezember

Am späten Nachmittag spreche ich mit Maak auf unserem Spaziergang über seine Kinder, seine australische Frau, seine Arbeit im Vergnügungspark, Hygiene in Küchen, Armeedienst und Sport. Er spielt einmal die Woche Tennis und will mich demnächst mitnehmen. Zudem scheint er recht gut im „Longball" zu sein, einer australischen Art des Boule, den hier die älteren Semester sehr intensiv und ernsthaft betreiben. Auf dem Rückweg sehen wir uns die ersten bombastisch kitschigen weihnachtlichen Häuserbeschmückungen in der Nachbarschaft an.

3. Dezember

Ich beschließe, in diesem Jahr nicht mehr an anderer Stelle arbeiten zu gehen. Ich habe meinen finanziellen Bedarf nochmals überschlagen und sollte auch ohne Zweitjob hinkommen.

4. Dezember

Ich hab den ganzen Vormittag das Home office für mich und suche nach geeigneten Maori-Motiven. Die alten Stammessymbole zu nutzen scheint wirklich blasphemisch zu sein. Da ich aber nicht der Erste bin, der das möchte, wurde die Kunstform „Kiriti" entwickelt. Für den Laien sieht sie genauso aus wie das Original, verweist aber wohl nicht auf traditionelle Muster. Jemanden zu finden, der diese Tattoos in Auckland/Neuseeland sticht, erweist sich per Internet allerdings als schwierig.

5. Dezember

Vormittags kommt Jacki, der chinesische Azubi, vorbei und nimmt mich mit ins Büro, da dort bereits Kunden warten, um ein Flugticket abzuholen. Ich weiß weder, was sie gebucht haben, noch wo ich das Ticket herbekomme, was es kostet oder wie es verrechnet wird. Jacki hat auch keine Ahnung. Wir schicken die Kunden aus dem Büro und besprechen die Situation. Jacki findet die Dateien auf Johns Computer und druckt irgendwelche Routen und die Tickets auf Schmierpapier, anderes gibt es nicht mehr. Ich nehme das Geld bar in Empfang. Unprofessionell, aber unseren chinesischen Gästen ist das egal. Ein Deutscher hätte hier nie sein Geld gelassen. Aber es läuft eben auch so.

Später ist Navy in Gesprächslaune und erzählt etwas über die chinesische Sprache. Ich habe wirklich wenig Ahnung davon. Die meisten Zeichen bestehen aus zwei Teilen. Der erste Teil bedeutet beispielsweise Wasser, der zweite macht daraus dann „Ozean" oder „ausgießen".

Sein chinesischer Name hat auch mit Wasser zu tun und bedeutet „kleiner See". Da in Australien und auch sonst an vielen Stellen der Welt niemand so recht die chinesischen Namen aussprechen kann, wählen die meisten einen neuen „westlichen" Namen. Er findet „Navy" daher ganz passend. Erst jetzt dämmert es mir, dass auch John, Jenny oder die eigentümlichen Namen Porn, Sugar und Candy frei gewählt wurden.

Er erzählt weiter, die komplizierte und komplexe chinesische Sprache sei einer der Gründe dafür, warum die Chinesen schon von klein auf so viel lernen müssen. Seine Nichte sei von früh bis spät in der Schule und lerne abends zu Hause bis zehn Uhr weiter. Auch John schimpft über die faulen Australier, denn er arbeitet immer, jeden Tag.

Meine neue Job-Idee ist ein Sponsorship für zwei bis vier Jahre bei Navy und John als Marketing-/Vertriebsmanager. Danach würde ich zurück nach Deutschland ziehen und dort eine eigene Filiale aufbauen für Reisen nach China. Wohnen würde ich weiter bei John im Haus, um Geld zu sparen.

8. Dezember
Am Nachmittag setzen John und ich uns zum Kuchenessen an den Tisch. Er erzählt, er sei seit 1989 in Australien und habe zuvor im Tourismus in China gearbeitet. Dort war er zudem 14 Jahre lang Lehrer für Englisch und Mandarin. Ein Lehrer also. Ich bin erstaunt, nicht wegen des Mandarin, sondern dass sein Englisch einige

Lücken aufweist. Für China mag das ausreichend gewesen sein, wenn ich es mit dem Englisch meiner 20 thailändischen Lehrerinnen vergleiche.

Im abendlichen Fernsehprogramm, das einen immer größeren Raum in meinem Leben einnimmt, läuft eine Folge der Roadtrip-Serie mit Ewen McGregor und seiner Reise per Motorrad durch Russland. Sehr interessant und spannend erzählt. Den Rest des Tages schreibe ich Briefe. Meine Weihnachtspost wird in diesem Jahr umfangreich werden, ich habe viel zu erzählen.

9. Dezember

Am Nachmittag treffe ich mich mit Chris im Stadtzentrum. Er erscheint in neuen Flip-Flops, bunten Shorts und einem weißen Muskelshirt. Trägt man jetzt wohl so. Wir wollen heute endlich mal wieder ein Fußballspiel sehen und kaufen am Stadion zwei Tickets für die Kurve, 21 $. Das Stadion scheint neu zu sein, ist zu Beginn aber fast leer. Es füllt sich erst etwa 20 Minuten nach Anpfiff, als die Familien einströmen. Für den Fußball scheint sich eher eine Minderheit zu interessieren, der Rest erfreut sich am Volksfest. Dabei ist es ein echtes Derby zwischen den „Queensland Roars", unserer Mannschaft, und den „Gold Coast Mariners". Es wird ein sehr ansehnlicher Kick auf Regionalliga-Niveau mit Größen wie John Aloisi und Craig Moore. Wir gewinnen 2:1.

10. Dezember

Ich mache heute meinen Großeinkauf mit Lammhaxe und Pavlova-Kuchen. Pavlova ist eine australische Spezialität und besteht vor allem aus Sahne mit Eischaum und Marmelade. Sie ist süß, ungesund und macht schnell satt.

Zum Dinner zerlege ich die 1,5 Kilo Lamm, hervorragendes Fleisch für 6 $, und lege es in einer Wein-Joghurt-Marinade ein. Beim Kauf des Weins fiel mir auf, dass selbst der bessere Rotwein einen Vermerk auf dem Etikett hat, es könnten sich Spuren von Fisch- und Eiprodukten darin befinden. Ich brate das Fleisch mit Zwiebeln, Paprika und Knoblauch an, gebe Dosentomaten dazu und schmecke alles mit Thymian ab. In lustiger Runde esse ich dann mit Nick und Collin.

14. Dezember

Heute geht es auf einen Ausflug von „Happy Travel". John und ich holen zwei Gäste in der „Garden City" ab und fahren mit ihnen in den „New Farm Garden", der berühmt für seine Rosen ist. Die beiden Chinesen sind Anfang vierzig und Professoren an der Universität von Peking für Astronautik. Der eine heißt Wang, ist klein und sehr ruhig. Lee ist groß und wuchtig. Er fällt durch immer wieder eingestreute Kung-Fu-Moves auf.

Den ganzen Tag über lerne ich etwas über chinesische Verhaltensweisen, vornehmlich zum Thema Furzen in der Öffentlichkeit. Ich bin von John schon einiges gewohnt, aber heute gerät es zu einer Art Wettstreit. Bei der ersten Parkführung, als John vorneweg läuft, haut er mitten in seinen Erklärungen einfach einen raus und spricht weiter, als wäre nichts gewesen. Außer mir scheinen das alle völlig normal zu finden. Das setzt sich über den gesamten Tag fort, von allen dreien. Sowohl im Auto als auch während einer Adlervorführung im Tierpark zwischen all den anderen Gästen.

Wir fahren später durchs „Fortitude Valley" in Brisbane und weiter zum Naturhistorischen Museum. Ich führe die beiden herum und bleibe bei den ausgestopften Spinnen stehen. Die große, die auch schon über meinem Bett im Wohnzimmer herumlief, ist die „Huntsman spider". Die andere in unserer Küche eine „Whiteback Spider". Interessant. John holt uns draußen ab und wir fahren in die „Koala Sanctuary", von der ich mir nicht viel verspreche. Immerhin komme ich als „Happy Travel"-Mitarbeiter kostenlos hinein und wir passieren gleich die vielen ganz kleinen Koalabärchen, die sehr aktiv unterwegs sind. Dann gehen wir durchs Fütterungsgehege der Kängurus und Wallabys.

Nach dem Park fahren wir noch auf den „Mount Coot-tha", der einen sehr schönen Blick über Brisbane bietet. Die Stadt ist bis auf ihren Kern komplett flach und erstreckt sich auf einer ungeheuer großen Fläche. Zudem ist alles grün, was mir bisher gar nicht aufgefallen war.

15. Dezember
Gold Coast mit „Happy Travel". Der chinesische Fahrer unseres heutigen Reisebusses holt zuerst uns, dann eine befreundete chinesische Familie und die beiden Profs ab.

Der erste Stopp ist eine Opalmanufaktur, in der wir eine Führung bekommen und ich etwas über den Opalstein lerne. Es gibt ihn in verschiedenen Farben. Schwarz, was gern als Hintergrundfarbe für andere genutzt wird, rot, crystal, blau und regenbogen. Natürlich gibt es im Nebenraum ein Geschäft und einer der Profs kauft einen Anhänger für seine Frau. Dann fahren wir auf eine vorgelagerte Insel der „Schönen und Reichen". Auch wenn wir keinen Schönen sehen können, der Ort ist es und die riesigen Villen und Boote sind beeindruckend.

Zum Mittagessen halten wir an einem chinesischen Restaurant, in dem John die Bestellung für uns alle übernimmt. Wir sitzen an einem großen Tisch und nutzen zum ersten Mal das Rondell in der Mitte des Tisches, auf dem die einzelnen Speisen platziert werden und das so gedreht wird, dass sich jeder von allem etwas nehmen kann. Dazu gibt es einen Eimer Reis, aus dem sich jeder sein Schüsselchen füllt. Das Fleisch und Gemüse legt man obendrauf. Zum Essen wird grüner Tee gereicht. Mein liebstes Gericht ist fettiges Schweinefleisch in einer dunklen Zimt-Rosinen-Sauce.

In Surfers Paradise ist Fotosession angesagt, bevor wir weiter in den Süden nach Kirra zum Baden fahren. Es sind tolle Wellen und ich schwimme eine ganze Weile mit den beiden Professoren. In „Burleigh Head" haben wir von einer Plattform aus einen wunderbaren Blick über die kilometerlange Gold Coast. Der letzte Ort, den wir an der Küste besuchen, wobei es eigentlich zwei sind, ist „Coolangatta/Twin Head". Der Ort, der die Grenze zwischen Queensland und New South Wales markiert. Es ist eine geteilte Stadt, mit unterschiedlichen Gesetzen und Zeitzonen, sehr eigen.

In Brisbane halten wir am Haus der chinesischen Familie und essen zu Abend. Ein sehr großes Haus mit Pool und Garten. Vorweg gibt es Wassermelone und Macadamia-Nüsse zum selber knacken. Die wachsen hier überall, sind aber genauso teuer wie in Europa. Es werden Pizzen bestellt, dazu Salate und Würstchen gereicht. Ich esse zum ersten Mal Sojamilchkäse, sehr schmackhaft. Dazu gibt es viel Bier und zum Abschluss kalten Porridge, Haferschleimbrühe. Ein schräges Mahl. Fast den ganzen Abend über wird chinesisch gesprochen. Ich versuche mich zumindest mit Gesten und Körpersprache zu integrieren und bin beim vielen Zuprosten eifrig dabei.

Zu Hause muss ich John Geld leihen, damit er den Fahrer bezahlen kann. Das ist schon das zweite Mal heute, nachdem ich am Morgen bereits Nick etwas geliehen hatte. Ich habe nun Außenstände von 70 $, als armer Backpacker.

16. Dezember
Am Abend gehe ich wieder mit Maak spazieren, zum Fußballfeld. Er erzählt mir die erstaunliche Geschichte, dass er mit 16 Jahren bei einem Bootsuntergang zwischen seiner und einer benachbarten Insel in Tonga dabei war. Sechs Menschen ertranken. Er selber hielt sich mit vier weiteren an einer Holzkiste fest, die aber nach vier Stunden versank. Die Gruppe konnte nicht zusam-

menbleiben und so schwamm er einfach ins „Blaue". Er war einen ganzen Tag lang bis zum nächsten Morgen 2.00 Uhr im Meer. Er hatte keine Ahnung, wo er hin musste und hätte dreimal fast aufgegeben. Er war schon unter Wasser, als sein Geist ihn ermahnte weiterzumachen. Beim dritten Mal konnte er dann nicht mehr, sank und trat auf ein Korallenriff. Als er noch einmal hoch kam, sah er Lichter und Strand. Seitdem ist er noch gläubiger. Er glaubt hier auf Erden noch weiter arbeiten zu müssen und eine Bestimmung zu haben. „Solange man Kraft hat, muss man selber arbeiten und alles geben, danach hilft Gott."

Auf dem Rückweg sehen wir uns den Fortschritt der Weihnachtsbeleuchtung an. Es werden Festungen des heiligen Lichts.

Um elf Uhr wird das Fußball-Weltpokalfinale zwischen den Boca Juniors und dem AC Mailand übertragen. Es ist ein sehr unterhaltsames Spiel, das Mailand dank des überragenden Kakas 4:2 gewinnt. Co-Kommentator des australischen Fernsehens, ich erkenne ihn an seinem starken deutschen Akzent, ist mein liebstes O-Bein, Pierre Littbarski.

18. Dezember

John ist heute den ganzen Tag unterwegs und so kann ich im Netz ein paar Briefe schreiben, nach Tattoos suchen und ein Hostelbett in Auckland reservieren. Ich bin zudem für das „Happy Travel"-Telefon verantwortlich, das heute unter Beschuss einer Chinesin steht, die unbedingt heute noch ihr Ticket braucht. Mir erzählt aber die Datenbank, dass die Frau noch nicht bezahlt hat, was sie natürlich von sich weist. Nun muss ich also auf John warten, der nicht zu erreichen ist. Wir beide werden mit jedem Anruf unfreundlicher zueinander.

Am späten Abend bringt John dann Andrew, den jungen Chinesen, zum Flughafen. Für mich heißt das, ab morgen habe ich endlich, nach Monaten, ein eigenes Zimmer! Wenn auch nur für die wenigen Tage bis zu meiner Abreise nach Neuseeland.

19. Dezember
Umzug. Das Zimmer ist klein, aber ok, nur das Licht ist sehr schwach. John und Navy sind unterwegs an die Gold Coast, um sich dort ihre Reiseveranstalterpässe im „Movie Park" verlängern zu lassen. Auf dem Rückweg bringt John mir seinen Rechner aus dem Büro mit, sodass ich jetzt einen eigenen in meinem neuen Zimmer habe.

Die große Aktion des Tages passiert allerdings am frühen Abend in der Nachbarschaft. Wir stehlen den Rasen des Nachbarn. John fragt, ob ich ihm helfen könnte. Mit Schaufel und Schubkarre rollen wir den kleinen Hügel vor unserem Haus hoch und biegen rechts in die Seitenstraße ein. Dort steht ein großer, mäßig hübscher pompöser Neubau. Davor, auf dem noch aufgeschütteten Boden, liegen große Fladen von Rasen. Bereits braun an vielen Stellen und miteinander verwachsen. Diesen Berg wollen wir nun abtragen. Eine verteufelt harte Arbeit, denn es ist immer noch heiß, die Fladen sind schwer, sodass wir sie mit der Schaufel kleinhacken müssen, um sie in Stücken in die Schubkarre zu heben. Die schwere Karre muss dann ständig zum Haus runter gerollt werden. Ich schwitze, habe Blasen an den Händen und schon lange keine Lust mehr.

Als es dunkel wird, rollt ein schicker Wagen vor. Der Besitzer des Hauses und seine Frau steigen aus. „Ich brauche den Rasen noch!", sagt er. Die ganze Aktion ist also überhaupt nicht abgesprochen? Ich klaue gerade den Rasen des Nachbarn? Der Typ bleibt cool, macht keinen Stress. John erwidert: „Der Rasen hier ist sowieso kaum noch zu gebrauchen." Was gerade wenig Sinn macht, wo wir ihn doch klauen. „Ich kaufe Ihnen einen neuen und helfe dann beim Verlegen." Der Besitzer schaut John an und sagt: „Lass mal. Aber wenn ihr den hier mitnehmt, dann auch alles." Womit er die Erde darunter meint. Er macht noch einen Witz über gute neue Nachbarschaft und verschwindet im Haus, bevor er später mit seiner Gemahlin davonfährt und uns ein freundliches „Auf Wiedersehen" zuwirft. Ein Aussie eben. In Deutschland wäre das undenkbar und anders verlaufen. Erst wäre die Polizei gekommen, hätte alle Personalien aufgenommen, Strafanzeige, Bußgeld, Sozialarbeit und ich wäre wegen Rasenklau meines Visums entledigt und des Landes verwiesen worden. Stattdessen schieben wir die Karre nach Hause, um morgen unser Werk zu vollenden.

21. Dezember
Ich bereite einen kurze Weihnachtsmail vor und verschicke alles per „reply" auf die eingegangenen Kontakte des letzten Jahres im „Outlook". Sehr professionell ... Damit ist mein letztes „Happy Travel"-Werk eigentlich getan. Ich selber schicke noch all meine Weihnachtswünsche ab, auch das ist erledigt.

Ich widme mich heute einen Großteil des Tages meiner neuen Idee, eine Reise nach Südostasien zu planen. Es wäre zumindest eine Alternative, wenn es mit meinem Praktikum in Sydney im Frühjahr nichts wird, wonach es derzeit aussieht.

22. Dezember
Sehr schön ausgeschlafen, herrlich. Collin will heute in die Stadt, um über Weihnachten in seine Heimatstadt Newcastle zu fahren. Ich will ebenfalls ins Zentrum und Geschenke kaufen. Wir wollten eigentlich gemeinsam mit dem Zug zu fahren, aber Nick bietet an, uns zu chauffieren. Mit Jim Beam und Zigarette bewaffnet, fährt er uns zumeist auf der rechten Spur in die Stadt. Keine Ahnung, auf was er schon wieder läuft, er ist extrem hibbelig und nervös.

Im Internet hatte ich mir eine Liste mit Buchläden ausgedruckt und finde gleich im zweiten Geschäft einen kleinen, alternativen Berlin-Reiseführer, den ich John schenken will. Neulich sprach er davon, nach Deutschland fliegen zu wollen.

Ich würde gerne in die Andy-Warhol-Ausstellung gehen, aber nicht für 20 $. Für Chris hatte ich im Museums-Shop eine Karte gesehen mit dem Spruch: „I always say: One's company, two's a crowd, and three's a party!", aber den gibt es nur als für einen Backpacker nutzlosen Magneten.

23. Dezember
Zum Mittag treffe ich Maak in der Küche, bei dem es Yuccawurzeln gibt. Er lädt mich ein, mit ihm am 25. an die Gold Coast zu fahren, er würde seinen Kindern und seiner Frau absagen. Das ist mir unangenehm, aber er versichert mir, das sei für ihn kein Problem. Ich will es mir überlegen. Chris ist bis morgen in Morton Bay, einer etwa 20 km entfernten Bucht mit schönen Stränden und reichen Fischbeständen für Angler. Allerdings arbeitet er jetzt neben dem Barkeeping auch noch in einem Hotel im Housekeeping und hat so nur noch wenig Freizeit.

Morgen ist Heiligabend und bei mir immer noch alles ungeplant.

24. Dezember
Am heiligen Morgen macht John ganz schön Radau. Sein Rechner funktioniert nicht und er muss nun meinen benutzen.

Im Einkaufcenter versuche ich eine Gans und Rotkohl zu bekommen. Beides vergeblich. Stattdessen wird es heute Abend bei mir Känguru und rote Bete geben, Aussi-Style.

Ich treffe Maak in der Küche, wir verabreden unsere Ausfahrt für Morgen und wollen später noch einmal raus, um uns die Weihnachtshäuser anzusehen.

Als ich gerade fertig gekocht habe, kommt John in die Küche und legt selber los. Wir haben daher ein wirkliches Weihnachtsmahl mit meinem Roo, Kartoffeln, Reis, Tofu, Süßkartoffelblättern (das grüne Zeug aus dem Garten), gebratenen Gurken, Kohlsuppe und Wein. Diesmal ist es ein guter Bordeaux, ganz ohne Zusatzstoffe. Etwas später kommt noch Nick dazu und wir sitzen in geselliger Runde zusammen, an deren Ende ich total voll bin.

Das nutzt mir aber wenig, denn gleich im Anschluss holt mich Maak ab und wir cruisen mit 40 km/h über den Highway, mit heruntergekurbelten Fenstern, und hören laut Weihnachtsmusik.

Draußen sind geschätzte 25 Grad. Zunächst wollen wir einen seiner Freunde auf einem Campervanplatz besuchen, aber er ist nicht da. Daher schließen wir uns der unglaublichen Autoschlange an, die sich in Richtung des Lichts windet, einer Allee mit hell beleuchteten Häusern. Es sind private Familienhäuser, deren Schmuck teilweise gesponsert ist. Ich habe so etwas noch nie gesehen. Es ist bunt, hell, kitschig und auf seine Weise schön, zumindest beeindruckend. Die Menschen haben sich fein herausgeputzt, kommen vielleicht gerade aus der Kirche oder vom Dinner und stehen nun Schlange vor fremden Häusern, die auch innen geschmückt sind und deren Besitzer stolz Einlass gewähren. Zwei Häuser bilden das Zentrum, die anderen fallen etwas ab, aber nur im direkten Vergleich.

Wieder im Haus lese ich die lieben Weihnachtsgrüße von Freunden aus Deutschland. Dann schreibe ich eine Mail an meine Familie und hänge die Bilder vom Weihnachtsdinner an.

Bereits im Bett vernehme ich das laute Gefeier meiner anscheinend südamerikanischen Nachbarn, die laute spanische Weihnachtsmusik hören. Ein schöner, anderer Weihnachtsabend!

25. Dezember

Zehn vor sechs Uhr klingelt mein Wecker. Es ist Weihnachten. Auch John ist schon wach, Maak hat bereits gekocht. Ich frühstücke ordentlich und John schreibt uns allen, eigentlich unterschreibt er uns allen, jeweils eine Firmenkarte mit Weihnachtsgrüßen. Der Wille zählt und es passt zu ihm. Bevor ich mich mit Maak nach „Surfers" aufmache, gebe ich John mein kleines Geschenk.

Die Fahrt an die Gold Coast ist sehr entspannt und es ist noch sehr wenig los auf den Straßen. Unser erster Halt ist am McDonalds direkt an der Promenade. Maak lädt zu Cappuccino und Pancakes mit Ahornsirup ein. Danach setzen wir uns an den Strand, beobachten die so unterschiedlichen Menschen und dösen ein wenig vor uns hin.

Ich ziehe mich dann in einer Toilette zum Schwimmen um. Es ist eine dieser vollautomatischen Kabinen. Die Stimme sagt, ich hätte genau zehn Minuten Zeit, dann würde die Tür aufgehen. Ich stelle mir vor, wie es sein muss, wenn man da sitzt und langsam runtergezählt wird, bis sich die Spülung automatisch betätigt und die Tür auffährt. Andere mögen denken, wenn ich für zehn Minuten gezahlt habe, bleibe ich auch zehn Minuten drin. An unserem Strandabschnitt gibt es zwei dieser Hightech-Büdchen, was schlicht zu wenig ist. Eine lange Schlange Wartender wird hier heute einen anstrengenden Tag verbringen.

Ich gehe bei bewölktem, aber warmen Wetter schwimmen und bodyboarden, nur mit Body. Das Wasser ist kälter als gedacht und mit ein paar kleinen Algen durchzogen.

Wir fahren weiter in einen großen Park am Wasser, mit zum Meer abgeneigter Seite, und halten unser Picknick unter einem großen Baum. Maaks Weihnachtsmenü besteht aus Tarowurzeln an gebackenen, in Alufolie und Spinatblättern eingewickelten Zwiebeln, Tomaten, Cornedbeef und Kokosmilch. Das Ganze gibt es ebenfalls in einer Lammversion, die mir kalt aber nicht so gut schmeckt. Anschließend haben wir eine Wassermelone, optisch die perfekte Weihnachtsfrucht, ganz in Rot, Weiß und Grün.

26. Dezember

Heute ist es ruhig im Haus. Am späten Nachmittag treffe ich John im Esszimmer und überwinde mich, ihn nach einer möglichen langfristigen Arbeit bei „Happy Travel" zu fragen. Er ist zunächst einmal nicht uninteressiert und erzählt mir dann seine Planung für die nächsten Jahre. Ganz wichtig sind für ihn die Olympischen Spiele 2008 in Peking und die Expo 2010 in

Shanghai. Danach will er sich zurückziehen aus dem aktiven Geschäft. Im nächsten Jahr will er allerdings eine zweite Filiale in Springfield, 60 km außerhalb Brisbanes, eröffnen. Eine befreundete Chinesin komme deshalb im Januar und wolle 80 000 $ in die Firma investieren, um im Gegenzug ein permanentes australisches Visum zu bekommen. Ich schlage ihm die Marketingvariante mit der Deutschlandoption vor. Er würde alles gern schriftlich haben, um es mit Navy zu besprechen. Zudem will er sehen, was die voraussichtliche finanzielle Situation im nächsten Jahr macht. Ich bin zumindest froh, gefragt und eine wohlwollende Antwort erhalten zu haben. Gleich im Anschluss setze ich mich hin und schreibe ein „Konzept".

Am Abend plane ich weiter an meiner Reise durch Asien, zu der ich mich nun entschlossen habe. Auch mein Tattoo nimmt Gestalt und Kosten an. Die werden wohl höher als gedacht und liegen bei 500 $.

27. Dezember
Jenny ruft mich aus Cairns an. Sie ist wohl wieder allein unterwegs, windet sich aber um das Thema herum. Meine Mail hat sie nicht erhalten und so schreibe ich ihr drei SMS, ob sie im Januar mit nach Neuseeland kommen will.

28. Dezember
Ich genieße die Tage des Nichtstuns, denn es werden bald wieder andere kommen, was ebenfalls schön ist.

31. Dezember
Jahreswechsel. Regen.

Der Tag verläuft schleppend, nur durch Essen und einen Mittagsschlaf unterbrochen. Es ist bereits Abend und ich überlege, ob ich einfach zu Hause bleiben soll, was natürlich nicht geht. Wie häufig bin ich Silvester schon in Australien. Aber es regnet ununterbrochen und es gibt keinen besonderen Plan, sich irgendwo „Kicks" zu holen, wie es so schön in „On the road" von Jack Kerouac heißt. Ich erreiche im zweiten Versuch meinen Freund Ali in der Schweiz und wir reden fast zwei Stunden lang, bis meine Telefonkarte leer ist (3,20 $). Es ist einfach wunderbar, über Arbeit, Perspektiven, Reisen, ein mögliches Treffen in Asien, unsere Familien, Musik und so vieles mehr sprechen zu können. Im Anschluss bin ich so motiviert, noch etwas zu unternehmen, dass ich mich schnell fertig mache und eine Stunde vor Mitternacht den Zug nehme. Im Haus ist große Ruhe eingekehrt, John hat sich bereits schlafen gelegt.

Von der Southbank aus laufe ich auf die Victoria Bridge. Es regnet leicht, aber es ist auszuhalten und warm. Um null Uhr beginnt das Feuerwerk. Nichts Außergewöhnliches, aber sehr schön über dem Fluss und der erleuchteten Stadt im Hintergrund.

Im Anschluss lasse ich mich mit der Masse in die Stadt treiben. Dabei höre ich nicht einen einzigen Knaller, alles ist friedlich und es wird sehr viel gelacht. Zum Millenium in Berlin hatte ich das Gefühl, mitten im Krieg zu sein und von allen Seiten beschossen zu werden. Silvesterfeuerwerk wird in Brisbane gar nicht verkauft und ist vermutlich auch verboten wegen der enormen Trockenheit und Brandgefahr.

Ich gehe ins „Down under", was zum Jahresabschluss passt und bekomme für 10 $ Eintritt zwei Bier. Es ist voll, die Stimmung aber zurückhaltend. Eine aufgebrezelte Blondine mit Madonna-Hut schenkt mir ein Spielzeugauto und streut mir Glitzersternchen ins Haar. Viel mehr passiert nicht. Ich gehe daher noch ins „Caesars" zu Chris und André, die heute hinter der Bar stehen. Es ist nicht allzu voll, was sicher auch am Eintrittspreis von 25 $ liegt. Den kann ich über den Abend allerdings durch die Freigetränke wieder reinholen. Die Frauen sind heute besonders hübsch, aber gegen halb vier mache ich mich auf den Heimweg, zum Vier-Uhr-Zug. Chris werde ich wohl in Melbourne wiedersehen.

1. Januar 2008
Zwölf Uhr mittags stehe ich mit schwerem Kater auf und mache die erste Wäsche des neuen Jahres. Es wird zugleich die letzte in Brisbane sein. Am Nachmittag beginne ich meine Sachen zu ordnen und bereits einen Teil zu packen, schreibe zwei Abschiedskarten mit Fotos der letzten Wochen an John und Maak.

2. /3. Januar
Am Morgen packe ich den Rest ein. Bei meinem einzigen Rucksack bleibt es übersichtlich. Ich hole noch meinen „reference letter" von „Happy Travel" ab, den John unterschrieben hat.

Dann wird er etwas panisch und alles muss ganz schnell gehen, damit ich meinen Zug nicht verpasse. Im Auto erzählt er mir, dass er im Februar für ein paar Wochen nach China reisen und mit mir weiter in Kontakt bleiben will, um über die weiteren Pläne zu sprechen. Wir verabschieden uns herzlich an der Kuraby Station.

Mit dem Airportzug erreiche ich kurz vor vier Uhr nachmittags den Flughafen. Dort erfahre ich, dass mein Flug erst um 21.10 Uhr startet. Der Flug hat Verspätung, wofür es zumindest einen 12 $-Verzehrgutschein gibt. Ich schleiche im Eingangsbereich umher und lese zwei interessante Artikel in einer Brisbaner Zeitung. Einer handelt vom Gründer von „Wicked Campers", unserem Neuseeland-Reisemobil. Der andere von einem französischen Philosophen, der Teile seines Lebens mit buddhistischen Mönchen und dem Dalai Lama verbracht hat. Beide Artikel drehen sich darum, die eigenen Träume zu leben. Hinzu kommt noch ein Bericht über eine deutsche Aussteigerin, einer ehemaligen „STA Travel"-Mitarbeiterin, die alles aufgegeben hat, um in Rio de Janeiro zu leben und ein Buch darüber zu schreiben.

Der Abflugbereich ist sehr viel kleiner als gedacht, der Abflug verschiebt sich weiter auf 21.55 Uhr. Die Zeit vergeht zäh heute. Dann sitze ich endlich im Flieger. Mir zur Rechten sitzt eine Unimitarbeiterin aus Auckland, die zum ersten Mal in einem Billigflieger sitzt, zur Linken ein weiterer Aucklander. Er kommt gerade vom einwöchigen „Woodford Folk Festival" an der Gold Coast. Dies fand eine Woche lang über den Jahreswechsel statt und kostete 380 $ zum Campen. Er war als Volunteer für die Verkabelung zuständig. Wir reden fast die kompletten 2,5 Stunden Flug. Er zeigt mir das Programmheft mit vielen wunderbaren Bildern. Wahnsinn. Für das Festival wird eine eigene Stadt für 100 000 Menschen errichtet. Leider habe es die meiste Zeit geregnet und sei sehr schlammig geworden. Das Musikprogramm ist unglaublich: 20 Bühnen, dazu Kinderprogramme, ein Zirkus, unzählige Restaurants, Workshops ... Eine Woche alternativer Spaß in einer heilen Welt. Es klingt wirklich toll.

Kurz nach fünf Uhr Ortszeit landen wir in Auckland. Zunächst geht es durch eine extreme Sicherheitskontrolle. Mein Zelt wird chemisch gereinigt und auch meine Wanderschuhe muss ich auspacken. Sie werden per Hand saubergebürstet, damit auch die letzten Erdklümpchen verschwinden. Um sechs Uhr verhandle ich mit einem Inder über einen Platz im Taxi-Shuttlebus. Er ist nur unwesentlich teurer als der Backpackerbus, der aber noch nicht fährt. In einem Affentempo fliegen wir in die Stadt. Beim „Base Backpacker" lasse ich mich absetzen und merke im Büro, dass es das falsche „Base" ist. Es gibt zwei und meines liegt zehn Minuten weiter die Straße hinunter. Dort kann ich erst um 13 Uhr einchecken! Immerhin kann ich meinen Rucksack im Schließfach lassen und laufe früh um sieben in die menschenleere Stadt.

Beim Hafenspaziergang unter der aufgehenden Sonne fühle ich mich fit. Erst beim Überqueren einer fünfspurigen Hauptstraße spüre ich mein Schlafdefizit. Als ich bei Rot loslaufe und alle fünf Spuren gleichzeitig anfahren, wird es knapp. Also setze ich mich lieber auf eine Bank im Hafen und schreibe Tagebuch. Bei McDonalds, dem einzigen Laden, der so früh geöffnet ist, nehme ich das Pancake & Cappuccino Menü. Beim Verkehrsbüro erkundige ich mich nach dem Anfahrtsweg zum „Wicked Campers"-Büro und spreche mit einem Tattoo-Stecher über Motive und meine Ideen. Aus meinen Vorlagen würde er etwas zeichnen und für 600 $ tätowieren. Ich will es mir bis morgen überlegen.

Punkt 13 Uhr checke ich im Hostel ein. Zunächst ist mein Zimmer überbucht, also muss ich noch mal raus, in ein anderes umziehen. Dort wohnen zwei Kanadier, was mich wenig interessiert. Ich setze nur noch meine Schlafbrille auf, Ohropax ein und schlafe fünf Stunden.

Um sieben bekomme ich Hunger und gehe in einer food mall chinesisch essen, Chicken mit black bean sauce, aus Tradition. Beim Besuch des Tattoostudios ist mein Mann vom Vormittag nicht mehr da, weshalb ich zurück ins Hostel gehe. In der Base Kneipe im Untergeschoss trinke ich ein ordentliches „Tui Bier" und treffe einen der Engländer aus meinem ersten Zimmer.

19 New Zealand – Teil I

4. Januar
Die Kanadier sind früh aufgebrochen, um sich ein Auto zu kaufen und so bin ich bereits um acht Uhr wach. In diesem mehrstöckigen Hostel habe ich am Morgen das Etagenbad für mich allein. Ich überlege, ob ich noch einmal ins Tattoostudio gehe, verwerfe den Plan aber, da ich die Sache lieber in Ruhe durchdenken will. So kann ich mir die originalen Maori-Tattoos ansehen und mich weiter inspirieren lassen.

Das „Wicked Campers"-Büro, wo ich unser Reisemobil holen will, liegt gut versteckt in einer Gewerbestraße, zu der ich knapp zehn Minuten von der Busstation laufe. Mein Weg verzögert sich, weil ich nach wenigen Metern von einem älteren Herrn angesprochen werde, ob ich Hilfe brauche. Ich nenne ihm mein Ziel, zeige auf die ausgedruckte Karte und bin mir sicher, wo es langgeht. Er weiß nicht, wo diese Straße ist, beginnt die Karte genauestens zu betrachten und ist ernsthaft bemüht, dem verlorenen Backpacker den Weg zu weisen. Darauf hält ein Briefträger mit seinem Fahrrad neben uns, beugt sich ebenfalls über die Karte, verwirrt mich aber noch mehr. Nett, die Neuseeländer, aber nicht immer hilfreich. Immerhin kann ich sie nach dem nächsten Supermarkt fragen, der hier bekannter zu sein scheint.

Im Wicked-Büro weist mich ein junger deutscher Mitarbeiter in die Geheimnisse des Vans ein. „Wicked Camper"-Vans sind kleine, einfach ausgestattete Busse, die individuell, meist auffällig besprüht sind. Die Rückseite ziert ein provokativer Spruch. Ich bekomme den „Enjoy Cocain"-Van in Coca-Cola-Farben und bin mit der Wahl zufrieden. Alternativ hätte es noch einen „Just Married"-Van in Metallic-Grau gegeben. Erster Halt ist die Tankstelle, dann geht es zum „Foodmarket". Ich hatte auf einen mir bekannten „Coles" oder „Woolworth" spekuliert, aber die gibt es hier nicht. Daher benötige ich sehr viel mehr Zeit bei meinem Wocheneinkauf als geplant. Dafür gibt es in Neuseeland Wein und Bier direkt im Supermarkt. Nur für den „harten Stoff" bedarf es eines „Liquor Stores".

Kurz vor 14 Uhr bin ich am Flughafen. Das Fahren auf der linken, dem Lenkrad auf der rechten Seite und der Handschaltautomatik klappt recht gut. Der Flieger ist bereits gelandet, dennoch muss ich eine Stunde mit meinem „MT Leuchtbär"-Schild auf Mario warten. Unser Wiedersehen ist eine große Freude. Mario ist leider krank, mit Grippe und hohem Fieber. Zudem bereits 34 Stunden von Malaga nach Frankfurt über Dubai und Melbourne unterwegs. Wir werfen schnell einen Burger ein und dann geht er endlich los, unser road trip in den Nordosten! Wir fahren durch eine fast deutsch anmutende Landschaft voller grüner Wiesen und Kühe, hoch und runter durch die Serpentinen Richtung Coromandel. Wir schlagen unser Nachtlager auf einer Felsenklippe mit Blick aufs Meer auf. Während ich die Küche mit einem „Burger" einweihe, hält neben uns ein weiterer Wicked-Camper. Das etwas alternative Pärchen fragt, ob wir etwas dagegen hätten. Nicht doch, wir sind alle Teil der Road-trip-Familie. Sie kommen aus Perth, wobei sie gebürtige Engländerin ist, und sind bereits einen Monat in Neuseeland unterwegs. Mario verabschiedet sich zeitig ins Bett, ich lasse mich noch zu Reispudding und Wein einladen. Zum Sound des Beatbox-Vogels schläft es sich großartig in der ersten Nacht im großen Camperbett.

5. Januar

Unerwarteter Lärm am Morgen weckt uns. Am Nachbarwagen machen zwei Naturparksheriffs Radau. Wir bekommen eine Verwarnung wegen unerlaubten Campens im Naturreservat und werden in die lokale Datenbank eingetragen. Bei der nächsten Auffälligkeit müssen wir 200 $ Strafe bezahlen. Ein fairer Deal. Im Naturreservat darf man also nicht übernachten. Dann gibt es erst mal Kaffee, Abschiedsfotos mit den beiden, von denen mich Jazz, der Mann, stark an Billy Corgan von den Smashing Pumpkins erinnert. Sie geben uns ihre Visitenkarte, falls wir mal in Perth sein sollten.

Wir fahren nach Coromandel, dann weiter zur Ostküste der Halbinsel bis zur „Hot Water Beach". Leider sind wir spät dran und verpassen den Spaß, uns hier bei Ebbe mit einem Spaten ein eigenes Wasserloch zu graben, in das dann von unten warmes Wasser dringt und man wie in einer Badewanne im Sand liegt. Schön ist es trotzdem. Nach einem kurzen Sonnenbad fahren wir zum nächsten Strand, an dem ich ins Wasser gehe und das Panorama mit kleiner Insel im Hintergrund genieße, während Mario am Strand seine Augen schont. Nach einer weiteren Stunde Fahrt bleiben wir diese Nacht für

30 $ auf einem offiziellen Campingplatz, der sehr ruhig und im Grünen liegt. Wir braten ein Kilo Shrimps mit viel Knoblauch, Zitrone, Dip, Brot und Wein. Ein Fest.

6. Januar

Mein Wecker klingelt unverhofft um sieben Uhr. Wir fahren nach Rotorua, frühstücken bei Kentucky Fried Chicken und gehen in den Park. Dort gibt es 15 Schlammlöcher und Seen, die dampfen und vor sich hin stinken. Mich erinnert es an Island, nur dass es hier bedeutend wärmer ist. Der wabernde Nebel über dem heißen Schlammsee im Sonnenlicht gibt ein fantastisches Fotomotiv. Nach unserem Spaziergang nutzen wir das angrenzende Feld, wohl ein Footballplatz, für eine ausgiebige Runde Frisbee. Dabei wird es besonders an den Füßen warm durch die thermale Rasenbeheizung.

Unser heutiges Highlight finden wir an einem kleinen warmen Fluss in einem Waldstück. Das Wasser hat um die 40 Grad. Wir sind mit eine Maori-Familie die Einzigen, bleiben 1,5 Stunden dort und aalen uns im dampfenden Wasser.

Nach einer Stärkung am Wagen fahren wir zum Lake Taupo. Mario geht schwimmen, ich spazieren. Bei der weiteren Umrundung des großen Sees fahren wir fast bis auf den Kiesstrand und essen zu Abend, Nudeln mit Lammhack-Bolognesesauce. Erneut mit einem Traumblick über das Wasser und die Inseln. Obwohl es langsam dunkel wird, fahren wir noch ein Stück weiter in den Tangorino Nationalpark, nehmen zwei israelische

Anhalter mit und kommen um zehn Uhr auf einem sehr kleinen Campingplatz mit dem Bezahlsystem der Freiwilligkeit an und übernachten für 8 $ direkt an einem Bach.

7. Januar

Um sieben Uhr geht's ab an den Berg. Besteigung des Nachbarn des „Schicksalberges" aus dem „Herrn der Ringe". Der Parkplatz füllt sich zusehends mit weiteren Touristen und Wanderern, die von Shuttle-Bussen ausgeworfen werden. Der Marsch ist anstrengend, das Wetter schlecht, aber wir werden mit einer grandiosen Aussicht entschädigt. Die erste Dreiviertelstunde geht es eher flach an den Berg heran, dann geht es eine Stunde steil bergauf, bis wir in den Wolken verschwinden. Auf dem Gipfel ist es weiterhin regnerisch, kalt und neblig, sodass uns das erhoffte Panorama verwehrt bleibt. Wir steigen enttäuscht wieder hinab und begegnen all den Nachzüglern, denen Ähnliches widerfahren wird.

Wir fahren weiter nach Süden, Richtung Wellington. Ein heftiger Regenschauer setzt ein, der uns bis kurz vor unser Ziel begleitet. In Wellington bleiben wir im „Upper Hutt Valley" auf einem Campingplatz. Der Regen hält an, wir bleiben im Van, trinken Bier und unterhalten uns bis in die Nacht.

8. Januar

Immer noch Regen. Nach dem Einchecken am Fährterminal von Wellington bleibt uns noch Zeit für einen

Stadtbesuch. Die Innenstadt ist hübsch, das Zentrum historisch, zumindest für neuseeländische Verhältnisse. Die dreistündige Überfahrt verbringen wir bei Kürbissuppe und Kakao komplett in der Cafeteria. Mario bekommt erneut Fieber. Ich gehe zumindest kurz nach draußen, um mir die schöne Fjordlandschaft anzuschauen, als wir Kurs auf Picton nehmen.

Von da aus fahren weiter nach Blenheim und cruisen weiter die bezaubernde Küste hinunter. Sie führt an Abschnitten mit Robben und Pinguinen vorbei, die auf den Felsen liegen. Unser Endpunkt ist Kaikoura, die Hauptstadt der Whalewatcher. Daher parken wir auch direkt auf dem Parkplatz vor der Schiffsanlegestation und reihen uns in die Armee der Camper ein, die sich dort bereits eingefunden hat. Es stellt sich heraus, dass ich am Morgen unseren Campingtisch liegen gelassen habe. Es schien mir eine gute Idee zu sein, ihn über Nacht unter dem Van zu verstauen.

9. Januar

Als wir am Morgen erwachen, ist der Parkplatz bereits voll. Wir hatten gestern mit dem Gedanken gespielt, eine Schiffstour zu machen, da wir beide noch nie Wale gesehen haben. Aber wir beschließen am Ende, das Geld zu sparen und weiter ins Inland zu fahren. Nächster Etappenstopp sind die „Hammer Springs". Diesmal leider nicht frei, sondern in einem Thermalbad. Das Bad ist in den Berg gesetzt, die heißen Quellen ergeben eine breit angelegte Poollandschaft wie in einem riesigen Freibad. Es ist herrlich, sich von Pool zu Pool zu bewegen, mal wärmer, mal kühler, aber nie kalt. Der Bademeister ermahnt mich, den Kopf nicht unterzutauchen, da es in dem warmen Wasser Bakterien geben könne, die meine Ohren entzünden.

So treiben wir zwei Stunden durch die Becken und genießen den Ausblick auf die Berge im Sonnenschein.

In Christchurch empfiehlt uns der schlaue Lonely Planet ein Hostel in der Stadtmitte, das einen eigenen Parkplatz besitzt. So können wir für 26 $ unseren Wagen dort stehen lassen und die Einrichtung nutzen.

Nach einem ersten Begrüßungsbier auf dem Parkplatz ziehen wir uns für die Stadt und das Nachtleben um. Ich bin richtig froh, Marios Jacke anziehen zu können und mal etwas anderes zu tragen als meine Backpacker-Klamotten. In einem schicken Hinterhof, eine Art Szenekneipen-Kulturanlage, gibt es gutes Bier und Fisch. Weiter im „Dux de Lux", einer sehr netten Café-Bar-Kneipe mit großem Biergarten verbringen wir einen Großteil des Abends bei Gingerale und Cappuccino. Wir beobachten die ein- und ausgehenden Menschen und Freaks. Stil ist nicht zu erkennen, aber Individualität und Kreativität. Später spielt eine Band in einem der Innenräume etwas Rockmusik.

10. Januar

Eine warme Dusche im Gemeinschaftsbad, Abwaschen in der Küche, Frühstück und los zum Mount Cook. Im Künstlerdörfchen Geraldine kaufen wir für 50 $ einen neuen Campingtisch. Das ist die Strafe, aber den brauchen wir nun mal. Wir passieren unendlich weite grüne Landschaften, bis wir auf die Seen „Te Anau" und „Pukaki" am erweiterten Fuß des Mount Cook stoßen. Der traumhaft milchigblaue See mit dem verschneiten Berg in Hintergrund bei Sonnenschein ergibt ein Panorama, das uns lange verweilen lässt.

Am Fuß des Berges nutzen wir den dortigen Campingplatz. Es ist wieder einer jener zum Selbst-Einchecken, was sich diesmal auf 12 $ beläuft. Alternativ kommen am Morgen die Ranger persönlich vorbei und kassieren ab. Wir haben allerdings diesmal nicht die Absicht so früh aufzustehen.

Obwohl es merklich kälter geworden ist, sitzen wir draußen. Ich koche uns Kumara-Wurzeln (Süßkartoffeln) in Kokosmilch mit Spinat. Anschließend versuche ich mich an Glühwein. Wir sehen uns von unseren Campingstühlen aus drei Schneeabbrüche am Gletscher an, deren Knall erst zwei Sekunden später zu uns herüberschallt. Es klingt wie Schüsse. Wir hoffen, dass es bei kleinen Abbrüchen bleibt, da wir nah am Berg stehen.

11. Januar

Es ist ein kaltes Erwachen im Bus. Auch die Nacht war kalt. Es gibt eine Vielzahl unterschiedlich anspruchsvoller Routen auf den Berg, aber wir können uns schnell auf die kürzeste einigen. Wir laufen zwei Stunden durch die faszinierende Landschaft aus Geröll, über Flüsse und Bäche, immer mit Blick auf die verschneite Bergspitze und bei bestem Sonnenschein.

Auf der Weiterfahrt nach Dunnedin halten wir in Oamaru, wo es Pinguine geben soll. Gibt es auch, leider sind die niedlichen Tierchen noch auf See und kommen erst abends halb neun wieder an Land. Das kann ich gut verstehen, aber es ist uns zu spät, wir fahren weiter und schauen uns die „Mouraki Boulders" an. Diese Ansammlung großer Steinkugeln am und im Wasser sieht von Weitem langweilig aus, bei näherer Betrachtung sind sie aber sehr interessant durch ihre außergewöhnlichen Marmorierungen und Abspaltungen.

Als wir am Abend in Dunnedin ankommen, parken wir im inneren Stadtkern nahe des Oktalon-Stadtrings vor einem Hostel. Hier können wir für 5 $ pro Kopf das Bad und die Küche benutzen. Warm angezogen gehen wir in die Stadt und trinken ein paar gute, hier beheimatete Speights Biere im „Lemon". Die Bar bietet neben guter Musik ein gemischtes Publikum aus Geschäftsleuten, Musikern und anderen Künstlern. Die Kneipen- und Clubtour zieht sich dann weiter durch die ganze Nacht dieser 100 000 Einwohner zählenden Studentenstadt.

12. Januar
Unsere heutige Route führt uns über atemberaubende Gebirgszüge und wir schlängeln uns durch die Serpentinen.

Dann kommen wir nach crazy Queenstown. Um richtig aufzufallen, spielen wir kurz mit dem Gedanken, ein paar Tüten Mehl zu kaufen und aus den Fenstern unseres „Cocain"-Trucks wehen zu lassen, verwerfen dies aber wieder. Dafür halten wir an der vorgelagerten „Karaware Bridge", der ersten kommerziell genutzten Bungeejump-Brücke der Welt. Von hier kann man einen 43 Meter tiefen Sprung über den Fluss wagen und auch eintauchen, wenn man möchte. Es ist weniger die Höhe als die grandiose Umgebung der alten Brücke über dem Fluss zwischen den Felsen, die den Sprung so beeindruckend macht. Es ist allerdings verdammt windig hier draußen. So gehen wir in das angebaute Erlebniscenter und holen uns alle möglichen Informationen zum Bungeejumping.

In Queenstown fahren wir auf einen am Hügel liegenden Campingplatz und buchen uns für zwei Nächte ein. Der Platz ist fast voll von Campingmobilen. Nach dem üblichen Begrüßungsbier laufen wir in die Stadt zum „Base Backpackers"-Hostel, in dem es ein Reisedesk gibt. Der smarte Aussie am Schalter weist uns auf die vielfältigen Möglichkeiten hin, in Queenstown die Zeit zu verbringen und den Adrenalinpegel hinaufzutreiben. Vor allem gibt es sehr viele günstige Kombinationspakete. Unsere Wünsche sind klar, ich will unbedingt bungeejumpen, Mario skydiven. Also lassen wir es krachen und entscheiden uns für ein Paket aus beidem, den 134-Meter-Sprung in den „Nevis Canyon" am Morgen und einen Skydive am Nachmittag. Für 495 NZ$. Nicht billig, ein neuseeländischer Dollar entspricht etwa 0,53 Euro. Aber wie häufig wird man so etwas in seinem Leben noch einmal machen? Von dieser Frage lebt wahrscheinlich die ganze Stadt. Viel Geld ausgeben für diese einmaligen Erlebnisse am anderen Ende der Welt.

Morgen 7.45 Uhr soll der Sprung beginnen und der Skydive am Nachmittag, wenn das Wetter sich hält. Wobei die Aussichten eher schlecht sind.

20 Crazy Queenstown

13. Januar

Kurz vor sieben Uhr geht's hoch. Kein Frühstück, sondern gleich ins Bungee-Center in der Innenstadt. Halb acht checken wir ein und warten eine Stunde, bis sich alle eingefunden haben. Dabei werden alle Springer gewogen. Ich bringe 73 Kilo auf die Waage, genau wie Mario. Was ich größer bin, ist er breiter. In einem voll ausgebuchten Kleinbus fahren wir zur Brücke. Bereits die halbstündige Anfahrt lässt erahnen, auf was wir uns eingelassen haben. Als wir die Spitze des Nevis Canyons erreichen und einen Blick auf die Seilbrücke und die Schlucht werfen, stelle sicher nicht nur ich mir die Frage, ob das wirklich eine gute Idee ist. Es ist, wie der Werbeslogan sagt, „Strange – but true". Jeder von uns bekommt einen Seilgurt ausgehändigt, den wir anlegen müssen und der uns halten soll. Anschließend werden Fotos von den angehenden Helden gemacht, die immer weniger danach aussehen. Wir werden in Gruppen eingeteilt. Die Schwersten springen zuerst und so landen wir beide in Gruppe drei.

In einer kleinen Gondel geht es etwa 50 Meter über die Stahlseile zur vollverglasten Station, die über der Mitte des Canyons schwebt. Um den Kick noch zu verstärken, ist auch der Boden der Station verglast. Ich versuche, nicht hinunterzusehen, sondern in die Berge um uns herum zu schauen, aber es will nicht recht gelingen. Die Vorspringer werden immer weniger und ich beginne buchstäblich mit den Zähnen zu klappern. Dann bin ich dran, es gibt kein Zurück mehr, oder doch? Ich muss auf einem Liegestuhl Platz nehmen, mir werden die Beine verknotet und am Seil befestigt. Der Einweiser erklärt mir, dass ich mich mit einer Lasche auslösen soll, nachdem ich das zweite Mal wieder zurückgeschnellt bin. Ich löse mich damit aus und komme in eine aufrechte Position. Falls ich es nicht rechtzeitig schaffe, würde ich eben kopfüber hängenbleiben und so eingeholt werden. Alleine die Vorstellung, mich irgendwo in 100 Metern über der Erde einfach auszuklinken, überfordert mich komplett. Ich lächle ein letztes Mal gequält in die Kamera und werde dann wie ein Verurteilter zur Rampe geleitet. Ich schlurfe langsam und unsicher in Richtung Nichts. Als ich das Gefühl habe, schon an der äußersten Spitze der Rampe zu stehen, soll ich noch drei Schritte mehr machen. Nur nicht in den Abgrund schauen! Ich sehe im Tunnelblick geradeaus zu einer Bergkuppe in Augenhöhe, was mich nicht wirklich beruhigt. Es wird von fünf an runtergezählt bis zum Jump! Und dann springe ich freiwillig, mit ausgebreiteten Armen in die Tiefe. Die ersten zwei Sekunden realisieren ich und mein Körper überhaupt nicht, was hier gerade passiert. Dann sehe ich mich dem Erdboden entgegenrasen, auf ein Bächlein zu. Die Geschwindigkeit der Erdanziehung, der freie Fall und das Gefühl der Freiheit sind kaum zu beschreiben. Noch nie in meinem Leben habe ich mich so lebendig gefühlt wie in diesem Augenblick. Mein ganzer Körper pulsiert vor lauter Lebenslust und ich bin mir sicher, jetzt ein großes Lächeln im Gesicht zu haben, nachdem ich zuerst den Mund nur staunend offen gehalten hatte. Nach acht Sekunden bin ich unten, noch ein gutes Stück über dem Boden, und schnelle recht sanft zurück in die Höhe. Dieses Gefühl hatte ich als das stärkste erwartet, aber alles, was jetzt passiert, ist nur Zugabe und sehr angenehm. Ich schaffe es sogar, zur richtigen Zeit meine Schnalle zu lösen, und gehe aufrecht am Seil noch einmal runter, bevor ich langsam wieder hochgezogen werde. Ich sitze dort sehr glücklich und genieße die Aussicht. Dass ich in dieser Höhe an einem dünnen Seil hänge, kann ich dabei komplett ausblenden.

Zurück in der Station fühle ich mich einfach nur großartig, unglaublich wach, auch wenn meine Beine leicht zittern. Ich muss mich zudem beeilen, um noch rechtzeitig Fotos von Mario zu machen, der direkt nach mir dran ist. Er springt beherzt in die Tiefe und lässt einen lauten Urschrei los. Als er festen Boden unter den Füßen hat, ergeht es ihm wie mir, seine Beine zittern und Freude, Erleichterung und Ungläubigkeit sind in seinem Gesicht zu sehen. Wahnsinn! Uns bleibt etwas Zeit, uns ein paar der anderen Sprünge anzusehen. Aber im Kopf spielt jeder seinen eigenen Sprung wieder und wieder durch. Die Gondel bringt uns zurück ans Festland, im Häuschen der Anlage gibt es eine Bratwurst für jeden und den eigenen Sprung auf Video. Es sind zwar noch einmal extra 45 $, aber was soll's, es ist ein unvergesslicher Moment, mit dem sich später prahlen lässt.

Auf der Rückfahrt im Bus sprechen alle über die „Crazyness" und ihre Gefühle. Wir gehen in ein Café am See, trinken in der Sonne Kaffee und genießen den Blick auf die „Remarkables", den Gebirgszug rund um die Stadt.

Um 15.30 Uhr gehen wir das nächste Highlight an und finden uns im „NZONE"-Büro des Skydive- Unternehmens ein. Hier kosten die Videos vom eigenen Sprung 150 $, was uns eindeutig zu teuer ist. Wir werden erneut mit einem Kleinbus aus der Stadt gefahren und gelangen auf ein eingezäuntes Stück Land, das wie eine Farm aussieht, mit kurzer Start- und Landebahn. Dort bekommen wir unsere Springeranzüge und Helme. Jeder wird seinem Tandemsprungpartner vorgestellt und bekommt den Sprungablauf erklärt. Mein Lehrer kommt aus Tschechien und heißt sehr passend Kras. Ich versuche mit ein paar Sätzen Tschechisch zu brillieren, aber Teile meines Hirn haben sich offenbar bereits im Vorfeld des Sprunges ausgeklinkt.

Als das Propellerflugzeug landet, gehen wir in vier Paaren über die Startbahn und setzen uns jeweils mit dem Instruktor im Rücken dicht nebeneinander auf den Boden der schmalen Maschine. Dann geht es hinauf in 12 000 Fuß Höhe. Es gab drei Kategorien zu buchen. 8 000 als niedrigste und günstigste mit einer Fallzeit von 30 Sekunden. 12 000 als mittlere und 15 000 als höchstmögliche Höhe. Als wir unsere Marke erreicht haben, wird die Hintertür geöffnet und die ersten Springer machen sich auf den Weg. Wir sind Nummer drei. Ich versuche, die „banana style"-Position einzunehmen: Beine unter das Flugzeug, Hüften nach vorne, Arme nach oben, bis ich nur noch an zwei Gurten am Hintermann aus einem fliegenden Flugzeug hänge! Verrückt. Dann fallen wir. Ich nehme wie gelernt die Hände auf die Brust und wir stürzen in Purzelbäumen nach unten, fallen durch die Wolken. Die ersten zehn Sekunden habe ich keine Ahnung, was mit mir passiert. Als wir die Wolken durchquert haben, öffne ich die Arme und staune über diesen atemberaubenden Anblick. Der See in den Bergen, das viele Grün, wohin man schaut. Wir rasen zwar im freien Fall in die Tiefe, aber durch die große Entfernung zum Boden und ohne festen Punkt in der Nähe nehme ich die Geschwindigkeit nicht ganz so stark wahr wie am Vormittag. Nach 45 Sekunden öffnet Kras den Fallschirm und wir stoppen, als würde uns jemand nach oben ziehen. Mit dem Paragliding-Schirm kreisen wir der Erde entgegen und landen direkt vor der Hütte am Flugplatz. Meinem Magen geht es ob des Kreisens nicht allzu gut. Mario landet kurz nach uns, wir machen Fotos und spielen eine Runde Fußball, um wieder „anzukommen".

Zurück am Van gibt es erst einmal ein Bier, das wir uns heute wirklich verdient haben. Jegliches Hungergefühl ist verflogen, ich muss mich kurz hinlegen und entspannen. Nach einer Dusche und einem weiteren Bier ist es besser und die Abendplanung kann beginnen.

Wir starten im „Speights", wo das Bier selber gebraut wird, und versuchen uns an einem Hausbier mit leichtem Pfirsichgeschmack. Zu essen gibt es eine hervorragende Lammkeule mit frischem Gemüse. Im Fernsehen, das überall präsent ist, läuft Chelsea gegen Tottenham. An der Bar sitzen ein paar ansehnliche Frauen, später kommen zwei Rugbyteams dazu. In der nächsten Bar spielt eine Liveband und Manchester United schlägt im zweiten Spiel des Tages Newcastle 6:0. Wir ziehen weiter durch ein paar Clubs, bleiben schließlich im

„Base Backpackers" hängen. Wir tanzen und trinken, bis um drei Uhr die gesamte Stadt schließt. Auf dem Heimweg haben wir immer noch das Gefühl, unzerstörbar zu sein. Was für ein außergewöhnlicher, unvergesslicher schöner Tag!

21 New Zealand – Teil 2

14. Januar

Ich will mir unbedingt noch einen Daumenring kaufen. Das habe ich schon lange vor und nun soll er mich an den gestrigen Tag erinnern. Und an mein Motto: „Live your life in passion!" Nach einigem Suchen werde ich fündig. Mattsilber, schlicht und angenehm zu tragen.

Wir fahren heute drei Stunden zum „Lake Te Anau" und fühlen uns gut, trotz der kurzen Nacht. Meiner Theorie nach hat das ganze Adrenalin den Alkohol absorbiert. Wir schlingern durch den Regen die Serpentinen entlang und kommen recht gut voran, bis wir in einer Schafherde feststecken. Wir stellen den Motor ab und können nur warten, bis der Tross sich weiter vor uns auf ein angrenzendes Feld bewegt. Trotzdem müssen wir aufpassen, denn es sind noch ein paar verlorene und orientierungslose Schafe unterwegs.

15. Januar

Ein umfangreiches Frühstück am Morgen in Te Anau und dann geht es los zu einem der weiteren Höhepunkte unserer Reise, dem „Milford Sound". Es ist eine schöne zweieinhalbstündige Anfahrt durch die grünbewachsenen Berge. Uns erwartet keine kleine Stadt, wie ich mir vorgestellt hatte, sondern lediglich eine kleine Touristeninformation, ein Parkplatz und die Anlegestelle mit einem kleinen Gebäude für die Schiffstörnanbieter. Ansonsten gibt es nur den „Sound", diesen gigantischen

Fjord, der durch den „Herrn der Ringe" berühmt wurde. Wir buchen uns für 55 $ auf einer 1,5-Stundentour ein, haben Glück bei der Platzwahl und während der Tour den besten Blick aufs Meer. Es ist leider bewölkt und neblig, die Sicht ist getrübt. Andererseits empfinde ich es als sehr passend. Der Sound durchfließt eine faszinierende Landschaft. Wir passieren einen Felsenvorsprung, auf dem sich eine große Herde Robben tummelt. Ursprünglich wollten wir ein paar Tage den phantastischen „Milford Sound"-Wanderweg ablaufen, aber wir waren zu spät, die kontingentierte Tour war längst ausgebucht.

Wieder an Land beschließen wir, unseren Nachtplatz von gestern nochmals zu nutzen, da es nur eine Stichstraße zum Wasser gibt und wir ohnehin wieder dort vorbeikommen. Auf halbem Wege finden wir auf einer Lichtung am Straßenrand eine Freicampfläche in wunderbarer Umgebung. Nach kaum fünf Minuten Rast wissen wir, warum hier außer uns keiner steht. Es wimmelt nur so von den kleinen Sandfliegen! So bleiben wir bei unserem ersten Plan.

16. Januar

Am Morgen fahren wir zurück durch Queenstown nach Wanaka. Wir überlegen, den „Karawau Bridge"-Sprung zu machen, aber aus Kostengründen und um unser Erlebnis nicht zu verwässern, fahren wir an der Brücke vorbei und halten stattdessen sieben Kilometer außerhalb von Queenstown in einer kleinen ehemaligen Goldgräberstadt namens „Arrowtown", die von Touristen überfüllt ist. Alles wirkt klein, niedlich und ist im Cowboy-Stil gehalten. Der Weg nach Wanaka führt erneut durch die Berge mit phantastischen Ausblicken, so dass wir öfter anhalten und Fotos machen. In Wanaka gehen wir auf einen Campingplatz, fahren aber gleich weiter direkt an den See. Er liegt groß und blau mit Wellen vor schneebedeckten Bergen. Wieder ein Postkartenbild, wie es sie seit unserem Start fast jeden Tag zu sehen gibt. Endlich scheint auch die Sonne und wir spielen auf der angrenzenden Stadtparkwiese barfuß eine Runde Frisbee. Nach zwei Minuten werden wir jäh unterbrochen, als Mario auf eine Biene tritt. Ich ziehe den abgerissenen, noch pumpenden Stachel aus seiner Zehe, und wir spielen weiter. Schließlich sind wir so durchgeschwitzt, dass es uns kaum etwas ausmacht, als wir in den eiskalten See tauchen. Gut erfrischt schlafen wir dann ein Runde auf dem warmen Kieselsteinstrand in der Sonne.

In einem kleinen Cafe an der Seepromenade gibt es wieder selbstgebrautes, diesmal trübes Bier. So lässt es sich leben und wir sitzen, trinken und genießen das Leben.

Zu späterer Stunde laufen wir ins „Shooters", in dem bereits Karaoke läuft. Auch wenn wir keine Fans davon sind, unterhaltsam ist es. Zwei Stunden später wird es voller und wir tanzen. Dabei werden wir vom Sicherheitsmann gebeten, unsere Flip-Flops anzuziehen. Barfuß könnten wir in Scherben treten.

17. Januar

Wir hatten darüber nachgedacht, noch einen Tag länger an diesem schönen Ort zu bleiben, aber heute bei Regen fahren wir lieber durch die wunderschöne Landschaft mit teilweise dichtem Regenwald. Auf einem unserer Fotostopps sehen wir zum ersten Mal den „Kakapo"-Vogel, der aussieht wie ein dicker brauner Papagei, aber nicht fliegen kann. Er hüpft eher unbeholfen herum und wird von den Touristen gefüttert. Jetzt haben wir ihn gesehen, Haken dran und weiter.

Wir fahren zum „Fox"-Gletscher und wandern eine Stunde durch das Geröllfeld mit dem mächtigen Gletscher im Hintergrund. Dazu kommt sogar die Sonne heraus und wärmt uns nicht nur, sondern ermöglicht ein schillerndes Farbspiel im blau leuchtenden Eis. Aus Sicherheitsgründen hängen viele Absperrschilder gut 500 m vor dem Gletscher und so bleiben wir auf unserer Seite und machen Fotos. Wir fahren weiter in die Stadt „Franz Josef" und parken etwas abgelegen neben einem Hubschrauberlandeplatz. Von hier aus wollen wir morgen den nächsten Gletscher in Angriff nehmen. Nach dem Essen sitzen wir in einem Internetcafé, das in einen alten Linienbus eingebaut ist und stark an die Hippibusse mit allem möglichen Schnickschnack im Inneren erinnert. Hier ist es schön warm, die tiefen Sitze sind bequem und gemütlich. Ich schicke wieder einmal Fotos in die Heimat. In der winzigen Stadt gibt es zu meiner Überraschung die gleichen Hightech-Toiletten wie in Surfers Paradise. Der Hersteller scheint den Pazifischen Markt konsequent nach Haupttouristenattraktionen abzusuchen und den Stadtverwaltungen zu erklären, dass ihre Toiletten den Ansprüchen des globalen Touristen genügen müssen. Mir wäre ein Plumpsklo in diesem Bergidyll lieber gewesen. Stattdessen muss ich mich erneut von einer Computerstimme über meine Aufenthaltsdauer belehren lassen.

18. Januar
Um acht fahren wir ins Touristeninfocenter, um uns über unsere Laufroute informieren.

Wir fahren also zum St.-Josef-Gletscher und beginnen eine zweistündige Wanderung. Der Marsch beginnt gemächlich, dann wird der Weg zusehends steiler und anstrengender, bis wir über Steine springen und kleine Felsen erklettern müssen, das alles bei nun strahlendem Sonnenschein. Der Gletscher ist wunderschön. Die Endmoräne um ihn herum rundet das Gesamtgemälde der Natur ab. Wir machen wieder eine Batterie an Fotos, mich begeistern besonders diese schwarzen Kieselsteine, die wie Edelsteine neben Eiskristallen im Sandbett des kleinen Baches liegen.

Es geht weiter im Wagen durch die so ganz andere und genauso zu bestaunende Regenwaldlandschaft. Wir haben immer noch Traumwetter.

Als wir an der nächstgrößeren Stadt Greymouth vorbeifahren, beschließen wir, uns die „Pancake Rocks and Blowholes" anzusehen, die wir eine halbe Stunde später erreichen. Als erste Amtshandlung kaufen wir uns ein Sixpack „Montheis"-Bier, das an der Westküste gebraut wird. Dies erneut in erstaunlicher Vielfalt, sodass wir sechs verschiedene Sorten nehmen. Das erste gibt es gleich auf die Hand. Die „Pancake Rocks" sehen wirklich wie geschichtete Pfannenkuchen aus und der Sandstein leuchtet orange in der späten Nachmittagssonne. Auch die „Blowholes" mit ihren Wasserfontänen sind schön anzusehen. Wir sind aber sowieso in großartiger Stimmung.

Zehn Kilometer weiter die Küste hinunter, halten wir an dem bisher schönsten Platz unserer Reise. Es ist kein offizieller Rastplatz, sondern ein Felsvorsprung an den Klippen, aber mit einer unglaublich schönen Sicht auf das Meer. Als ich mich ein paar Meter abseits zum Pinkeln an die Klippen stelle, sehe ich schräg unter mir, ganz nah eine Robbe liegen, die sich in der Sonne wärmt. Sie wirkt, als sei sie von den anderen einfach vergessen worden. Aber wie immer gibt es bei zu schönen Dingen einen Haken. Vor einem Schwarm Sandfliegen flüchten wir in den Van. Von dort aus sehen wir die Sonne langsam im Meer versinken.

Obwohl alles einfach nur gut ist, kann ich nicht einschlafen und mache mir viele Gedanken über meine Zukunft. Micha hatte mir die Ausschreibung für einen Onlinemarketingmanager geschickt. Ich betrachtete die Sache zunächst als Versuch meines Freundes, mich nach Dresden zu holen. Das berührte mich, aber ich hatte empfunden, es sei nicht das Richtige für mich. Jetzt beschäftigt mich der Gedanke doch. Mir wird klar, dass es eine große Chance auf dem Weg zu meiner Tourismusdatenbank sein könnte. Ich bekäme einen tiefgründigen Einblick in die Onlineorganisation, hätte bei einem namhaften Unternehmen gearbeitet und würde ein wenig meine Kasse füllen, bevor es richtig losginge. Ich werde Micha wohl in den nächsten Tagen meinen Lebenslauf schicken und nach mehr Informationen fragen. Andererseits fühlt es sich auch wie ein Schritt zurück an. Zurück nach Deutschland.

Die anderen Optionen wären, etwas mit John und „Happy Travel" in Brisbane zu machen oder, als eine neue Idee, „Wicked Campers" zusammen mit Mario im spanischen Malaga zu installieren. In jedem Falle steht für mich fest, dass ich, für welche Joboption auch immer, meine Lebenstraumreise nicht abbreche, sondern mir wie geplant das Jahr für mich nehme.

Mir gehen auch Gedanken für meinen nächsten Weblog durch den Kopf. Woran man nicht so denkt, wenn man auf einer Klippe am anderen Ende der Welt liegt. Ich wollte eigentlich etwas vom Urlaub im Urlaub schreiben. Aber ich merke, dass das nicht einfach ist. Neuseeland mit meinem alten Freund Mario ist ein wirklicher Urlaub. Australien hingegen ist etwas anderes. Es ist natürlich eine Reise, aber kein echter Urlaub, da das Ende und das Danach völlig offen sind. Es ist mehr eine Zeit, in der ich nur temporär arbeite, wenn auch nicht in meiner Heimat. Ich bin am Leben und genieße.

19. Januar

Nach einer langen, gedankenschweren, fast schlaflosen Nacht, verlassen wir diesen wunderbaren Platz. Auch die Robbe hat sich auf den Weg gemacht. Wir fahren nach Norden, in ein Mittelgebirge. Auf der Spitze eines kleinen Berges machen wir Rast und essen die Reste von gestern. Die Sonne brennt und wir haben einen Rundumblick auf die „Southern Alps". Nur die Bienen und Wespen um uns herum stören. Auf unserer Weiterfahrt nach Motueka fotografiert Mario Schafe. Titel soll sein „Am Arsch der Welt" mit einem Schafshintern als Hauptmotiv. Aber bei jedem Annäherungsversuch nehmen die Tiere Reißaus, sodass trotz zahlreicher Versuche nichts Verwertbares herauskommt.

In Motueka buchen wir eine Kayak-Tour und fahren auf einen der Campingplätze. 13 Kilometer nördlich gibt es einen schönen Strand, an dem wir uns für zwei Stunden sonnen und Bier trinken. Traumwetter. Im Anschluss kaufen wir im Supermarkt ein paar Dinge für den morgigen Tag und Wäscheklammern für unsere große Wäsche am Abend.

20. Januar

Wir fahren zur Kayak-Schule und bekommen eine Einweisung für die Tour. Wir verstauen unser Gepäck, fahren mit der Gruppe auf dem Anhänger eines Treckers direkt an den Strand und lassen dort unsere Boote zu Wasser. Nachdem sich die Gruppenleiter davon überzeugt haben, dass die Paarungen nicht sofort untergehen, wenn sie allein auf dem Wasser sind, legen wir los und fahren allein die Ostküste des „Abel Tasman Nationalpark" etwa eine Stunde lang hinauf. Die Sonne scheint und wir sind gut eingecremt. Es ist Zeit für ein zweites Frühstück mit Schinken-Käse-Sandwiches und Bier. Das Wasser ist kalt, als wir eine kurze Runde schwimmen, aber das Sonnenbad danach ist herrlich. Weiter geht es zum letzten, nördlichsten Punkt, den man nicht überschreiten soll, da dahinter die größeren Wellen des Tasman Sea in die Bucht schlagen und es sehr rau auf dem Wasser werden kann. So paddeln wir auf direktem Wege, ein wenig weiter draußen, aber vor einigen vorgelagerten Inseln, wieder unserem Ausgangspunkt entgegen. Wir stoppen am „Paradise Beach" und „Splitted Apple Rock", einem großen Felsen, der in zwei Hälften gespalten ist, aber weiterhin aufrecht mitten im Wasser steht.

Am Meetingpoint sind wir die Letzten, alle anderen warten bereits auf den nahenden Trecker. Es war ein Erlebnis, bei diesem tollen Wetter in dieser schönen Umgebung durchs Meer zu gleiten und dabei fast allein zu sein. Das wollte ich schon immer einmal tun. Meine To-do-Liste bekommt mehr Häkchen, was ein gutes Gefühl ist.

Auf dem Campingplatz duschen wir warm und schlafen dann eine Runde. Auf dem großen Campinggrill der Küche brutzeln wir später Steaks und Lamm-Honig-Rosmarin-Würstchen. Die Steaks sind super, die Würstchen anders. Dazu gibt es recht leckeres carbonreduziertes Bier. In der Stadt versuchen wir ein nettes Café oder eine Bar am Strand zu finden, um den Abend gemütlich ausklingen zu lassen, aber die Auswahl ist begrenzt und hat zudem geschlossen. So trinken wir noch ein paar Bier auf dem Campingplatz.

21. Januar

Nach einem kurzen Bummel durch die Stadt Picton setzen wir uns abends in die „Cuba"-Bar direkt am Hafen, mit Blick auf die „Marlborough Sounds". Dort bleiben wir für den gesamten Abend, sinnieren über unsere Wicked-Campers-Pläne in Spanien und ich bespreche mit Mario meine Dresden-Idee. Wir bestellen wildes Ziegen-Curry. Es schmeckt, könnte aber auch jedes andere Tier in diesem Curry sein. Plötzlich verschwindet Mario. Erst nach einiger Zeit kommt er wieder und sagt, er habe drinnen mit dem Schweizer Barbesitzer Schnaps trinken müssen. Er bringt zwei Gläschen mit raus, die sehr nach Grappa schmecken. Sie gehen aufs Haus, da es selbstgebranntes Zeug ist und 70 Umdrehungen hat. Der Kellner setzt sich zu uns und erzählt von dem „Big Day Out"-Konzert, das er vor ein paar Tagen in Auckland erlebt hat. Headliner waren Rage Against the Machine und Björk. Es ist eine Schande, dass wir das verpasst haben, aber man kann nicht alles haben. Und wir haben es bis jetzt auch nicht schlecht getroffen. Diese Nacht schlafen wir auf einem offiziellen Parkplatz am Hafen für 4 $. Morgen bringt uns die Fähre zurück nach Wellington, auf die Nordinsel Neuseelands.

22. Januar

Kurz nach sechs müssen wir wieder hoch. Wir sind fast die Ersten am Terminal und warten eine ganze Zeit, bevor wir endlich auf das Schiff dürfen. An Bord ist nicht viel los, sodass wir uns beide über zwei Sofas legen und die Fahrt fast komplett durchschlafen können.

Als wir in Wellington ankommen, suchen wir zunächst einen Platz für die Nacht in einem der Hostels. Das erweist sich als schwierig, da sie entweder voll sind, unfreundliches Personal uns abweist oder niemand zu erreichen ist. So fahren wir auf den großen Parkplatz vor dem riesigen Nationalmuseum „Te Papa" und erfahren, dass man hier für 16 $ auch offiziell übernachten kann.

Das modern gestaltete Museum ist höchst interessant. Die Ausstellung erstreckt sich über fünf Etagen mit den Themen Maori, Entwicklung des Landes, Tier- und Pflanzenwelt und Kunst. Wir bleiben gute zwei Stunden und kämpfen uns durch einen Sturm zurück zum Auto. Der Wind ist so stark geworden, dass er die Wellen an die Hafenmauer peitscht und Wasser wie Regen an die linke Vanseite schlägt. Zum Abend ziehen wir uns regenfest an und gehen shoppen. Im Internetcafé lese ich eine Mail von Martin aus Mönchengladbach, mit dem ich in Noosa Zeit verbracht hatte, und freue mich mit ihm, dass er bereits in Sydney ist. Ich antworte Micha und erzähle ihm von meinen Überlegungen, seinen Dresden-Vorschlag anzunehmen.

Als wir durch die Straßen laufen, nehmen wir das „Easy going" der Neuseeländer wahr. Fast alle Geschäfte schließen um 18 Uhr, manche auch eher, wenn die Angestellten die letzte halbe Stunde rauchend zusammen vor dem Laden verbringen und Punkt sechs abschließen. Kiwi Style. Daher bleibt uns nicht viel zu tun. Wir gehen Kaffeetrinken. Im Hafen schauen wir eine Zeitlang zwei Teams beim Indoorsoccer in einer Lagerhalle zu. Für halb acht haben wir im Maori-Restaurant „Kai in the City" einen Tisch reserviert. Wir setzen uns an einen kleinen Tisch neben zwei Schweizerinnen. Mario startet das Gespräch in gekonnter Reiseleitermanier. Das Restaurant ist mit seinen acht oder neun Tischen klein, familiär. Kai ist selbst im Haus und begrüßt uns mit einem alten Maori-Lied an der Gitarre. Für eines der Lieder über Freundschaft bekommen wir Liedtexte und müssen alle mitsingen. Normalerweise empfinde ich so etwas als gezwungene Stimmungsmache, aber in diesem Fall gefällt es mir. Auch unsere Tischnachbarn aus Deutschland, der Schweiz und Kanada haben ihren Spaß. Es leben die Geheimtipps des „Lonely Planet".

Unser Menü beginnt mit weißem Baitfisch, der okay ist, aber nicht viel mehr. Das Hauptgericht ist ein richtiges „Hangi" bei dem das gesamte Gemüse lange in einem Erdloch gegart wird, so in unserem Fall die Kumara-Wurzeln. Dazu gibt es drei Sorten Fleisch nach Wahl, bei uns Lamm, Rind und Huhn. Es ist deliziös, aber wenig. Wir könnten das Ganze sofort noch mal haben. Dazu trinken wir einen sehr guten Pinot Noir aus den Marlborough Sounds und später noch Maori-Bier. Mario und ich sind die letzten Gäste und zahlen stolze 110 $ für dieses Erlebnis.

23. Januar

Eigentlich wollten wir heute beizeiten aufstehen, um den Parkplatz möglichst früh verlassen zu können. Daraus wird aber nichts. Der Wachmann des Platzes ist jedoch einer der besten Menschen, die ich je getroffen habe. Unser Held des Tages. Sein Job, jeden Tag Menschen durch die Schranke zu schicken, ist nicht der beste. Oft muss er sich das Genörgel über zu hohe Preise anhören. Er aber nimmt es mit einer Gelassenheit, Freundlichkeit und Würde, als seien wir seine Gäste, um die er sich mit ganzem Herzblut kümmert. So müssen wir für die extra Stunden nicht bezahlen, sondern werden per Handschlag und mit den besten Grüßen in den Tag verabschiedet.

Wir fahren nun die Nord-West-Küste hinauf. Der Weg führt uns weiter um den Plymouth Krater, einen alten Vulkan, entlang des Surfers Highway. Wir versuchen an einen der schönen Beginnerstrände zu kommen, aber das erweist sich als schwierig. Alle Zufahrtsstraßen enden in einem Feld. Wir müssen über Wiesen und Felder zu Fuß weiter, um ans Wasser zu kommen. Wir finden einen kleinen und wunderschön gelegenen Campingplatz direkt am Meer. Er ist zwar voller Familien, aber die machen sich wenig daraus, dass wir uns in ihre Gemeinschaft einzugliedern versuchen. Zur Abenddämmerung schauen wir uns den Strand aus schwarzem Vulkansand an. Hier könnten wir gut surfen, wenn auch nur in Neoprenanzügen, denn das Wasser ist kalt.

In der großen Campingplatzküche ist es voll und warm, wir essen zwischen den Familien. Im Van gibt es nur noch einen Tee, damit wir fit sind für unseren Surfing-Day.

24. Januar

Im Surfshop des Dorfes leihen wir uns zwei Boards und Anzüge für 30 $ und sieben Stunden. Der Dude im

Shop empfiehlt uns den Strand des Campingplatzes. Wir fahren zurück, zwängen uns in die engen Neoprenanzüge und machen uns fertig. Das Wetter ist hervorragend, nur das Wasser ist kalt. Die Wellen sind perfekt. Regelmäßig und nicht zu hoch, sodass wir nie lange auf den nächsten Ritt warten müssen. Mario schlägt sich für seine ersten Wellen sehr gut.

Ich hatte zuvor die Bretter nachgewachst, habe aber meine linke Seite vernachlässigt und daher Schwierigkeiten, aufs Brett zu kommen. Wir machen drei kürzere Pausen, tauschen die Bretter und genießen die Sonne und die Wellen. Dann sind wir am Ende, das ist unser Zeichen, wieder zurückzufahren. Der Dude im Shop erzählt uns ein wenig von seinem Leben hier auf dem Dorf und den Touristen. Im Winter kann man hier morgens surfen und am Nachmittag in den Hängen des Kraters snowboarden gehen. Auch die Mitarbeiterin ist sehr nett, vor allem, wenn sie lächelt. Sie liebt unseren Van. Es ist schade, dass wir jetzt schon weiter müssen.

Die Fahrt führt uns über Plymouth schließlich nach Waitomo. Wir parken vor einer etwas abgelegenen Bar, die an das „Titty Twisters" erinnert. Drinnen ist es urig-robust, sowohl die Einrichtung als auch das Publikum. Aber es ist voll. Auch eine Schüleraustauschgruppe aus den USA hat sich hierhin verirrt. Die Mädels nehmen schnell Kontakt zu uns auf, obwohl unsere Gesichter sonnenverbrannt, unsere Haare verklebt und unsere Augen knallrot vom Salzwasser sind. Irgendwie passen wir trotzdem gut in dieses Ambiente. Auch Arbeiter des benachbarten Sägewerks haben sich hierher begeben und nehmen in voller Montur ihr wohlverdientes Abendbierchen zu sich. Als wir wieder zum Van gehen, treffen wir einen jungen Holzfällerriesen in kurzen Lederhosen, der mit zwei Schülerinnen im Auto eine Tüte raucht. Wir fahren direkt vor die Höhlen der „Black Caves", um uns morgen rechtzeitig in eine der Touren einbuchen zu können.

25. Januar

Nach einem kurzen Frühstück mit Kaffee und Eiern buchen wir für 95 $ eine der drei möglichen Cave-Touren. Levin ist der Guide unserer Gruppe aus sechs Leuten, ein junger Typ, der diese Führungen noch nicht lange macht. Er liest die Sicherheitsinstruktionen von einem Zettel ab. Alle müssen einen dicken Wetsuit anziehen, dazu Neoprenschuhe und hässliche kurze Hosen, um den Anzug zu schonen, und einen Helm mit Stirnlampe aufsetzen. Es fühlt sich sehr unbequem und unangenehm an, da die Anzüge von innen noch nass sind.

Wir fahren mit einem Jeep in den Wald und üben, mit einem Autoreifenschlauch unterm Hintern von einem Felsenvorsprung in einen kleinen Fluss in zwei Meter Tiefe zu springen. Macht Spaß, aber das Wasser ist kalt. Der Eingang der Höhle liegt nur ein paar Meter entfernt im Wald, und wir klettern in die Dunkelheit. In der Höhle bewegen wir uns mal laufend, mal auf dem Ring treibend, mal müssen wir auf allen Vieren kriechen, mal durch Stromschnellen schwimmen. Das Terrain ist sehr abwechslungsreich. Eines der Highlights ist ein Rückwärtssprung von einem kleinen Wasserfall in die dunkle Tiefe. Nur unsere Kopfleuchten geben etwas Licht. Einen touristischen Part gibt es natürlich auch, einen ausgeleuchteten Pfad durch Stalagmiten und Stalaktiten. Ich frage mich zudem, ob es eine Körpermaßbeschränkung für diese Tour gibt. Selbst mir fällt es an einigen Stellen schwer, mich durch die Felsspalten zu zwängen.

Der Höhepunkt ist eine Höhle, in der es blau von der Decke schimmert. Es kommt von den phosphoreszierenden Larven und Eiern einer speziellen Fliegenart, die wie Millionen kleiner Sterne leuchten. Das letzte Stück treiben wir dem Höhlenende entgegen. Da es nach wie vor kalt ist, sind alle froh, wieder an die sonnenbestrahlte Oberfläche zu gelangen.

Wir werden zurück ins Café gefahren, können ausgiebig heiß duschen und bekommen eine wärmende Tomatensuppe mit einem Bagel.

Unser Empfang in Auckland ist bemerkenswert. Als wir in Auckland-City im Stau stehen, hören wir gute Musik, die von einer Terrasse, vermutlichen einer Afterworkbar in einem der Hochhäuser, zu uns dringt. Als die Feiernden zu uns herunterpfeifen und wir zurückwinken, erklingt kurz darauf von Eric Clapton „Cocaine", passend zu unserem Van-Design. Haben einen feinen Sinn für Humor, diese Auckländer.

Wir entscheiden uns, nach Devonport zu fahren, einem Vorort von Auckland. Dabei schert eine alte Karre so knapp vor uns ein, dass sie unseren vorderen linken Kotflügel streift, fährt aber weiter. Wir bleiben dran, bis der

Wagen hält und ein junges Pärchen aussteigt. Gemeinsam schauen wir uns den Schaden an, aber außer ein paar Schrammen ist nicht viel zu sehen. Ein Unfall am letzten Tag hätte uns noch gefehlt. In Devonport gibt es eine Promenade am Wasser mit einem wunderbaren Blick über die Stanley Bay auf Auckland-City. Wir setzen uns auf eine Bank, trinken Bier und genießen den Sonnenuntergang an. Eine ältere Dame kommt vorbei und ermahnt uns, hier sei Campen verboten. Am Abend essen wir in einem thailändischen Restaurant. Devonport ist ein wohlhabender Vorort mit älteren Gebäuden, schön angelegten Straßen und netten Bars. Wir bleiben länger in einer Sportbar mit vielen jungen Kerlen und hübschen Mädchen. Der Umgang ist so, wie wir ihn auch sonst in Neuseeland kennengelernt haben, rau und grob im Wort, aber dennoch freundschaftlich.

Mir fällt ein Kellner wegen seines großen roten Smashing-Pumpkins-Herz-Tattoos auf dem Unterarm auf. Im Fernsehen läuft das Australian-Open-Halbfinale zwischen Roger Federer und Djokovic. Nach einiger Überlegung fahren wir wieder zurück auf einen Parkplatz in der Innenstadt und versuchen, an dieser belebten, lauten Stelle etwas Schlaf zu finden.

26. Januar

Um acht Uhr haben wir das Gefühl, im Van gebraten zu werden, und müssen raus. Wir reinigen den Vans an einer Waschanlage, lassen unser Gepäck im „Base Backpacker" und geben kurz nach zehn den uns so lieb gewordenen Wagen am Wicked-Depot wieder ab. Die Beifahrertür knarrt beim Öffnen, weil der Kotflügel ein wenig herunterhängt. Ich parke den Van sehr dicht an den Nächsten, damit sich die Tür nicht öffnen lässt. Der Check-in dauert eine Minute, dann sind wir wieder unterwegs und nehmen den Bus in die Innenstadt. Leider behält Wicked meine Kaution noch ein paar Tage ein, sodass ich ein Nachspiel befürchte.

In der Stadt bummeln wir durch die Queens- und Highstreet, wo es viele kleine Designerläden gibt.

An der Promenade im „Pasha", einer edlen Cocktailbar, trinken wir in der Sonne teure Mojitos und genießen den Nachmittag. Willkommen zurück in der Zivilisation.

Unser Abend beginnt in einer netten Bar in der Highstreet mit Bier und Tequila. Dann ziehen wir durch weitere Bars und landen im „Asta" Club. Die Musik ist gut und der Laden voll. Vor uns tanzt eine Gruppe jüngerer Maori, die so in ihrem Element sind, dass sie alles um sich herum vergessen haben. Einer rempelt Mario so stark an, dass der fast sein komplettes Bier verschüttet. Im emotionalen Überschwang schreit Mario dem Typen ein beherztes „Fuck you!" entgegen. Die acht Kerle sind alle mindestens doppelt so breit und so schwer wie wir, ich mache mich auf das Allerschlimmste gefasst. Aber der Beschimpfte fasst Mario nur kurz an der Schulter, sagt „Sorry bro'" und dreht sich wieder um.

27. Januar
Marios Abschiedstag. Wir frühstücken im Hafen und laufen eine Runde durch die Stadt. Abschiedstage sind immer schwierig. Es bleibt kaum Zeit für etwas Größeres, eine bestimmte Uhrzeit hängt im Hinterkopf, bis zu der alles erledigt sein muss und die Verabschiedung ansteht. Als Mario im Hostel packt und duscht, lerne ich meinen neuen Zimmerkameraden Ewen aus Kanada kennen. Mario nimmt ein Taxi zum Flughafen und tritt seine lange, beschwerliche Heimreise an.

Nun bin ich wieder allein. Es war meine bislang schönste Reise, voller großartiger Erlebnisse, mit einem sehr guten Freund und Reisepartner durch eines der faszinierendsten Länder der Welt. Aber ich freue mich auch wieder auf Australien.

28. Januar
Ich kann ausschlafen, bis jemand vom Reinigungspersonal gegen zehn Uhr Lärm macht. Auf der Terrasse gibt es in aller Entspanntheit Weetabix mit Sojamilch und Tee.

Der Hafen ist voller Menschen und ich fließe mit ihrem Strom über die Promenade, finde eine Bank im Schatten und schreibe Tagebuch. Auf dem Rückweg ins Base schaue ich in der Highstreet vorbei und kaufe mir ein graues T-Shirt. 40 $ sind zu viel dafür, aber es gefällt mir sehr und soll mich an die außergewöhnlich schöne Zeit in Neuseeland erinnern.

Am Nachmittag packe ich meine Sachen für morgen und verschaffe mir einen Überblick über unsere letzten Reiseausgaben. Sie sind höher ausgefallen, als ich es überschlagen hatte. Ich buche einen Hostelplatz in Melbourne und gehe früh ins Bett. Fünf Minuten nach mir kommt Ewen herein, der ebenfalls früh raus muss, weil er sich ein großes Tattoo stechen lassen will. Der Kreis schließt sich. Ich habe nun entschieden, mir kein Tattoo machen zu lassen. Auf der Reise habe ich so viele Maori-Tattoo-Nachahmer gesehen, dazu so viele hässliche Tattoos. Ich will nicht zu diesen Tattoo-Touristen zählen. Ich habe meinen Ring als Andenken und Symbol, der reicht aus.

29. Januar

Vier Uhr ist viel zu früh, aber es nutzt nichts, ich muss hoch. Vorm Hostel bin ich nicht der Einzige, der auf den verspäteten Bus wartet, aber wir kommen rechtzeitig am Terminal an. Ich bekomme ein fettiges Burgerfrühstück und kann den Flug über schlafen.

Als wir in Brisbane landen, meinem Stopover nach Melbourne, ist es schwierig, den richtigen Weg zu finden. Ein australisches Pärchen hat dasselbe Problem und wir suchen gemeinsam, bis wir per Zug zum Domestic Terminal fahren.

In Brisbane ist es tropisch warm, schwül und es regnet. Der Check-in geht sehr schnell und so bleibt viel Zeit für ein zweites Frühstück. Da wir ja gegen die Zeit geflogen sind, ist es gerade mal acht Uhr, also so spät wie bei meinem Abflug, und ich esse meine geliebten Pancakes.

In Melbourne nehme ich den 16 $-Skybus in die Innenstadt. Das Hostel liegt in der schönen Chapel Street. Die ganze Gegend erinnert mich an das Schanzenviertel in Hamburg. Es hat diesen alternativen Touch mit vielen kleinen Designerläden und schrägen Gestalten, ist dabei aber noch ein wenig entfernt von Chic. Teuer ist es hier trotzdem. Das Hostel ist klein und nett, aber nicht besonders eingerichtet, abgesehen vom riesigen Fernseher. Nach einem „Aussie Burger" wasche ich Wäsche und gehe früh ins Bett. Ich bin der Erste in meinem gemischten Sechsbettzimmer und angenehm überrascht, dass die anderen sich bei ihrer Ankunft bemühen leise zu sei, was bei den knarrenden Betten äußerst schwierig ist.

22 Melbourne

30. Januar

Am Morgen rede ich in einem der Flure mit dem Mädchen, das unsere Betten macht. Sie ist aus Hamburg und will gleich meine Telefonnummer haben.

Mittags treffe ich mich mit Chris in der Innenstadt vor der Stadtbibliothek. Es ist ein Freude, ihn wiederzusehen, wir laufen in die Docklands und erzählen uns unsere Geschichten. Wir essen in einem Thairestaurant und sprechen vor allem über Neuseeland, Chris' nächstes Reiseziel. Ich zeige ihm auf der Landkarte die besten Stellen und gebe ihm Tipps. Eigentlich wollte er sich mit einer Finnin aus seinem Hostel treffen, ist aber ziemlich spät dran und sagt ihr ab. Das gibt uns Zeit für einen Besuch des Museums für „moving images" am Federation Square. Sehr spannende Installationen aus Filmausschnitten und -musik, etwa die Aneinanderreihung von Hollywoodfilm-Telefonklingeln, einem „Hallo" und einer kurzen Antwort aus bestimmt 50 bekannten Filmen. In einem anderen Ausstellungsraum treten wir zwischen vier Leinwände, von denen aus auf uns geschossen wird. Alles kostenlos. Danach trennen sich unsere Wege und ich gehe in den Botanischen Garten entlang des Yarra Rivers. Auf dem Fluss sind viele Ruderer unterwegs. Ihre Trainer begleiten sie am Ufer auf Fahrrädern und rufen ihnen per Megaphon zu, was sie tun sollen. Von Annika, der Hamburgerin, bekomme ich eine SMS. Sie möchte heute Abend gerne mit mir essen gehen. Da es schon spät ist, gehe ich zurück zum Hostel.

Von einer Telefonzelle rufe ich Familie Harms an. Das sind entfernte Verwandte einer Freundin meiner Mutter, die hier in der Nähe leben und sich immer für deutsche Neuankömmlinge interessieren. So rufe ich den 80-jährigen Theo an, der gleich am Hörer ist und sich freut, ein paar Worte Deutsch sprechen zu können. Ich erkläre ihm wer ich überhaupt bin und er lädt mich für Freitag ein. Zudem kann ich die Nacht dort bleiben. Eigentlich wollte ich zwar mit Chris am Freitag um die Häuser ziehen, aber „Familie" geht nun mal vor.

Ich erkundige mich wegen Jobs. Die erste Option, in einem Burgerladen zu arbeiten, zerschlägt sich, da sie keinen Burgerwender, sondern einen Manager suchen. Für die ausgeschriebene Stelle hier im Hostel komme ich zu spät, die wird ab übermorgen ein Mädel aus Wien antreten.

Mit Annika esse ich in einem Irish Pub bei uns um die Ecke Pizza. Es wird schnell klar, dass wir nicht die gleiche Wellenlänge haben. So gehen wir bald wieder zurück ins Hostel.

31. Januar

Nach einem verregneten Vormittag gehe ich mittags nach „St. Kilda", dem schönsten Stadtteil Melbournes, wie alle sagen. Es ist einer der hippen Bezirke direkt am Wasser. Ich finde es zunächst eher langweilig und gehe bei einem Thailänder essen. Leider schließt er, nachdem ich mein Gericht bekommen habe, und ich muss mich sputen. Das Personal steht bereits abmarschfertig in der Tür. In der Reiseagentur „Go Tribal" lasse ich mich über die Reisemöglichkeiten rund um Adelaide und Alice Springs beraten. Dazu gibt es Kaffee und einen günstigen Internetzugang. Ich schreibe zwei Bewerbungen zum „Fruit picking" bei Unternehmen im Großraum Melbourne, eine davon als Assistent auf einem Weingut in Oxley. Nach einem Spaziergang durch das mittlerweile sonnige und warme St. Kilda trinke ich in einem gemütlichen Bohemien-Café ein paar „Coopers"-Bier und schreibe meine Erlebnisse auf.

Als es dämmert, setze ich mich auf die Felsen im Hafen und warte auf die Ankunft der kleinen Pinguine. Die kommen erst eine Stunde später, und so unterhalte ich mich in der Kälte angeregt mit zwei älteren Polen. Aber das Warten lohnt sich. Die Pinguine sind unglaublich niedlich, nur 30 Zentimeter groß und kommen bis auf einen Meter herangewatschelt. Später verstecken sie sich in den Felsspalten und quietschen vor sich hin.

Nachdem ich richtig durchgefroren bin, gehe ich den Pier entlang ins berühmte „Esplanade Hotel". Im unteren Raum spielt eine Schulband Punk, der gut ist und vor allem laut.

Zurück im Hostel beschließe ich diesen schönen Tag mit dem letzten Kapitel von Kerouacs „On the road".

1. Februar

Check-out, da ich ja zu den Harms will. Ich fahre mit dem Zug nach Greenborough.

Theo und Viola Harms warten an der Station und erkennen mich schnell an meinem Rucksack. Beide sind über 80, aber Viola fährt uns mit dem Wagen zurück. Auch ihre Tochter Libby ist mit dabei, sicherlich um nachzusehen, welcher Strolch hier so aus dem Nichts erscheint. Aber sie überzeugt sich, dass man mich bei ihren Eltern lassen kann, lädt mich sogar zu sich und ihrer Familie nach Geelong ein und fährt wieder in die Stadt.

Den ganzen Tag über fühle ich mich an meinen Zivildienst erinnert, ich habe in einer Sozialstation mit alten Menschen gearbeitet. Theo braucht Unterstützung und ist nicht gut zu Fuß. Trotzdem leben die beiden in ihrer beschützten Kommune völlig selbstständig. Wir sprechen einen Mix aus Deutsch und Englisch. Sie sind intelligent und sowohl mir gegenüber als auch im Umgang miteinander sehr liebenswürdig. Theo war evangelischer Pfarrer, wie auch schon sein Vater zuvor, der von Deutschland aus nach Australien übergesiedelt ist.

Am Nachmittag laufe ich mit Theo durch das „Dörfchen" und bitte Chris per Telefon, für mich für morgen einen Platz in seinem Hostel zu buchen.

Abends gibt es Lamm mit Gravy-Sauce, Reis und Salat. Dazu trinke ich selbstgebrautes Bier mit Theo. Im Anschluss besuchen wir den nahen „Kinglake National Park", wo die beiden noch nie gewesen sind. Viola fährt den ersten Teil der Strecke, bittet mich dann aber zu übernehmen, da es ihr zu kurvig wird. Also fahre ich uns durch die wunderschöne Eukalyptuslandschaft, Serpentinen rauf und runter. Theo sagt vor lauter Angst fast gar nichts mehr. Als wir oben im „Kinglake Village" ankommen, brauchen wir eine Pause und trinken Kaffee.

Denselben Weg müssen wir natürlich zurück, gegen die untergehende Sonne, aber wir kommen alle wohlbehalten an. Ein unerwartetes Abenteuer für uns drei. Wir essen Eiscreme mit eingelegten Pflaumen. Viola zeigt mir Fotos von ihren Deutschlandreisen vor 20 Jahren und liest ein wenig aus ihrem Reisetagebuch vor, das wie meins klingt. Ich darf selber darin weiterlesen.

2. Februar
Nach dem Frühstück helfe ich Viola, den Kühlschrank zu reparieren, und mache Fotos von uns dreien. Zum Abschluss werde ich gebeten, in das dicke Gästebuch zu schreiben. Die Verabschiedung an der Zugstation ist rührend. Ich werde eingeladen, gerne einmal wiederzukommen.

Als ich in der Melbourne Central Station ankomme, habe ich bereits den Namen meines Hostels vergessen und simse Chris an. Er holt mich ab.

Das Hostel liegt am Victoria Market, ist klein, dreckig, aber okay. Wir wohnen in einem Vierbettzimmer. Pablo, halb Waliser, halb Spanier, und die Finnin Nina sind mit dabei. Sie versucht Chris den ganzen Tag zu überreden, mit ihr duschen zu gehen. Chris macht aber erst mal Mittagsschlaf. Ich gehe in die Stadt und sehe mir einen Hip-Hop-Dance-Contest auf dem Federal Square an.

Frisch hergerichtet für die Nacht, startet unsere Gruppe im „Bubbles", einem stylischen, großen, aber zu leeren und lauten Club. Immerhin haben wir Voucher für den kostenlosen Eintritt und in der ersten Stunde gibt es Bier und Sekt gratis. Ich versuche nach ein paar

Bier, mit Pablo Spanisch zu sprechen, aber mein Kopf denkt mittlerweile Englisch und blendet mein Spanisch fast komplett aus. Nach zwei Stunden wechseln wir den Club. Der „Eurotrash Club" ist klein, laut und überfüllt, die Musik abwechslungsreich. Nach kurzer Zeit flüchten wir vor zwei unattraktiven und anstrengenden Damen auf die Tanzfläche. Wir tanzen eine Runde, und ich nähere mich einem Traum in einem kurzen weißen Kleid. Aber es geht nicht voran. Ihre genauso hübsche Freundin kommt dazu, wir tanzen umeinander herum. Die Freundin spricht Chris an, aber er versteht kein Wort, sagt an einer Stelle „ja" und an anderer „nein". Daraufhin stürmen die beiden geradezu aus dem Club.

3. Februar

Entspannter Tag. Chris und ich reden wie alte Kumpels und genießen den Tag. Nach dem Abendessen gehen wir in eine Bar. Aber es ist sehr ruhig im Zentrum und unsere Suche nach interessanten Plätzen erfolglos, auch weil Chris seine bunten Shorts anziehen musste und wir oft nicht eingelassen werden. Aber ich muss morgen sowieso früh raus, um mich auf die Suche nach einem Erntehelferjob zu machen. Und Chris will nach Neuseeland.

4. Februar

Nachdem ich am Morgen meine Sachen zusammengepackt habe, sage ich Chris auf Wiedersehen, der noch vor mir zum Flughafen muss. Ob wir uns auf dieser Reise wiedersehen, ist ungewiss. Dann mache auch ich mich auf den Weg. Beim Check out sehe ich in der Lobby einen Aushang fürs Fruit-picking, rufe an und erfahre, dass im Augenblick niemand gebraucht werde. In den nächsten Tagen soll ich es noch einmal versuchen.

Auf der offiziellen Erntehilfe-Homepage Australiens sind ein paar neue Einträge eingegangen. Zudem gibt es eine Koordinierungshotline für diese Region. Ich werde mit dem Hauptverwaltungsbüro von Shepparton verbunden und höre, dass es gerade sehr viel Arbeit gebe. Ich nehme spontan den nächsten Zug.

Der ist voll von Backpackern. Ich sitze mit zwei hübschen Mädchen aus Schweden und Holland zusammen. Nach zweieinhalb Stunden Fahrt kommen wir am kleinen Bahnhof von Shepparton an und schauen uns ein wenig verloren um. Ich frage am Infostand nach dem Erntehelfer-Büro, das irgendwo in der Innenstadt liegt, und mache mich auf den Weg. Als ich eine größere Gruppe aus Engländern und Deutschen überhole, ruft uns jemand aus seinem Wagen zu, dass am Bahnhof bereits ein Wagen auf uns warte. Ich laufe auf Verdacht mit zurück und bin von da an Teil der Gruppe. Der Fahrer des Wagens erzählt, er habe bereits Arbeit und Unterkunft organisiert, daher müssten wir im Büro nur noch ein paar Papiere ausfüllen. Dass die angemeldete Gruppe um einen, nämlich mich, gewachsen ist, interessiert keinen. Es bleibt noch Zeit, für die nächsten Tage einzukaufen. Gar nicht einfach, wenn man keine Ahnung hat, was einen erwartet. In einem Taxi fahren wir auf das Farmland von Mooroopna.

Ich werde mit Sean, einem jungen Iren, einem Dreibettzimmer zugeteilt. Die Zimmer sind schlicht, mit einem Schrank und drei Matratzen. Dafür ist die Küche sehr geräumig und hat drei riesige, begehbare Kühlschränke. Das „Gemeinschaftsbad" besteht aus völlig verranzten Duschen und zwei Waschbecken, aber für nur 7 $ die Nacht will ich zufrieden sein.

Ich mache mir Nudeln Bolo und nehme mir dafür Topf und Pfanne von der Ablage. Javi, ein Spanier, erklärt mir, dass hier jeder seine eigenen Kochutensilien hat. Ich benutze gerade seine. Er kann aber warten, bis ich fertig bin, und wir unterhalten uns mit seiner französischen Freundin Claire über die Arbeit als Erntehelfer.

Um zehn Uhr gehe ich ins Bett, um fit für den morgigen und sicherlich aufregenden Tag zu sein. Ich bin froh, so schnell eine Arbeit gefunden zu haben und nicht die nächste Woche mit Suchen verbringen zu müssen.

23 Mooroopna

5. Februar
Der erste Tag auf dem Feld. Wir stehen 5.45 Uhr auf. Ich werfe mir noch ein paar Weetabix ein und schmiere zwei Sandwiches für den Mittag. Punkt 6.30 Uhr bin ich fertig, als Kevin mit dem Trecker vorfährt, um uns abzuholen. Kevin ist ein „bloody Aussie", wie er im Buche steht. Groß, breit, sonnengegerbt, haarig, mit Cowboyhut. Wenn man mit jemandem keinen Ärger haben möchte, dann mit Kevin, unserem Vorarbeiter. Wir springen also in die „Bins", die noch so wichtig werden sollen. Es sind riesige Holzkisten von 1,50 Meter Breite und Länge, in die etwa 3 000 Birnen passen.

Auf dem Feld bekommen wir jeder eine Umhängetasche um den Hals. Deren Boden lässt sich ausklinken, sodass die Birnen in die Bins rollen können. 80 Birnen passen in eine Tasche. Kevin bringt uns Eisenleitern, die drei Meter hoch und sehr schwer sind. Dann geht es los mit dieser „back breaking" Arbeit. Birnen sind okay, da sie noch unreif sind und weniger matschen. Ab zehn Uhr wird es wärmer und wir machen eine erste Pause. Die zweite erst wieder zum Lunch. Als wir die erste Reihe der Birnenbäume geschafft haben, fährt Kevin Sean und mich zu einem anderen Feld, wo es noch sehr viel mehr Birnen gibt. Jeder von uns hat am Ende drei Bins geschafft. Für den ersten Tag verbuche ich das als Erfolg. Der Lohn liegt bei 30 $ brutto pro Bin und ist damit für Backpacker gutes Geld. Halb vier sind wir nach einem Fußmarsch wieder im Camp und genießen die kalte

Dusche. Ich muss mich erst einmal ausruhen, jeder Teil meines Körpers tut weh.

Am frühen Abend raffe ich mich auf, gehe in die Küche und mache mir meine Nudeln von gestern warm. Ich treffe Javi, den Spanier, der mich einlädt, mit ihm und Claire zu essen. So quatschen und trinken wir. Er kommt aus Alicante und ist Krankenpfleger. Claire ist „nur" eine Mitreisende und nicht seine Freundin. Gleich nach dem Essen mache ich mich bettfertig, obwohl es erst halb zehn ist. Seit heute läuft meine Nase ständig. Ich hoffe, es ist kein Heuschnupfen.

6. Februar

Die Prozedur beginnt von neuem auf den Feldern der „Kolchose" von Mooroopna. Wir sind hoch motiviert, heute vier Bins zu schaffen, beenden die Reihe von gestern und kommen in eine bessere, mit volleren Bäumen. Sean will unbedingt fünf oder sechs schaffen. Ich bin um halb vier mit meinen vier Kästen zufrieden und gehe zurück zum Duschen. Leider finden wir keinen Fahrer, der uns mit nach Shepparton nimmt, sodass wir heute auf unser Bier verzichten müssen. Zum Abendessen sitze ich bei der deutschen Clique mit ein paar lustigen Kerlen aus Luckenwalde.

Mein Nacken tut mir unglaublich weh, besonders wegen der Tasche um den Hals. Meine Unterarme sind an vielen Stellen von den abgebrochenen Zweigen aufgeschnitten und brennen. Ich will morgen sehen, dass ich ein langärmeliges Hemd bekomme.

7. Februar

Volle Bäume mit prallen Früchten. Das sind Fruitpicker-Träume. Ich bemühe mich, schnell fertig zu werden, brauche aber bis viertel nach drei und spute mich, ins Camp zu kommen. Sean ist bereits geduscht, als ich ankomme. Keine Ahnung wie er das geschafft hat. In den Baracken kann ich niemanden finden und gehe enttäuscht davon aus, dass Javi und Konsorten bereits unterwegs sind. Einer der Franzosen bringt mich jedoch zu Javis Zimmer, in dem er frisch geduscht sitzt. Wir fahren gemeinsam nach Shepparton, um unsere Erledigungen zu machen, und wollen uns um sechs wieder am Wagen treffen. Sean und ich laufen zum „K-Markt", wo ich ein schönes Hemd für 20$ und ein Shampoo erstehe. Die etwas ältere Kassiererin kann mir zwar nicht sagen, wo sich das nächste Internetcafé befindet, ruft aber ungeachtet der Schlange hinter mir ihre Freundin in der Verwaltung an, die ihr den Weg beschreibt. Wenn das mal kein Service ist! Im „Coles" treffe ich Sean wieder. Wir kaufen gemeinsam eine Pfanne, einen Topf, Besteck, Becher und Plastikboxen, als würden wir noch Jahre bleiben. Dann kaufen wir Bier und dieses herrliche „Bundaberg", Rum mit Cola aus der Dose. Javi ist noch nicht zurück. Ich nutze die Zeit, suche ein Telefon und rufe zu Hause an.

Im Camp koche ich Huhn und esse wieder unter Deutschen, diesmal ist Jana aus Kappeln dabei. Das ist eine kleine Stadt in Schleswig-Holstein, aus der meine Uroma stammt und die ich daher recht gut kenne. Noch wichtiger ist aber, dass ich endlich mein Bier und Bundaberg trinken kann.

8. Februar

Freitag, letzter Tag der ersten Arbeitswoche. Heute ist „Payday", zumindest für die, die schon länger hier sind. Wir Neuen mussten gestern all unsere Daten angeben und bekommen das Geld in der nächsten Woche überwiesen. Heute gibt es nur einen Scheck, der 225$ brutto ausweist, für nur zwei Tage Arbeit. Davon gehen noch Steuern und meine Unterkunft ab, aber es bleiben 185$ übrig.

Nach dem Duschen bereite ich mich auf den großen Abend vor. Morgen haben alle frei, daher wird sich jeder bis zum Anschlag zulöten. Viele draußen vor meiner Baracke sind bereits voll.

Die French Connection macht ein Barbecue. Wir setzen uns in die Küche, da es draußen kalt wird. Ich fühle mich nicht wohl. Meine Nase läuft und mein Knie tut wahnsinnig weh. Daher verabschiede ich mich bald ins Bett. Auch Sean hält nicht lange durch.

Sean ist sehr schlecht auf das Leben hier draußen vorbereitet. Er hat keinen Schlafsack und schläft meist in seinen Arbeitsklamotten. Als Kissen dient ihm ein leerer, aufgepusteter Goon-Weinbeutel. Dafür hat er eine Angel im Gepäck, mit der man hier wenig anfangen kann.

9. Februar

Mir geht es schlecht, ich habe schwere Kopfschmerzen und ein stark schmerzendes Bein. Ich vermute, dass es vom ständigen Anschlagen der Tasche in meiner Leiste herrührt. Der eine Haken war zu locker befestigt. Ich kann mein rechtes Bein nicht heben und werde morgen sehen, wie es auf der Leiter geht. Vielleicht mache ich nur ein, zwei Bins.

Ich komme erst am Abend wieder raus. Seit Ewigkeiten koche ich wieder einmal Labskaus, jenen rosafarbenen Brei aus Kartoffeln, Rindfleisch und Roter Bete, den man in meiner Heimat isst. Sean fragt, was das denn sein soll. Jan aus Kiel sieht natürlich sofort, was da zubereitet wird. Ich mache ihm eine kleine Portion und setze mich an den deutschen Tisch. Er hat zuvor eine Zeit in Brisbane auf dem Bau gearbeitet und sehr gutes Geld verdient, aber gleich wieder verfeiert. Deshalb muss er nun schon wieder arbeiten gehen. Ein lieber Kerl, auch wenn er, groß, breit und schwer, mit seinem Vollbart eher als „Rocker" daherkommt.

10. Februar

Ein Großteil der Franzosen ist gestern Abend abgereist. Auch Javi und Claire sind weg. So bleiben nicht mehr viele, die aufs Feld gefahren werden. Ich komme kaum auf die Leiter und quäle mich durch den Tag, schaffe aber drei Bins. In den Duschen treffe ich Jan, der erzählt, eine der Duschen stehe unter leichtem Strom. Es stimmt, wenn man deren linken Hahn aufdreht, bekommt man einen leichten Schlag. Es muss Schleichstrom von einer schlecht verputzten Leitung geben. Wenn man den Hahn mit einem Handtuch umfasst, gibt es keine Probleme. So kümmert es keinen und der Strom kann sich weiter seine Wege bahnen.

Ich versuche mein Bein zu schonen und liege die meiste Zeit. Neben den Schmerzen macht mir immer noch die Luft zu schaffen. Ich weiß nicht, ob es einfach zu trocken ist oder doch Heuschnupfen oder eine Stauballergie, die bei mir neu wäre. Meine Augen sind rot, meine Nase läuft und ich bekomme schlecht Luft, als hätte ich Asthma. Auf dem Feld geht es sehr viel besser. So ist meine Nacht kurz und anstrengend.

11. Februar

Zum ersten Mal bin ich spät dran. Kevin wartet ungeduldig. Dafür läuft der Tag gut, Sean und ich schaffen jeder fünf Bins. Meiner Nase und meinem Bein geht es wesentlich besser. Sean will morgen einen Tag aussetzen, in die Stadt fahren, eine neue Kreditkarte beantragen, da er seine verloren hat, und sich volllaufen lassen. Er ist eben Ire.

12. Februar

Vier Bins trotz guten Starts. Als ich zurückkomme, ist Sean bereits wieder da, hat alles erledigt und sich sogar neue Schuhe gekauft. Er ist per Anhalter gefahren. Wir reden eine Weile und er erzählt, dass er Heimweh bekommt, er ist eben erst 21 Jahre alt.

Morgen sollen wir eine neue Birnensorte pflücken. Größer und mit Stil, was einen behutsameren Umgang erfordert, wie mir Kevin, dieses haarige australische Ungetüm, heute erklärt hat. Er taut ein wenig auf, jetzt, da er merkt, dass ich nicht gleich wieder verschwinde.

13. Februar

Die neuen Birnen lassen sich schlecht pflücken. Matthew, der Boss der ganzen Länderei, doziert am Morgen über die Vorgehensweise. Der Stil müsse dran bleiben, da sie sich so besser verkaufen ließen, direkt im Supermarkt. Die Birnen der letzten Tage kämen in Dosen, da sei es egal. Die Bäume der neuen Sorte sind höher, und weniger Früchte hängen daran. Da diese braun und in der Dämmerung schwer zu erkennen sind, können wir erst später beginnen. Mit großer Mühe schaffe ich drei Bins. Kevin meint allerdings, wir würden uns daran gewöhnen und in den nächsten Tagen schneller werden. Ich will es hoffen.

14. Februar

Heute arbeiten in der Reihe neben mir Jan und Janne. Sie unterhalten sich den ganzen Tag, sodass ich das Gefühl habe, „Norddeutsche Welle" zu hören. Beide sind sehr nett, witzig und unterhaltsam. Jan erzählt, er sei gelernter Dachdecker und habe Probleme mit dem Rücken. Deshalb habe er in Deutschland nicht mehr arbeiten dürfen. In Australien hingegen sei das kein Problem. So hofft er ein zweites Visum zu bekommen und im Anschluss ein Sponsorship. Handwerker würden hier gesucht.

Wir machen heute jeder entspannte drei Bins, sind früh fertig und verabreden uns für halb fünf zu einer Fahrt nach Shepparton. Meine erste Anlaufstation ist die Westpack Bank, um meinen Scheck einzulösen. Dann geht's ins Internetcafé. Micha schreibt, dass die Stelle als

Onlinemanager in Dresden nun doch erst einmal nicht ausgeschrieben wird, da die Tourismuszahlen im letzten Jahr so stark gesunken sind, dass kein Geld für neue Stellen zur Verfügung steht. Das ist eine schlechte Nachricht für mich.

Auch Jenny hat geschrieben. Sie ist bereits wieder in Korea und will demnächst für zwei Monate auf die Philippinen für einen Englischkurs. Vielleicht fliege ich auch für zwei Wochen hin.

15. Februar
Freitag: Party-Time.

16. Februar
Sean will zu Freunden nach Melbourne fahren. Es ist schade, wir sind gut miteinander ausgekommen, aber ich will noch bleiben und muss mich allein durch die Büsche kämpfen. Nach einem Blick auf mein Konto ist klar, dass ich Geld brauche.

17. Februar
Heiliger Sonntag, aber der erste Arbeitstag der Woche. Ich komme einigermaßen gut hoch, obwohl Sean heute liegen bleibt. Als wir auf Kevin warten, sehe ich Javi. Er muss in der letzten Nacht hergekommen sein. Mein Nachbar in den Birnen ist heute Jan, der ebenfalls alleine pflückt. Wir beschließen gemeinsam die Bins zu füllen, arbeiten sehr gut zusammen, haben viel Spaß und

sind viertel vor drei mit jeweils 3,5 Bins fertig. Janne will heute nicht in die Stadt, aber ich kann mir ihre „Jessica" leihen, ein altes, superdreckiges Schlachtschiff, aber schönes Auto. Ich nehme Jan, einen Franzosen und natürlich Sean mit, der um fünf seinen Zug bekommen muss. Nach dem Abschied am Bahnhof kontrolliere ich im Internetcafé nochmals mein Bankkonto, da ich gesehen hatte, dass mein Name auf den Payslips falsch geschrieben war. Aber das Geld wurde richtig überwiesen. 640$ für die vergangene Woche. Wir brauchen noch Bier, aber in Shepparton hat bereits alles geschlossen. Wir fahren nach Mooroopna und bekommen zumindest ein paar Cola-Rum-Gemische.

Zum Abendessen gibt's bei mir ein zünftiges Chili Con Carne. Ich spreche mit Javi, der alleine hier ist, und wir entscheiden, dass er zu mir ins Zimmer zieht, jetzt, wo Sean weg ist. So ist es im Leben, die einen gehen, die anderen kommen und so geht es immer weiter, weiter, weiter.

18. Februar

Ich habe zum ersten Mal meinen Ipod beim Arbeiten dabei. Darauf hätte ich auch schon eher kommen können. Gerade die etwas härteren Beats wie die von Prodigy pushen einen voran.

19. Februar

Die letzte Viertelstunde meines Birnenpflückens sitzt Kevin direkt neben mir auf dem Traktor und wartet, dass ich meinen Bin vollmache. Ich bin der Letzte, der heute noch arbeitet, alle anderen sind bereits wieder zurück. Er erzählt mir, dass die Birnen noch bis zum nächsten Donnerstag reichen würden, dann sollte alles abgepflückt sein.

Irgendjemand hat versucht mich anzurufen. Jenny erreicht mich später. Sie will bald auf die Philippinen und überlegt, mich in Deutschland zu besuchen. Sie fragt ständig, ob ich eine Freundin habe. Ich freue mich über ihren Anruf und darüber, dass sie mich vermisst. Ich vermisse sie auch. Andererseits habe ich im Moment keine Ahnung, wo ich in ein paar Monaten sein werde.

Abgesehen davon, dass sich mein Heuschnupfen verschlimmert und meine Lunge zunehmend weh tun, habe ich mich mit der Gesamtsituation arrangiert und fühle mich gut. Ich liege auf meinem Bett und schreibe Tagebuch. Draußen sitzt die deutsche Kombo und redet dummes Zeug. Zur Linken werden laut die Doors gehört und rechts läuft eine Folge der Simpsons auf einem Laptop. Irgendwie schön so.

20. Februar

Jan bleibt zu Hause, da er morgen weiterreisen will. So gehe ich allein durchs Feld. Es ist zum ersten Mal richtig bewölkt, später tröpfelt es leicht, was sehr angenehm ist und mich an meine Heimat Hamburg erinnert. Allerdings ist dadurch alles sehr glitschig geworden. Beim Erklimmen der Leiter muss man höllisch aufpassen. Ich bin erneut der Letzte und Kevin muss im Regen auf mich warten.

Wieder im Zimmer, schreibe ich einen Brief an „Wicked Campers".

21. Februar

Ich arbeite heute zwischen den drei Picking-Champs der Truppe: einem Kiwi, der schon als kleiner Junge auf diesen Feldern gearbeitet hat und so sechs, sieben Bins am Tag schafft, einem Koreaner, der schon seine zweite Pflückersaison hier ist und ähnlich schnell, und Jean, einem kleinen Franzosen, den ich verdächtige, mein Bier zu klauen. Er ist wie ein magischer Wirbelwind auf der Leiter, unglaublich schnell. Mit seinen Dreadlocks und barfuß fliegt er fast um den Baum. Er hat zuvor schon ein paar Jahre in Frankreich Pampelmusen gepflückt und schafft unglaubliche neun Bins am Tag. Mit seinem verdienten Geld will er anschließend ein Jahr auf dem Fahrrad durch Indien reisen. Ich versuche, dem Tempo zu folgen, und bin ganz gut dabei, immerhin um halb drei mit meinen vier Bins durch.

22. Februar

Ich fühle mich am Morgen wie tot. Es ist bewölkt und kalt draußen und sieht nach einem guten Pflückertag aus. Am Nachmittag sitze ich mit Javi bei den neuen Italienern in der Küche und rede mit Orlando. Er macht uns einen guten Kaffee und zelebriert dies mit seiner Espressomaschine, wie ich es noch nie gesehen habe. Aus den ersten Tropfen macht er „Crema", indem er sie mit Zucker anrührt, bis es eine klebrige Soße ist. Ob das am

Ende einen Unterschied zu normalem Zucker im Kaffee darstellt, ist ungewiss, aber die Show ist große Klasse.

Wir müssen uns dann sputen, denn die Franzosen wollen Fußball spielen und so gibt es eine internationale Partie mit Deutschen, Engländern, Franzosen, Koreanern, Belgiern und einigen mehr. Die meisten sind fit am Ball, und ich fühle mich zum ersten Mal alt. Was wohl daran liegt, dass ich der Älteste bin. Zudem habe ich Probleme, Luft zu bekommen, und pumpe bereits nach zehn Minuten wie ein Maikäfer. Der wenige Sport der letzten Monate, aber vor allem dieser Heuschnupfen machen sich jetzt bemerkbar. Es macht trotzdem Spaß und wir spielen bis zum Einbruch der Dunkelheit.

Dann startet die Party. Erst draußen, dann drinnen, da es auf den Bänken zu kalt wird. Fast alle aus dem Camp sind in der Küche. Einer der neuen Holländer hat Geburtstag, was ein weiterer Grund zum Feiern ist. Der Kiwi und die Engländer versuchen sich in Sportwettbewerben, machen Klimmzüge und Aufschwünge an irgendwelchen Stangen. Ich unterhalte mich lange mit Juliette, einer Französin, die immer viel mit Javi zusammen ist. Auch zwei attraktive Kanadierinnen sind neu dabei sowie ein Belgier, der selbstgeschriebene Lieder laut zu seiner Gitarre singt. Der Alkohol fließt und die ersten Pärchen verabschieden sich.

Irgendjemand erzählte heute, dass Matthew, der Besitzer, am nächsten Donnerstag eine große Abschlussparty zum Ende der Saison feiern will. Es war ein schöner Abend, viele wollen morgen abfahren, gerade als sich alle näherkamen. Aber das ist vielleicht genau der Grund dafür.

24. Februar

Ich spreche dieser Tage immer wieder sehr angeregt mit Javi, der mir anbietet, mit ihm und einem Freund zusammen die Great Ocean Road abzufahren. Daran hatte ich auch schon gedacht, wollte aber noch ein wenig warten, bis ich frage. So sage ich gern zu.

25. Februar

Heute fühle ich mich richtig schlecht. Wie ein alter Mann schlurfe ich über das Feld. Mein ganzer Körper tut weh, ohne dass ich dafür einen vernünftigen Grund finden kann. Ich mache mir viele Gedanken, unter anderem über so aufheiternde Themen wie den Tod. Als Resultat bin ich aber nur froh, hier Birnen pflücken zu können. Als ich meinen letzten Bin, den vierten, angehe, fragt mich Kevin, wie viele Bäume ich noch brauche, er habe nicht mehr so viele vor sich.

Morgen könnte der letzte Arbeitstag sein, daher sitzen viele meiner Mitinsassen bereits fröhlich trinkend draußen auf den Bänken. Die meisten von ihnen werden morgen abfahren, nehme ich an.

26. Februar

Am Morgen starten wir ein wenig später, da es heute noch einmal in die braunen Birnen geht, die ja bereits am Tage schwer zu sehen sind. Kevin fährt mich in eine Reihe sehr guter Bäume und es geht gut los. Dann wird es zusehends schlechter, da sehr viel hohes Gras zwischen den Bäumen wächst und es so schwer ist, die Leiter zu bewegen. Kurz vor drei Uhr ist mein dritter Bin voll und ich spreche mit Kevin ab, die restlichen Bäume morgen zu machen, was für ihn okay ist. Also gibt es noch einen Tag mehr Arbeit. Die Latino-Crew, allen voran der Italiener Orlando, macht heute Abend Spaghetti Carbonara und lädt mich dazu ein. Das Kochen wird wieder zelebriert, alles genauestens erklärt und so erfahre ich, dass in Italien für eine Carbonara bloß guter Schinken, Ei und Parmesankäse verwendet wird. Die Französin Juliette bringt dazu noch Wein mit und so haben wir einen schönen Abend in der Küche.

Die Italiener klagen über Heimweh und freuen sich bereits sehr darauf, wieder zu Hause zu sein. „Italien ist so viel besser als Australien". Auch das Arbeiten haben sie nicht erfunden. Es gibt bei ihnen jeden Tag eine einstündige Mittagspause, hier auf dem Feld. Auf dumme Nachfragen antwortet Orlando gerne: „Was willst Du, willst Du mein Blut?" So sind sie, die Kalabreser.

27. Februar

Es könnte wieder der letzte Tag sein. Ich mache meine Reihe von gestern zu Ende, aber das reicht gerade mal für eine halbe Kiste, daher fährt mich Frank, einer der Vorarbeiter, heute über die Felder und ich ernte die Bäume ab, die vergessen wurden. Es ist sehr ermüdend, da ich ständig warten muss, mit dem Traktor weitergefahren zu werden, und ich zudem sehr weite Laufwege mit meiner Tasche um den Hals habe. Immerhin bleibt mir so Zeit, ein paar Fotos vom Pickerleben zu machen und ein längeres Nickerchen direkt auf den Birnen in der

Kiste zu halten. Um halb zwölf (!) habe ich meinen ersten Bin des Tages voll und Frank fährt mich zur Abgabestation, der Weiterverarbeitungsanlage, wo die Birnen eingedost werden.

Immerhin komme ich heute noch in den Genuss, „Josefines Birnen" zu pflücken. Die sind zwar kleiner, haben aber eine sehr feine Haut, die sich angenehm anfühlt. Vor allem sind die Bäume übervoll an Früchten. So macht das „Picking" wirklich Spaß, ich brauche gerade mal zweieinhalb Bäume für meine nächste Kiste. Aufgrund der fortgeschrittenen Zeit belasse ich es für heute dabei und mache morgen an derselben Stelle weiter.

Es ist nur noch ein kleines Grüppchen im Camp übrig geblieben. Dadurch rücken wir noch näher zusammen, was eine sehr angenehme Stimmung erzeugt.

28. Februar

Dieser Morgen fühlt sich anders an als die vorherigen, denn es soll wirklich der letzte Arbeitstag sein. Zudem sind meine Bäume nur zwei Minuten vom Camp entfernt und ich kann entspannt zu Fuß rüberlaufen. Meinen ersten Bin habe ich um neun Uhr voll. Obwohl die Sonne scheint, ist es ungewöhnlich kalt. Aber das Arbeiten macht es angenehmer. Als Frank vorbeikommt, sagt er, dass nicht mehr viel übrig bleibt und ich ruhig Schluss machen kann. So gehe ich etwas wehmütig, aber gut gelaunt und ein wenig stolz zurück ins Camp.

Als Javi sich eine Runde hinlegt, da er eine satte Erkältung hat, trinke ich draußen ein paar Bier mit der verbliebenen Truppe aus Kiwis und Aussies.

Juliette kommt später mit dazu. Anfangs hatte ich am gewisse Ressentiments ihr gegenüber, wobei ich gar nicht sagen kann, woher die kamen. Aber mittlerweile mag ich sie sehr gern und sie mich wohl auch. Sie möchte mit mir zusammen nach Melbourne fahren am Samstag. Daher versuche ich ein Zimmer für uns zu bekommen, was sich als schwieriger als gedacht herausstellt. Bei all meinen Anrufen bekomme ich zur Antwort, es sei bereits alles ausgebucht. Dies liegt vor allem daran, dass in der nächsten Woche der Formel 1 Grand Prix abgehalten wird und anscheinend die ganze Welt eine Woche Urlaub in Melbourne macht. Javi kennt noch ein Hostel in St. Kilda, hat dessen Nummer aber nicht. Wir wollen sehen, ob wir morgen per Internet in Shepparton etwas bekommen können.

Bis dahin essen wir wieder in trauter Runde zusammen. Die Italiener kamen zuvor in unser Zimmer zum Quatschen, während die Französinnen kochten. Das Leben kann manchmal wirklich schön sein. Irgendwie wäre es angebracht gewesen, sich am Abend des letzten Arbeitstags noch vollaufen zu lassen, aber da es weiter sehr kalt ist, hat niemand das Verlangen danach. Wir gehen alle recht früh zu Bett. Also alles wie immer, mit dem Unterschied, dass wir morgen so lange schlafen können, wie wir wollen.

29. Februar

In Shepparton buche ich im Internet für mich und Juliette ein Zimmer im „Oslo Hostel" in St. Kilda.

Am Abend kommt unsere ganze verbliebene Truppe zum finalen Besäufnis in der Küche zusammen. Die beiden Italiener, die Französinnen, die Aussies und Kiwis, Holländer, Koreaner, Javi und ich. Wir erzählen uns unsere Pflückergeschichten und bleiben bis spät in die Nacht.

Wir sind so etwas wie ein kleine Familie geworden, die Familie der Überlebenden.

1. März

Der letzte Tag im Obstgarten. An diesem wunderbar sonnigen Morgen bin ich wieder früh auf und frühstücke lange, diesmal mit Juliette. Mit der Bahn geht es um drei Uhr von Shepparton nach Melbourne. Gegen Mittag verabschieden wir die Italiener, die zusammen mit den beiden Französinnen nach Robinvale bei Adelaide fahren wollen. Dort soll es gute Möglichkeiten zur Weinernte geben. Es ist eine große Umarmungzeremonie, aber vielleicht werden wir uns dort auch in zwei Wochen bereits wiedersehen.

Javi wartet auf seinen spanischen Kumpel, der derzeit das Auto hat und sich morgen bei mir meldet, ob alles so klappt wie geplant und man mich am Donnerstag in Geelong abholen kann. Was ich doch sehr hoffe. Mit der Bahn geht es um drei Uhr von Shepparton nach Melbourne. Bevor Juliette und ich abfahren, verabschieden wir uns von allen und es ist wirklich ein wenig traurig, diesen Ort trotz all seiner Qualen nach so langer Zeit zu verlassen.

Als der Zug losfährt, ist es ein großartiges Gefühl, wieder auf Reisen zu sein, das habe ich wirklich vermisst. Zudem in so angenehmer Begleitung.

In Melbourne angekommen, nehmen wir die Straßenbahn und sind 20 Minuten später in St. Kilda. In diesem alten Riesen von verschlungenem Hostel können wir sofort einchecken. Unser etwas runtergekommenes Zimmer teilen wir uns mit, Überraschung, zwei Franzosen, Eduard und David, die schon mit uns im Zug von Shepparton gesessen haben.

Ich versuche dann bei Gary und Libby anzurufen (den Kindern von Theo Harms), aber es meldet sich niemand.

Am Abend spazieren Juliette und ich durch St. Kilda. Wir reden eine ganze Menge, haben viel Spaß, es ist nur leider sehr kalt. Wir landen im „Esplanade Hotel", in dem eine schlechte Reggae-Band spielt, aber dafür gibt es gutes Bier. Im hinteren Teil des Hauses entdecken wir eine weitere Bühne. Es ist ein sehr schöner Raum mit Kronleuchter, rotem Plüsch und einem Haufen Schnickschnack an den Wänden. Auf der sehr großen Bühne schrammelt eine Metal-Band.

Es ist eine schöne Nacht mit dieser erst 21-jährigen Französin, die so schöne und kluge Gedanken hat und mit der ich mich so einfach und unangestrengt über alles unterhalten kann. Die ganze Situation erinnert mich an den Film „Before Sunrise" und ich möchte fast sagen, dass Juliette sogar der Hauptdarstellerin Julie Delphi ähnlich sieht. Als wir uns um zwei Uhr auf den Rückweg machen, laufen wir Arm in Arm durch die Straßen und durch die Kälte, nur als gute Freunde.

24 Melbourne II – Great Ocean Road

2. März

In Melbournes Innenstadt setzen wir uns in den Park auf der Südseite des Yarra River mit schönem Blick auf die Fassaden des Federation Square. Das Wetter ist sommerlich und sonnig warm. Im Anschluss will ich Juliette eigentlich gerne die Ausstellung zeigen, die mir bei meinem letzten Museumsbesuch so gefallen hatte, aber die gibt es leider nicht mehr. Dafür laufen verschiedene Kurzfilme, von denen wir uns einen ansehen.

Mit Beginn des Sonnenuntergangs gehen wir in den Hafen, um uns die Ankunft der Pinguine anzusehen, und haben viel Glück, eine ganze Gruppe zu Gesicht zu bekommen. Auch eine Wasserratte ist zu sehen, was ich weniger als Glück empfinde. So sitzen wir lange auf den Felsen, bewundern und genießen dieses Nachtensemble unter dem Kreuz des Südens.

Auf unserem Weg zurück an den Strand hüpft eines dieser kleinen niedlichen Pinguin-Wesen auf den Weg und watschelt vor uns her. Was für ein perfekter Abschluss. Ich finde dann endlich das Café, das ich gestern schon gesucht und in dem ich das letzte Mal so lange gesessen und Tagebuch geschrieben hatte. Wir bestellen guten Wein und reden. Es ist geradezu aufregend. Ich bin so offen, wie ich mich selber gar nicht kenne, zumal bei jemandem, der mir eigentlich völlig unbekannt ist. Aber Juliette hat eine Art, mit mir zu sprechen, ein so unglaubliches Interesse an den Dingen, die ich erzähle, und macht dabei selber so geistreiche Einwürfe, dass es ganz sicher eines meiner schönsten Gespräche ist, zumindest mit einer Frau. Ihr muss es ebenfalls gefallen haben, denn sie bedankt sich aufrichtig für das wundervolle Gespräch. In derselben Straße gibt es ein Burgerbistro und wir bestellen beide einen riesigen OZ-Burger mit Ei, Speck und roter Bete. Einzig Javi, ganz Spanier, hat sich noch nicht gemeldet.

3. März

In der Auckland Street haben wir ein süßes Frühstück und sitzen dabei auf dem Fußweg in der Sonne. Ich bestelle zwei Stück Kuchen, Passionsfrucht-Käse und Macadamianuss-Dattel, dazu einen Cappuccino. Sehr lecker, sehr reichhaltig, nur der Preis von 14,50$ ist unverschämt. Wir machen ein paar Fotos von uns und gehen an den Strand. Es ist wirklich geradezu heiß heute und wir schauen gemeinsam auf die Weite des blau-grünen Meeres. Zwanzig vor zwölf muss ich dann los, hole meinen Rucksack und sage auf Wiedersehen …

Ich schlafe fast die gesamten 45 Minuten im Zug bis nach Geelong. Dort verstaue ich meine Sachen im Schließfach und habe drei Stunden Zeit, bis mich Libby oder Gary hier abholen wollen, wie wir gestern per Telefon doch noch vereinbart hatten.

So langsam werde ich ein wenig unruhig, weil sich Javi immer noch nicht gemeldet hat, und überlege mir Alternativpläne, denn es muss morgen ja in jedem Falle weitergehen. Just in dem Moment bekomme ich eine SMS und Javi schreibt, dass sie mich morgen um elf Uhr abholen wollen. Erleichtert setze ich mich im Schatten einer Palme auf eine Bank am Strand. Es ist fix warm hier und ich schreibe Tagebuch.

In der kleinen Bahnhofsstation von Geelong sitze ich dann und warte. Es ist ganz spannend, denn um diese Uhrzeit herrscht hohe Betriebsamkeit am Gleis und da ich Gary ja nicht kenne, gibt es viele potenzielle Abholer für mich. Ich versuche mich an Fotos bei Viola und Theo Harms zu erinnern, kann aber niemanden zuordnen. Es ist dann Libby, die kommt, und so erkennen wir uns leicht. Sie ist auf der Fahrt von Melbourne nach Geelong nach der Arbeit so müde geworden, dass sie eine Viertelstunde Pause auf einem Parkplatz gemacht hat für ein Powernap, daher die leichte Verspätung.

Auf der Fahrt zu ihrem Haus, einer Farm auf dem Land, halten wir an einem Supermarkt und kaufen für heute Abend ein. Gary ist bereits zu Hause, genau wie Tochter Ashley, die erst vor ein paar Tagen von ihrem neunmonatigen Europaaufenthalt zurückgekehrt ist. Zu meiner großen Überraschung war sie dabei auch in Cottbus und Görlitz (!), meinem Studienort an der deutsch-polnischen Grenze.

Gary bereitet uns auf der Veranda ein leckeres Barbecue mit Fisch, einer Haiart, Kartoffeln und Salat zu. Alle drei sind unglaublich freundlich, nicht nur mit mir, sondern auch im Umgang miteinander. Gary will sich anschließend ein wenig ausruhen, da er später noch eine Sitzung in der Schule hat. Er leitet eine Grundschule und zudem bald ebenfalls eine weiterführende Schule, die gerade im Bau ist.

So gehe ich mit Libby und dem Hund eine große Runde auf dem Land spazieren. Es ist unglaublich trocken, die Erde überall aufgebrochen. Libby erzählt mir, dass sie nun bereits seit acht Jahren eine Dürreperiode hätten und die Prognosen nicht sonderlich gut aussähen, was den Regenfall anbelangt. Wir haben einen breiten Kanon an Themen. So erzählt sie mir von ihren Plänen, im nächsten Jahr für vier Monate nach Europa zu fliegen. Einen Monat wollen sie davon gerne nach Berlin, um Deutsch zu lernen. Einen Monat wollen sie für eine Fahrradroute nutzen. Ich biete ihr gerne Hilfe bei der Organisation an und erzähle vom Jakobsweg in Spanien, dieser wunderschönen Pilgerstrecke durch das ganze Land. Da die beiden gläubige Lutheraner sind, wie ich schon beim Gebet vor dem Essen feststellen konnte, würde es sich anbieten. Ich versuche später den groben Verlauf des Weges in Ashleys Europa Lonely Planet nachzuzeichnen. Sie will dann ins Bett und ich lege mich ebenfalls hin, da ich ihr verspreche, mich morgen früh von ihr zu verabschieden, was bedeutet, dass ich noch vor sieben Uhr hoch muss.

4. März

Ich bin früh genug wach, um mit den beiden in der Küche zu frühstücken. Die Stimmung ist wie gestern sehr angenehm. Gary ist erst um Mitternacht wieder zurückgekommen und so sind wir alle müde. Als ich mich von Libby verabschiedet habe, wird Ashley geweckt. Ich spreche mit Gary über meinen Brief an „Wicked Campers" und frage ihn auch nach einem guten Mechaniker in Geelong. Javi hat mir gestern noch einmal geschrieben, dass irgendetwas mit dem Auto sei und sich das jemand ansehen müsse. Gary hat wohl wirklich jemanden an der Hand, den er gut kennt, den Vater einer seiner Schülerinnen. Viertel vor neun fahren wir drei los. Ich mit Garys neuem Audi und Ashley, Gary vorneweg mit dem alten Auto seines Sohnes zu einer Werkstatt in der Nähe. Zusammen geht es dann noch ein wenig durch Geelong für Sightseeing, bevor wir Ashley in ihrem neuen, sehr noblen Lutheraner College absetzen. Als mich Gary am Bahnhof absetzt, schauen wir kurz bei seinem Mechaniker vorbei und bereiten ihn auf meinen späteren Besuch vor. Wir verabschieden uns sehr freundschaftlich und ich soll ihm den Brief schicken und mich (wenn sonst noch Probleme sein sollten oder die Spanier nicht auftauchen) einfach bei ihm melden.

Da mir noch eine gute Stunde Zeit bleibt, gehe ich zunächst in eine Kunstausstellung, die direkt an der Bibliothek liegt. Ab elf Uhr warte ich am Bahnhof. Eine halbe Stunde später treffe ich Ashley wieder, die bereits ihren Schultag beendet hat und nun mit mir auf ihren Bus wartet, um raus aufs Land zu fahren. Als ich mental einen Schritt zurück mache, muss ich über die Besonderheit dieser Situation lächeln. Hier sitze ich nun, warte in Geelong, Südaustralien, auf zwei Spanier, die mich in einer auch ihnen völlig unbekannten Stadt abholen sollen, um dann weiter gemeinsam eine Woche durch den Kontinent zu reisen. Ich treffe die Tochter eines Schulleiters wieder, deren Vater ich erst gestern kennengelernt habe und die mich eigentlich auch überhaupt nicht kennt. Dabei sind alle so gastfreundlich zu mir, als sei ich schon immer ein Teil der Familie gewesen.

Javi schickt mir eine SMS, dass sie offensichtlich spät dran, aber auf dem Weg seien. Kurz nach zwölf treffen sie wirklich ein. Ich lerne David kennen, einen alten Schulfreund und aktuellen Mitbewohner aus Javis Dorf in Spanien. Er hat etwa meine Größe, ist kräftiger, hat einen gepflegten Vollbart, eine dunkle Brille und eine Che-Mütze auf. Er scheint okay zu sein, ein wenig reserviert, aber das bin ich auch.

Wir fahren direkt zum Mechaniker und Javi erklärt ihm, was mit dem Auto los ist. Er erbittet sich drei Stunden Zeit, da er noch etwas anderes erledigen muss. So gehen wir zunächst bei einem Chinesen ausgiebig essen und teilen uns eine Flasche Wein. Wieder zurück lautet die Zwischenmeldung, dass der Wagen noch nicht fertig sei, es aber ca. 300$ kosten werde. Hoppala. Es bleibt uns nichts anderes übrig, als erneut in die Stadt zu laufen. Wir trinken in einer Konfiserie einen hausgemachten Kakao. In diesem sehr schön ausgeschmückten Geschäft, in dem es so lieblich süß nach Schokolade riecht, ist bereits die Vorosterzeit ausgebrochen. Irgendwann ist der Wagen dann fertig und unser Mechaniker schraubt noch einmal am wirklich guten Preis für seine mehrstündige Arbeit. Am frühen Abend geht es endlich los und wir starten unseren Trip zur Great Ocean Road. Ich fühle mich jedes Mal gut, wenn die Reise wieder los geht.

Unser erster Halt ist Torque, ein international bekannter Wellenreiter-Spot, an dem wir unser erstes Bier trinken und am kalten Strand frieren. Im lokalen Supermarkt kaufen wir gemeinsam unsere Vorräte für die nächsten

Tage. Als wir gerade wieder auf der Straße sind, wird es dunkel, sodass unsere heutige Fahrt auf dem nächsten Campingplatz endet, in kompletter Finsternis. Insbesondere für mich erweist sich die Dunkelheit als Handicap, da ich mit dem neuen Equipment natürlich überhaupt nicht vertraut bin. Bei laufendem Motor und im Scheinwerferlicht bauen wir das Fünfmannzelt auf, dazu Tisch und Stühle. David hat eine elektrische Lampe dabei, die über den Zigarettenanzünder läuft und so essen wir das gekaufte Hähnchen kalt und fettig in der Hand und hören dazu großartige Jazzmusik, ebenfalls von David. Wenn es nicht so kalt wäre, müsste ich den Platz als eine wirkliche Schönheit beschreiben. Wir campen direkt an einem kleinen Fluss, mit einer steil emporragenden Felswand im Hintergrund, darüber der schwarze, mit Sternen übersäte Nachthimmel. Es ist wieder einer dieser schönen Tage zu Ende gegangen, als wir um Mitternacht ins Bett gehen.

5. März

Es ist ein entspannter Morgen, ich habe gut geschlafen und Javi macht Kaffe mit seiner kleinen italienischen Espressokanne. Dazu gibt es "Weet-Bix" mit heißer Milch und anschließend eine Birne für jeden aus unseren Mooroopna-Beständen. Als wir unser Zeug im Auto verstaut haben, fahren wir zurück nach Lorne und nehmen dort die Straße zu den Erskine Falls. Nach einer kurzen Wanderung sehen wir diese hohen, schmalen Wasserfälle. Sie mögen aber zu einer anderen Jahreszeit und nach einem Regenschauer sehr viel beeindruckender sein. Das Wetter ist weiterhin bewölkt und kühl. Die Fahrt über hören wir sehr gute Musik aus Davids 80Gb Ipod, den ihm ein guter Freund, ein Kenner der Musikgenres, vor der Reise bespielt hat, sodass es auch für David wie das Hören eines Radios ist. Es ist sehr viel stimmungsvoller Electro-Jazz dabei, den ich sehr mag, wie ich merke.

Unser heutiger erster Halt ist ein kleiner Stadtstrand, an dem wir uns endlich einmal in die Sonne setzen, Thunfischsandwiches essen, Bier und Wein trinken können. Wir reden alle drei über unsere Zukunftspläne, klären aber zunächst unsere Vergangenheit. Javi hat seine letzen Jahre damit verbracht, immer ein halbes Jahr zu arbeiten und die zweite Hälfte zu verreisen, z. B. nach Indien oder Südamerika. David hat ihn entweder begleitet oder ansonsten für „Varta"-Batterien in Alicante als Mechaniker gearbeitet.

Unser nächster Stopp ist mitten im Nirgendwo und doch sind wir nicht alleine. Wir halten auf einer breiten Straße in einem Eukalyptuswald, in dem David meinte, Koalas gesehen zu haben. Hinter uns hält ein Reisebus, deren Reiseführer wohl Ähnliches gesehen zu haben scheint. David läuft also ein ganzes Stück zu Fuß zurück und auch die Touristen drängeln sich mit Kameras bewaffnet aus dem Bus. Javi und ich stehen am Auto und beobachten das Spektakel. Es ist wie in einem Satirefilm. Alle stehen am Straßenrand und suchen bald verzweifelt den Wald nach diesen kleinen Bären ab. Direkt über dem Bus, keine zwei Meter entfernt sitzt einer jener Gesellen auf einem Ast und schläft. Ich möchte meinen, dass das schönste Foto des Tages heute meines ist.

In Apollo Bay halten wir für einen Kaffee und kaufen Material für unser geplantes Barbecue. Einige Kilometer später stoßen wir auf einen dieser göttlichen freien Campingplätze und begrüßen ihn gleich mit zwei schnellen Bieren. Das Dritte nehmen wir dann zum Sonnenuntergang am menschenleeren Strand ein. Das Zelt ist schnell aufgebaut, nur einen Grill haben wir nicht, daher werden Steaks, Würstchen, Hackbällchen und Maiskolben alle in die Pfanne geworfen und auf dem kleinen Gaskocher gebraten. Mit entsprechend viel Bier und Wein dazu, ein Festessen.

6. März

Als ich am Morgen unter einem nur schwach tropfenden Wasserhahn versuche, das Geschirr abzuwaschen, treffe ich einen Australier, der mit seinen zwei Söhnen und uns voller Enthusiasmus in unserer Karte die Stellen markiert, die wir uns heute unbedingt ansehen müssen. So fahren wir gut vorbereitet in die Great Ocean Road ein. Dieser über 200 km lange Küsten-Highway gehört zu den schönsten der Welt und wir sehen sie alle, die zerklüfteten Kalksteinformationen der „Twelve Apostels", „London Bridge", „Gibson Steps" und die „Bay of Islands". Alles ist wirklich spektakulär, auch das Wetter. Es sind mit uns sehr viele Touristen, ganze Busse voll, unterwegs, vor allem Deutsche. Eines jener Pärchen frage ich, ob sie ein Foto von uns Dreien machen könnten. So kommen wir ins Gespräch, es sind Schwaben und sie erzählen mir, dass sie gerade von „Kangaroo Island" kämen, einem Ort, den ich mir ebenfalls dick markiert habe. Dort gab es vor kurzer Zeit ein paar schwere Waldbrände. Dabei ist sehr viel kaputtgegangen und nur noch schwarze Erde zurückgeblieben. Zudem sollen Überfahrt und Aufenthalt sehr teuer sein. So werde ich mir diesen Punkt meiner Reise wohl sparen.

In Port Fairy, einer Kleinstadt, die mir von Gary und Libby empfohlen wurde, gibt es wirklich mal so etwas wie „alte" Häuser, die aus Stein gebaut sind, sodass sich die ganze Stadt dadurch von all den anderen Retortenstädten abhebt. Wir halten am Festivalgelände, auf dem morgen ein großes landesweit bekanntes Folk Musik Festival stattfinden soll, zu dem auch Gary und Libby wollen. Wir können zwar auf das Gelände gehen, brauchten aber für das Auffahren und Campen einen grünen Sticker, den wir nicht haben und auch nicht kaufen wollen. So trinken wir ein Bier auf den Klippen am rauen Meer und fahren weiter, bis wir 30 km später einen freien Campingplatz finden. Es ist ein riesiges Gelände im Wald, auf dem nur wenige andere Camper stehen. Als Erstes sehen wir beim Einfahren ein Wallaby, das über den Weg hoppelt. Wir campen unter zwei riesigen Eukalyptusbäumen und machen im Pfadfinderstil ein Lagerfeuer. Ich bin skeptisch, denn der ganze Wald ist extrem trocken, daher versuchen wir zumindest die Ränder mit großen Steinen zu befestigen. Noch mehr Bier, gute Musik, lecker Spaghetti mit Soße und Chips. Ich bin wieder fasziniert von der Situation. Sitze mit zwei neuen guten Freunden aus Spanien im Süden Australiens, nach dem Befahren der Great Ocean Road, einem dieser Highlights des Landes, am Lagerfeuer unter

Eukalyptusbäumen bei Jazz und bewundere erneut das Kreuz des Südens am unendlich weiten Nachthimmel.

7. März

Es regnet. Der ausgedörrten Landschaft tut es sicher gut. Es muss schon in der Nacht geregnet haben und vor allem auf meiner Seite hineingetropft sein, denn sowohl ein Teil meines Rucksacks als auch meine Hose sind nass. Nach dem Frühstück fahren wir durch diesen bewölkten Tag in einen weiteren Nationalpark. Wir machen eine einstündige Wanderung, aber es ist nicht besonders aufregend, einzig die große Schlange, die auf unserer Ausfahrt den Weg kreuzt, ist interessant.

Der darauffolgende Strandaufenthalt ist hingegen wunderbar. Wir sind die Einzigen an einem sehr breiten Sandstrand. Die Übergangsfläche vom Sand ins Wasser ist so lang und flach, dass die reflektierende Sonne das Wasser aussehen lässt wie ein Meer aus Quecksilber. Ich schlafe eine Runde im Sand und gehe dann sehr lange spazieren. Nur einen kleinen Haken gibt es auch hier, die zahlreichen Bremsen-Fliegen, die sehr hartnäckig und kaum totzukriegen sind.

Noch einen Kaffee auf dem Parkplatz und dann geht sie wieder los, die Suche nach einem Schlafplatz für die Nacht. Das ist so eines dieser Dinge, das bei aller Leichtigkeit und Freiheit des Reisens gerne übersehen wird. Es gibt durchaus eine ganze Menge Zwänge, denen man als Reisender durch die Welt unterworfen ist. Niemand ist einfach komplett frei. Weder physisch noch mental. Es gibt zwar viele neue Eindrücke und Erfahrungen, man kann vieles verdrängen und anscheinend hinter sich lassen, aber der eigene Kopf ist immer mit dabei. Mit allem, was darin an Geschichte, Verhaltensweisen und Eigenschaften enthalten ist. Den wird man auch nie wieder los und das macht auch gar nichts, wenn man sich dies einmal klargemacht hat. Es ist vielmehr die Frage nach dem Umgang mit sich selbst, die man zu beantworten hat.

Auch rein praktisch wird einem die eigene „Unfreiheit" bewusster. Elementare Dinge des Lebens werden sehr wichtig oder werden sehr viel direkter und klarer, gewinnen an Bedeutung. Jeden Tag muss aufs Neue der Nachtplatz organisiert werden, was sich unter Umständen als schwierig, sehr anstrengend und zeitaufwendig gestaltet. Einfach nach Hause zu gehen und die Tür aufzumachen, ist da wirklich einfacher. Wir suchen jeden Tag in einer uns völlig unbekannten Gegend erneut nach einem Platz, der günstig ist, sicher, trocken und möglichst noch schön gelegen. Ähnliches gilt für die Verpflegung. Nun wird man in Australien nicht verhungern, aber wer günstig leben will oder muss, der sollte immer ein wenig vorweg planen, wann er was einkauft und bei sich hat.

Heute fragen wir an einer Tankstelle, ob es einen Campingplatz in der Nähe gibt. Uns wird hierauf gesagt, dass nur noch der nächstfolgende auf der Hauptstraße freie Plätze haben könnte, alle anderen seien bereits für das Wochenende ausgebucht. Es ist ein langes Wochenende mit freiem Montag, wie wir erfahren. Mit aufgefüllten Wasserkanistern fahren wir an ein paar Roos und Emus vorbei zu einem im Wald liegenden Campingplatz. Hier gibt es diesmal ein anderes System der Einteilung, mit richtigen Stellplatznummern und mit der Möglichkeit der vorherigen Reservierung. Es gibt sogar so etwas wie ein kleines Büro, das aber natürlich nicht besetzt ist. Die ausgehängte Telefonnummer können wir leider nicht erreichen, da es hier kein Netz gibt, was dieses System etwas sinnlos erscheinen lässt. Diesmal sind wir aber nicht alleine auf dem gut angelegten Platz, ansonsten hätten wir uns wohl auch keine großen Gedanken gemacht. Der Platz ist fast voll mit anderen Campern. Wir stellen uns zunächst auf einen der noch freien Plätze, wissen nun aber nicht, ob er reserviert ist. Javi kommt ins Gespräch mit unseren „Nachbarn" und erklärt ihnen unsere Lage. Statt einem „Tja, Pech gehabt. Wer zu spät kommt ...", bietet uns das ältere Aussie-Pärchen an, uns einfach auf den Platz neben sie zu stellen für diese Nacht. Den hätten sie bereits für ihren Sohn gebucht, der aber erst am nächsten Tag mit seiner Familie kommen soll. Geld wollen sie nicht, wir sollen nur bitte nicht bis vier Uhr morgens laut feiern, was wir leicht versprechen können.

Wir kommen später noch weiter ins Gespräch. Es ist ein Rentnerehepaar, das sehr viel durchs Land reist. Vorher hatten sie eine riesige Schaffarm im Zentrum Australiens mit etwa 14.000 Schafen und 70 bis 90 Wochenstunden Arbeit. Nun ist es bei ihnen ruhiger geworden und sie widmen sich verstärkt der freiwilligen Gemeindearbeit, bei der sie zusammen auch immer noch auf 60 Stunden die Woche kommen. Sie laden uns ein, sich später noch zu ihnen und ihren Freunden zu setzen, die bereits gut dabei sind. Wir lehnen dankend ab und legen uns recht früh ins Zelt. Die Lauten am heutigen Abend sind nicht die drei jungen Kerle, sondern die alten Aussies im Nachbarcamper.

8. März

Wir verabschieden uns am Morgen von unseren netten Nachbarn und kommen gar nicht richtig los, da sie so interessiert an uns dreien sind, uns ihre Karte Australiens zeigen, in der die 120.000 km markiert sind, die sie in den letzten Jahren abgefahren sind. Sie geben uns zudem eine ganze Menge Tipps, was wir uns noch anschauen sollten, und so machen wir uns erst recht spät auf den Weg nach Adelaide.

Javi hatte irgendwie ausgerechnet, dass wir nur drei Stunden bis Adelaide brauchen würden. Es sind letztendlich aber noch 500 km und damit brauchen wir eine ganze Weile länger. Erster Halt ist der Mt. Gabier, ein alter Krater, eigentlich mehrere, in dem es einen kleinen See gibt, dessen Wasser vom Kamm betrachtet tief blau schimmert. Wir entdecken von oben ebenfalls einen dieser Naherholungsparks mit freiem Gasgrill, einer der besten Erfindungen der Australier. Daher wollen wir ein Barbie machen und kaufen Steaks, Würstchen, Mais und Chips. Mit Bier und Kaffee eine runde Sache wie immer. Dann kommt sogar noch ein kleiner Eiswagen vorbeigefahren und ich kaufe für Javi und mich Softeis. Das schmeckt zwar nicht sonderlich, aber der ältere Verkäufer spricht ein wenig deutsch und erzählt mir irgendetwas von Freddy Quinn.

Wir fahren dann nach Adelaide, eine lange heiße Strecke, die so aussieht, wie ich mir das Outback vorstelle. Karg und trocken. Wir haben gleich am Anfang der Reise beschlossen, die Klimaanlage nicht zu nutzen, da sie viel Sprit kostet und nicht sonderlich gesund ist. So sitzen wir drei nun oberkörperfrei mit allen Fenstern offen und gleiten durch Glut und Abendsonne. Ich bin heute der DJ und lasse uns bei „Massive Attack" durch Adelaides Vororte rollen. Wir halten an einem Spielplatz und versuchen Orlando, den Italiener aus Mooroopna, zu erreichen. Der ist mit seinem Anhang im YHA Hostel im Zentrum. Das Hostel ist leider bereits ausgebucht, aber die vier haben ab morgen ein eigenes Haus angemietet und dort können wir gerne ein paar Tage bleiben. Es ist eine große Festwoche in Adelaide und daher leider alles Bezahlbare bereits vergeben. Wir können zumindest unser Auto auf dem Hostelparkplatz lassen und versuchen uns einigermaßen stadtfein zu bekommen, bevor der Parkplatz für die Nacht abgeschlossen wird.

Es ist schön, die beiden Italiener und die zwei Französinnen wiederzusehen, und wir laufen durch die Massen ins Stadtzentrum. Wir gehen zu einem Italiener, der wirklich gute Pizzen macht. Im Anschluss setzen wir uns in eine größere Bar mit Liveband. Nach einigen Jugs Bier wird getanzt, nur die richtige Partystimmung mag nicht aufkommen. Wir gehen daher zurück zum Hostel, an dessen Seite es ebenfalls einen netten Club gibt. Die vier gehen dann schlafen und so ist es an uns dreien, noch etwas aus der Nacht zu machen. Wir genießen es, wieder in der Zivilisation und unter Frauen zu sein. Die erste Option für heute Nacht ist es daher auch, dass jeder von uns jemanden findet, bei dem er heute Nacht bleiben kann. Leider ist die Auswahl sehr gering und nicht einmal Javi ist im Ansatz erfolgreich. Option zwei liegt direkt vor der Tür und ist der Rasen einer größeren Verkehrsinsel auf der anderen Straßenseite.

David ist der Erste, der sich verabschiedet, um genau dort eine Weile zu schlafen. Javi und ich folgen eine Stunde später, irgendwas gegen fünf Uhr, und legen uns daneben. Mitten in der Innenstadt Adelaides liegen wir drei in Jeans und T-Shirt auf einer tagsüber viel umfahrenen Verkehrsinsel auf dem Rasen und schlafen. Allerdings werden wir immer mal wieder von lauten Betrunkenen geweckt und einmal sogar von einer sehr hübschen Frau mittleren Alters im kurzen weißen Kleid. Sie kommt extra auf die Wiese gelaufen und weckt mich, um zu fragen: „Ist bei euch alles in Ordnung?" Als ich ihr etwas verwirrt antworte, dass dem so sei, sagt sie bloß: „Cool, dann ist ja alles okay", und geht weiter. Ich bin nicht nur sehr müde, sondern auch überrascht, dass eine allein umherlaufende Frau mitten in der Nacht auf eine Wiese läuft, auf der drei Männer nebeneinander pennen, um diese nach ihrem Befinden zu fragen ... Auch das ist anscheinend Australien.

25 Adelaide

9. März

So wird die Nacht des Öfteren unterbrochen. Ich setze mich mit der aufgehenden Sonne an einen kleinen Springbrunnen und döse vor mich hin, bis irgendein betrunkener Idiot versucht, meine beide Spanier zu wecken, was ich knapp verhindern kann. Es wird schnell warm und auch der Parkplatz ist wieder geöffnet, sodass Javi uns aus der Stadt fährt und wir an einen Strand fahren, der ganz in der Nähe des neuen Hauses sein soll. Dort angekommen, legen wir uns an den Strand in den Schatten einer Düne und dösen weg. Ich wache erst wieder auf, als die pralle Sonne direkt über uns steht.

Unsere vier Freunde kommen wenig später angefahren und es sind wirklich nur noch zwei Minuten bis zu ihrem Haus, über das ich staune. Es ist riesig, mit einer großen Einfahrt, Terrasse und Garten. Drinnen gibt es eine nette Küche, ein großes Wohnzimmer mit angrenzendem Billardraum, zwei Schlafzimmer und Bäder, Waschküche, Grill ... alles komplett möbliert. Wir fahren daher gleich zum Shoppingcenter, um für die nächsten Tage und vor allem heute Abend etwas einzukaufen. Dort treffen wir Eric, einen der French Connection aus Mooroopna, der mit einer ganzen Gruppe unterwegs ist. Eric erzählt, sie würden ganz in der Nähe Weintrauben pflücken und auch der Kiwi wäre mit bei ihnen. Wir wollen die Tage mal telefonieren ...

Zurück im Haus gehen wir alle gemeinsam an den Strand. Dort parken die meisten Aussies mit ihren Geländewagen direkt auf dem Sand. Wir spielen eine Runde Frisbee, nachdem ich allen die Grundtechnik beigebracht habe. Es gibt sogar vernünftige Wellen für Longboards und es sind einige Surfer draußen unterwegs.

Der Sonnenuntergang ist wunderschön und hat jedes Mal wieder neu so etwas Beruhigendes, obwohl ich generell ja nicht besonders aufgeregt bin.

Nach ausgiebigem Duschen wird der Grill angeworfen und sehr viel gegessen. Die Mädels gehen ins Bett und Orlando hält uns einen rauchgeschwängerten Vortrag über die „leeren Seelen der oberflächlichen Australier". Er meint das sehr ernst, hat aber in seinen Ausführungen eher eine comediale Attitüde, sodass es mehr wie ein Einmannstück im Kabarett wirkt und wir uns großartig amüsieren. Dann müssen die beiden Italiener ins Bett, denn für sie geht es morgen bereits wieder um 5.30 Uhr hoch zur Traubenlese, während wir schön ausschlafen können.

10. März

Wir machen uns einen entspannten Morgen, spielen Billard und hören Musik. Gerade als wir uns gegen Mittag aufmachen wollen und Probleme haben, die Eingangstür richtig zu verschließen, kommen unsere Picker bereits von der Arbeit zurück. Es ist heute so heiß, dass nur bis 13.00 Uhr gearbeitet wurde. Die Arbeit scheint okay zu sein, bei einem Verdienst von 16,50 $ die Stunde, auch wenn es heute nur fünf Stunden waren.

In der Stadt parken wir am Victoria Square, setzen uns in einen kleinen Park für unsere Sandwiches und diese leckeren, aus Adelaide stammenden „Cooper"

Biere. Neben uns sitzt eine Gruppe Aborigines, von denen einer rüberkommt und ein Sandwich haben möchte, das er auch bekommt, später noch ein zweites. Wir kommen so ein wenig ins Gespräch, brechen es dann aber ab, als er mit Ländern wie Deutschland und Spanien nichts anfangen kann.

Im Internetcafé lese ich sehr liebe Mails von Jenny, die mir zwei Fotos mitgeschickt hat. Auch Micha hat geschrieben und ein Foto von „Noah" geschickt, der ein paar Tage früher zur Welt kam. Ich schicke meinen „Wickedbrief" zur Kontrolle an Gary in Geelong und schreibe anschließend über meine Mooroopna- und Melbourneerlebnisse im Blog. Javi und David sind derweilen draußen und wollen sich ein paar Bands ansehen. Javi trifft sich später mit einem alten Freund aus London zum Essen und David holt mich im Café ab. Wir gehen zu einem der „Fringe Festival" Events. In einem der Festivalhefte hatte ich von „10x10" Event gelesen, bei dem 10 Regisseure mit 10 Bands 10 Videos drehen sollten in nur vier Tagen. Das Ergebnis soll heute in einer Art Dokumentarfilm präsentiert werden, dazu werden einige der Bands live auftreten. Wir suchen daher den „Night Train" Club auf, einen alternativen Laden, in dem es unglaublich heiß ist. Nach der zweiten Band stellt der Produzent die Idee ausführlich vor, bevor der Film eingespielt wird, der an einigen Stellen noch etwas hakt. Etwa zur Halbzeit kommt Javi mit seinen Freunden dazu.

11. März

Wieder ein entspannter Morgen. Nach ein wenig Sport im Haus fahren wir zum Einkaufen. Der Deal ist, dass wir so lange im Haus bleiben können, wie wir wollen. Dafür haben wir angeboten, jeden Abend das Essen für uns sechs zu machen und Bier zu besorgen. Denn wir essen und trinken sowieso am meisten. Ich will heute Labskaus machen und besorge alle Zutaten, während sich David um das Mittagessen kümmert. Zudem kaufen wir einen Strandball.

Als wir gerade zu Hause die nächste Kaltschale aufgerissen haben – es ist aber auch heiß hier –, kommen unsere Feldarbeiter vorzeitig zurück und setzen sich dazu. Es ist eine der wärmsten Perioden im Süden Australiens seit hundert Jahren, jetzt mehr als 10 Tage am Stück über 35 Grad. Wir Kerle gehen daher an den kühlsten Platz, den Strand. Audrey und Tiffany warten derweilen auf die Vermieter, die uns bereits am Vormittag beglückt haben. Eine ältere, etwas verwirrte Frau mit ihrem Mann. Sie dachte, wir seien die neuen Bewohner und Franzosen, weswegen sie die ganze Zeit versuchte, mit uns Französisch zu sprechen. Als es so gar nicht voranging in der Konversation, überließen wir alles unserem Charmeur Javi und beölten uns vor Lachen.

Am Strand spielen wir endlich mal wieder eine Runde Fußball. Zumindest 15 Minuten, bis Orlando keine Luft mehr bekommt und fast zusammensackt. Er hat überhaupt keine Kondition, dieser Anfang-20-Jährige Schönling aus Kalabrien.

Zurück gibts noch mehr Bier und ich starte meine Vorbereitungen fürs Labskaus. Javi hilft mit beim

Schneiden und so wird es am Ende ein gutes, deftiges Essen, genug für alle. Selbst unseren französischen Haute-Cuisine-Mademoiselles schmeckt es.

12. März
Sport, Frühstück, Duschen, Lesen. Es ist ein Leben wie im Urlaub und genauso fühlen wir uns auch.

Wir machen uns wie fast jeden Tag auf die Suche nach Barbie und Bier und ergänzen unseren Einkauf noch durch einen hässlichen „Happy Birthday"-Stoffhut und Kuchen, da Orlando morgen Geburtstag hat, er wird 25, und wir wollen heute reinfeiern. Danach fahren wir an einen der vielen Strände rund um Adelaide. Es sind wieder an die 40 Grad und so lässt es sich im Wind am Wasser am besten aushalten. Zudem laufen an diesem Abschnitt wirklich hübsche Mädels herum und ein Genie von Landschaftsarchitekt hat die Dusche auf einen kleinen Hügel am Strand gebaut, sodass die duschenden Damen wie in einem Video in der prallen Sonne stehen und ein leichter Wind durch das Bild huscht. Oh du schöne Welt!

13. März
Kulturtag. Wir starten im Weinmuseum in Adelaides Innenstadt. Es ist ein großes modernes Gebäude und geschmackvoll eingerichtet. Es gibt einen dieser modernen Entertainment-Lehrpfade, der wirklich interessant und nicht zu belehrend aufgebaut ist. Im Untergeschoss hat

ein lokaler Künstler seine abstrakten Werke ausgestellt, die mich stark an meine eigenen Bilder erinnern. Im botanischen Garten um die Ecke setzen wir uns auf den frisch gemähten Rasen und essen Sandwiches.

Im Rahmen des Festivals spielt in einer Bar eine sehr gute Band und wir bleiben eine ganze Weile und lauschen der Folkmusik. Das Ambiente ist mindestens so bemerkenswert wie die Band selber. Alles wirkt antik, ist aber gut erhalten, mit hohen Decken, Stuck und Kronleuchter, und erinnert mich sehr an die Altbauwohnungen in Potsdam und Berlin.

Auf dem Rückweg essen wir kurz etwas bei „Hungry Jacks", der australischen Version von Burger King, und fahren wieder zurück.

14. März

Es ist nun beschlossene Sache, dass meine beiden spanischen Freunde glauben, es noch ein paar Wochen mit mir auszuhalten. Sie haben mir mitgeteilt, dass sie es schön fänden, wenn ich gemeinsam mit ihnen bis nach Darwin käme. Das mache ich natürlich gerne. Nun sind sie bereits über den Kakadu-Nationalpark-Planungen, da, soweit ich es verstehe, David dort eine Freundin treffen will und ein paar Tage alleine mit ihr im Auto unterwegs sein möchte. Javi und ich machen eventuell eine längere Wandertour und haben dann im Anschluss den Wagen.

Im Haus präparieren die Italiener Pasta Calabrese. Da sie morgen wieder arbeiten müssen, ist es an uns, diesen Freitagabend gemeinsam zu beschreiten, und so gehen wir ins „Hotel" zum Feiern. Es erinnert ein wenig an eine Dorfdisko und zumindest die Musik geht stark in diese Richtung. Immerhin kostet es keinen Eintritt, es gibt keine Kleiderordnung, im Gegensatz zu ähnlichen Plätzen in Sydney oder Melbourne, so können wir dort in kurzen Hosen und Flipflops erscheinen. Es ist voll und das Publikum ist ausgewogen. Eins der Mädels, eine attraktivere Blondine, braucht keine zwei Minuten, um zu mir rüberzukommen, mir etwas Bier übers Hemd zu kippen und dann mit ihrer Hand unter meinem Hemd herumzuwischen. Ich fühle mich fast schon bedrängt und wende mich wieder meinen Kumpels zu. Als ich sie dann etwas später zum zweiten Mal treffe, gehen wir in eine der ruhigeren und dunkleren Ecken und tanzen.

15. März

Abhängetag. Gemeinsam schauen wir das Formel-1-Qualifikationsrennen in Melbourne. Es ist außerdem Audreys Abschiedstag. Sie will nach Melbourne zum Arbeiten.

Am Abend fahren wir alle zusammen in die Stadt und gehen in einen Club am Victoria Square. Sehr nett, gute Musik, viele schicke Menschen. Ich beschließe für heute, nichts mehr zu trinken, damit ich uns noch nach Hause fahren kann. Meine beiden iberischen Kollegen hatten sich schon mit der Parkinselvariante angefreundet, aber da habe ich keinen Bock drauf.

Nach zwei Stunden wechseln wir den Club und gehen in den uns bekannten am YHA Hostel. Noch mehr hübsche Menschen, noch bessere Musik und alle, inklusive wir, sind am Tanzen. Der Laden schließt um fünf Uhr und so gehen wir zum Auto, in dem Orlando und Tiffany bereits auf der Rückbank schlafen, und rollen in unser mittlerweile trautes Heim.

16. März
Am Strand ist es dasselbe schöne Programm wie immer, heute mit großen Wellen. Es wird das letzte Mal sein, dass wir gemeinsam hier sind, da wir gestern beschlossen hatten, uns morgen wieder auf den Weg zu machen. Es ist Zeit, den Road Trip fortzusetzen, ansonsten besteht die Gefahr, dass wir noch zwei Wochen bleiben, was schön wäre, sich aber auch abnutzen würde. Zurück beim Bier auf der Veranda erzählt irgendjemand Orlando von unseren Plänen und er ist wirklich enttäuscht und ein wenig beleidigt.

„So was muss man mir als Hausherrn doch rechtzeitig sagen! Da muss man dann noch mal drüber sprechen!", und fügt hinzu: „Zumindest müssen wir den Abschied richtig feiern!" So versucht er uns den ganzen Abend zum Bleiben zu überreden und bleibt zuletzt an mir kleben. „Du kannst die beiden doch einfach weiterziehen lassen und mit uns in den Weinhängen arbeiten."

Zum Abschiedsmahl macht David eine große Tortilla, ich einen Salat und wir sitzen sehr lange draußen auf der Veranda und sprechen über die gemeinsamen Erlebnisse der letzten Wochen.

17. März

Wir können uns viel Zeit lassen beim Packen und Einkaufen, da wir noch warten wollen, bis die drei von der Arbeit zurück sind und wir uns verabschieden können. Im Shoppingcenter gehen wir für unsere weitere Reise groß einkaufen und ich mache zum ersten Mal vom „cash out" an der Kasse Gebrauch. Bis zu einem bestimmten Höchstbetrag, der für mich irrelevant ist, kann man sich direkt mit seinem Einkauf Geld auszahlen lassen. Das ist ein tolles Gefühl, einzukaufen und dafür am Ende auch noch Geld zurückzubekommen. Noch ein 30er-Pack Bier und wieder zurück zum Haus, wo die Arbeiter bereits warten. Javi macht eine leckere Paella und alles ist gut. Nach vielen Fotos und Verabschiedungen versuchen wir um sechs Uhr loszukommen. Versuchen, da der Wagen nicht anspringen will. Nach 20 Minuten ist es dann aber so weit und sie geht weiter, unsere Reise. Es ist zwar eigentlich viel zu spät, aber jetzt doch noch zu bleiben, wäre einfach nicht gegangen. So ist es bereits dunkel, als wir nach einem Platz für die Nacht im „Barron Valley" suchen. Wir bleiben an einem Platz, an dem Campen sicher nicht erlaubt und der auch nicht dafür gemacht ist, aber wir sind so weit in der Pampa, dass es für eine Nacht wohl gehen wird.

26 Outback

18. März

Während der Nacht zieht ein starker Sturm auf und drückt extrem auf unser Zelt, das sich mehr und mehr zur Seite neigt. Das Team Spanien springt daher beherzt heraus und parkt das Auto so in den Wind, dass wir zumindest ein wenig Windschatten haben. Zudem befestigen sie das Zelt noch einmal extra mit Schnüren am Auto. Ich bleibe derweil im Zelt als reiner Ballast, damit es nicht wegfliegt. Am Morgen kommen wir daher nur langsam in die Gänge und fahren zu einem Aussichtspunkt, von dem aus man einen schönen Blick über das grüne Valley hat. Dann schlendern wir langsam durch eine Ausstellung gleich nebenan, in der es aus verschiedenen Gesteinsarten gehauene Skulpturen zu sehen gibt. Wir fahren weiter durch das saftig grüne „Barossa Valley", das berühmte Weingebiet Australiens. Große Tafeln zeigen die Logos und Marken der Region, wie etwa von „Jacobs Creek". Die meisten Reben scheinen aber bereits abgeerntet zu sein.

Wir kommen am späten Nachmittag in den „Flinders Range Nationalpark", eine karge, steinige und ausgedörrte Landschaft in braun-roten Farben. Wir halten zunächst in Orroroo, um Bier, Eis und Chips zu kaufen, unsere Basics. Dann in Harki, um zu tanken.

Normalerweise müsste man für die Durchquerung des Parks eine Gebühr zahlen, aber wir wissen nicht, wo. Bisher haben wir so viel Glück gehabt, dass wir es dabei belassen. Stattdessen sehen wir ein paar Roos und Emus umherlaufen und finden in einer Senke einen großen freien Platz zum Campen. Während wir diesmal große Anstrengungen unternehmen, das Zelt zu sichern und alle Seiten mit großen Steinen zu beschweren, stehen im Abstand von vielleicht 50 Metern Roos im Kreis um uns herum und beobachten unser in ihren Augen sicher merkwürdiges Hantieren. Im Hintergrund geht die Sonne rotglühend zwischen zwei Gebirgszügen unter.

19. März
Nachdem wir unsere Sachen wieder im Wagen verstaut haben, unternehmen wir eine kleine Wanderung die nächstgelegene Hügelkette hinauf. Dafür folgen wir den Roo-Spuren und sehen eine ganze Menge von ihnen, Spuren und Roos. Der Ausblick über das gesamte Umland ist atemberaubend. Die einzelnen Gebirgszüge, die Schichtweise aus der Erde ragen, werden erst aus dieser Höhe vollständig sichtbar. Das einzig Störende sind die vielen Fliegen hier oben.

Wir durchfahren fast den gesamten Park und sehen dabei noch mehr Roos und Emus.

Zum Mittag halten wir an einem offiziellen Rastplatz und essen unsere Thunfisch- Sandwiches. Viele Fliegen und drei große schwarze, krähenartige Vögel rücken nahe an uns heran. Diese Vögel essen auch gerne Fisch, und so stellen wir uns vor, wie sie Verletzte im Outback zerhacken, die sich nicht mehr wehren können.

Ein paar Mal passieren wir Parkwächter-Jeeps, die uns aber ziehen lassen, und kommen so nach ein paar Stunden in Hawker an.

Unter einem riesigen Baum am „Bahnhof" machen wir Rast, über uns Hunderte von weißen Kakadus, die einen Wahnsinnslärm machen. Bei Woolworth kaufen wir alles für unser heutiges Barbie und fahren auf einen Campingplatz. Wir bauen nur unser zweites, kleines Zelt auf, da es weiter so windig ist und hier wenig Schutzmöglichkeit besteht. Der Grillplatz ist sehr groß, aber die Platten stehen voll im Wind und so muss uns einer der Biker aushelfen, überhaupt das Gas anzuzünden. Die Lammkoteletts und Steaks schmecken allerdings wunderbar.

20. März
Am Morgen kaufen wir Vorräte ein und das für uns neue „West-End"-Beer, 30 Dosen für 65 $, ein Schnäppchen. An der nächsten Tankstelle füllen wir noch einmal alle leeren Tanks auf, inklusive des Reservekanisters. Wir bemerken, dass er leckt. Mit einer eingedrehten Plastiktüte hält der Verschluss so einigermaßen, aber es stinkt trotzdem erbärmlich im Wagen, besonders hinten, wo ich sitze. Am Outback-Informationszentrum versorgen wir uns mit allem möglichen Material und Wissenswertem über die kommenden Regionen. Um 16 Uhr geht sie dann wirklich los, unsere Reise durch das „Outback".

Es gibt eine ganze Menge „Lookouts". Der erste lässt uns auf einen weit entfernten Salzsee schauen, der weiß unter der Sonne erstrahlt. Der Stuart Highway durchzieht das Outback von Süden nach Norden in einer langen Geraden durch ein Gebiet, das grün beginnt, nun zunehmend karger wird und von großen Büschen in vereinzeltes Gestrüpp übergeht. Diese ausgetrocknete Landschaft um uns herum hat eine ganz eigene Schönheit, und wir drei freuen uns einfach nur, hier mitten durch das Herz Australiens zu fahren. Wir sind geradezu aufgeregt. Wir fahren dem Sonnenuntergang entgegen, bestaunen die Farbenvielfalt am Himmel und hören Counting Crows, Van Morrison und Nirvana. Fünf Kilometer vor der Stadt Coober Pedy sehen wir ein Werbeschild für eine „Underground Campsite". Für 12 $ pro Person können wir dort in einem „Dugout" schlafen, einer in den Stein gefrästen Höhle in der Erde. Das ist mal etwas anderes. Untertage stellen wir unser Zelt auf, ohne Heringe und ohne Wind. Unsere Nachbarn an diesem unwirklichen Platz im Halbdunkel sind zwei Österreicherinnen. Es ist angenehm warm und genau der richtige Platz für Bier, Chips und noch mehr Musik.

In der Küche, die sich nun wieder oberhalb befindet, machen wir uns Spaghetti mit Sauce.

21. März
Checkout-Zeit ist um zehn Uhr und hier ist man genau. Pünktlich werden die Duschen abgeschlossen. Da sind wir aber bereits auf dem Weg nach Coober Pedy.

Die erste Sehenswürdigkeit ist ein Raumschiff am Straßenrand, das Teil des Filmes „Pitch Black" mit Vin Diesel gewesen ist. Wir schauen durch ein paar Opal-Geschäfte und zwei Untergrundkirchen. Wir erfahren, dass es hier sehr viele Kirchen gebe, von allen möglichen

Nationalitäten, weil man diese einfach gründen könne, hier in der Wüste. In Coober Pedy dreht sich alles um Opal und Tourismus. Es soll etwa 70 Minen im Umland geben. In der Stadt hingegen gibt es Hotels, Hostels und viele Shops. Wir laufen in dieser heißen Steinstadt umher und sehen ein Museum in einem alten Minen-Dugout. Die Preisgestaltung ist interessant, so zahlen wir Backpacker nur 8 $ Eintritt genau wie die Behinderten. Dabei müssen wir zunächst noch mit der Aborigine-Servicekraft flirten, denn Rucksäcke haben wir ja gar keine dabei. Es ist sehr interessant zu sehen, wie es in diesen Höhlen früher einmal abgelaufen sein muss. Auch die Wohnräume einer hier damals lebenden Familie sind erhalten und zeigen in Ausschnitten das Höhlenleben. In dieser rauen, harten Umgebung der Wüste sind solche Höhlen eine wirklich sinnvolle Behausungsform. Der teilweise sehr starke Wüstenwind weht einfach darüber hinweg, bei den sehr heißen Außentemperaturen ist es kühl unter der dicken Steindecke und warm in der kalten Nacht. Ich mache einen weiteren Haken in meiner mentalen Liste der Dinge, die ich gerne einmal machen wollte: Dugout besichtigen, ich habe jetzt ja sogar schon darin geschlafen.

Oben im Hof gibt es noch eine kurze Demonstration der Gesteinsmühlen und des Geröllstaubsaugers. Der Museumsbesitzer und Sponsor des hiesigen Golfclubs auf Sand erzählt, dass 50 Prozent der Minen im ersten Jahr pleite gehen, 48 Prozent der Minenbesitzer davon immerhin leben können und nur 2 Prozent wirklich reich werden. So machte einer seiner besten Freunde 50.000$ am Tag und später nur noch 250$ im Jahr. Es sei wie mit dem Glücksspiel, man könne nicht aufhören, denn die nächste Karte oder der nächste Stein könne der entscheidende sein.

Wir parken nach reichlichem Suchen hinter der Westpac Bank, die den einzigen Schatten der Stadt zu haben scheint. Mittagessen und Bier. Im kleinen Supermarkt kaufen wir noch ein paar notwendige Dinge und sind froh, dass dieser überhaupt offen ist, denn heute ist „good friday" vor dem Osterwochenende. So etwas geht an uns gerne mal vorbei. Wir sehen uns noch den Bus aus dem „Mad Max"-Film an und zuletzt eine riesige, in den Stein gehauene serbische Kirche, und ich frage mich, wie viele Serben es wohl nach Coober verschlagen haben mag.

Etwas außerhalb der Stadt liegt „the castle", eine heilige Stätte der Aborigines. Es ist eine sehr helle Gesteinsformation, die auch in einem der „Mad Max"-Filme vorkommt. Wir treffen dort auf einen Campervan, aus dem eine spanische Familie aussteigt. Es gibt ein großes Hallo und alles ist in spanischer Hand. Das Pärchen ist etwas älter als wir, sehr sympathisch und spricht vor allem ein sehr reines Spanisch, sodass ich fast alles leicht verstehen kann. Meine beiden Beifahrer sind da eher die Bayern Iberiens.

Auf der Suche nach einem geeigneten Schlafplatz fahren wir auf einer Schotterstraße gut 30 km durch das „Painted Desert", abseits des Stuart Highways. Es ist bereits dunkel, aber die Nacht ist klar und wir haben Vollmond, der uns wie eine Laterne leuchtet. Als wir den gesuchten Campingplatz endlich finden, ist er geschlossen und es führt auch kein alternativer Weg hinein.

So rollen wir noch ein wenig querfeldein durch die Wüste und schlagen zwischen ein paar Büschen unser Zelt auf. Bei unseren Spaghetti lassen wir diesen schönen Tag ausklingen und staunen über den wundervollen Sternenhimmel.

22. März
Nach einer guten Nacht sind wir um acht Uhr auf und packen das Zelt zusammen. Darunter erwartet uns eine Überraschung. Ein ziemlich großer dunkler Skorpion hockt dort, verschwindet aber schnell zwischen den Steinen. Der hatte sicher, ebenso wie wir, eine warme und gemütliche Nacht. Jetzt am Morgen, als wir den Weg wieder zurück zum Highway fahren, sehen wir endlich etwas vom Painted Desert und seiner Farbenvielfalt. Ich mache eine ganze Menge Fotos des roten Sandes, der aufgebrochenen Erde und der verbrannten schwarzen Büsche dazwischen. Meine ersten Wüstenbilder. Zurück auf dem Highway geht's ab nach Norden, Richtung Alice Springs. Um zwei Uhr stoppen wir an einer Kreuzung zwischen Alice und dem Uluru National Park. Klugerweise gibt es hier eine Tankstelle und wir essen zunächst mit den Fliegen Sandwiches um die Wette. Gestärkt geht es weiter nach „Yala", dem Ressort vor dem Park. Am Ressort entscheiden wir uns nach Abwägen aller Alternativen dazu, auf dem offiziellen Campingplatz für 14 $ pro Person zu bleiben, da der freie Campingplatz außerhalb bedeuten würde, wieder 100 km zurück zu fahren. Es gibt hier einen kleinen Pool, in dem wir nach dem Zeltaufbau eine Runde schwimmen. Dann fängt es

plötzlich an zu tröpfeln. Da sind wir mitten in der Wüste und bei uns regnet es!

27 Ayers Rock, Alice Springs

23. März

Ostersonntag. Um in den Park zum magischen Ayers Rock zu kommen, muss man sich eine 25 $ Eintrittskarte kaufen, die ab Entwertung für drei Tage gültig ist und alle drei Sehenswürdigkeiten der Region umfasst. Die 20 km lange Anfahrt windet sich durch wieder getrocknete Landschaft bis zum riesigen Fels, der grau unter den Wolken schimmert. Wir parken vor dem Kulturzentrum und bereiten uns auf die Wanderung vor. Ich ziehe meine kompletten Mooroopna-Klamotten an und bin bereit, heute viel zu schwitzen. Das Besucherzentrum, in dem wir viel über die Aborigine-Kultur, ihre Stämme und die Landschaft um den Rock erfahren, ist sehr anschaulich gestaltet und wir brauchen bald eine Stunde, bis wir uns wirklich auf den 10 km langen „basewalk" begeben. Am Anfang haben wir ein wenig Schwierigkeiten, den richtigen Weg zu finden, aber dann ist es einfach nur noch beeindruckend. Vor allem die Farben. Rote Erde, grüne Büsche, goldenes Wüstengras, schwarze, verbrannte Bäume, dazu der blaue Himmel und ein paar weiße Wolken. Und zu unserer Rechten die ganze Zeit der rot-braune Fels. Es ist wunderschön. Das Einzige, was dieses Bild stört, sind die unzähligen Fliegen, die sich überall auf unsere Körper setzen. Am nervigsten sind jene, die sich unter die Sonnenbrille verirren und dann in Panik zwischen Augen und Brille hin- und herhüpfen. In der ersten halben Stunde treffen wir viele Familien und sonstige Touristen, aber auf der Rückseite des Felsens sind wir fast für uns alleine. Ich bin überrascht ob der ganzen Vegetation um den Uluru. Ich dachte immer, hier wäre gar nichts, nur Sand. Aber es gibt Bäume, Gras, kleine Wasserlöcher und auch eine ganze Menge an Getier, wie Bilder und Schautafeln verraten.

Der Uluru verändert ständig seine Oberfläche. Alle 50 Meter wirkt sie anders, mal grobkörnig, mal feiner, mit Spalten und Furchen, zerklüftet, dazu wechseln die Farben sehr schnell mit der wechselnden Sonneneinstrahlung. Ich mache viele Fotos. Dabei sollte man aber aufpassen, denn viele Stellen des Ulurus sind für die Aborigines heilig und Fotografieren ist verboten. Wir brauchen fast dreieinhalb Stunden, bis wir einmal herum sind, aber fühlen uns sehr gut, da die Wolken die Hitze erträglich machen. Der Weg lädt dazu ein, sich in Gedanken zu verlieren, und es ist offensichtlich, dass dieser Ort für die Ureinwohner heilig war und ist. Ein riesiger Fels mitten in der Wüste. Eine Oase mit Wasser, Schatten und Tieren. Aber wenn ich ganz ehrlich bin: Ich kann keine mystische Ausstrahlung oder Schwingungen auf mich feststellen. Es ist hier einfach schön. Punkt.

Auf dem Parkplatz machen wir Mittag und sind froh, uns einfach mal hinsetzen zu können. Wir besprechen, was wir weiter machen wollen, und bleiben eine weitere Nacht auf dem Campingplatz, um uns morgen die „Olgas", eine riesige Felsformation, anzuschauen. Der erste Gang geht in den Pool. Kurz nach sechs fahren wir erneut los und wollen uns den Sonnenuntergang am Ayers Rock ansehen. Der erste große Parkplatz ist bereits voll und so stellen wir uns einfach direkt an die Straße, nehmen die Kühlbox, Campingstühle und Chips und setzen uns zwischen die vielen Touristen und Fotografen am Ausguck. Es ist wie im Kino, alle warten, dass die Vorstellung beginnt. Bei Chips und Bier geht es dann los. Es ist weiterhin ein wenig bewölkt, was dieses postkartenstrahlende Rot-Orange verhindert. Dafür haben wir ein tiefes Rot, durchbrochen von gelben Lichtstrahlen, die den Fels mit einem leuchtenden Streifenmuster überziehen. Überhaupt wechseln die Farbkombinationen und die Intensität minütlich. Es ist ein wahres Naturschauspiel. Um uns herum ist es sehr ruhig geworden.

Es ist Ostern 2008, Australien, Outback, Ayers Rock, Sunset. Ich denke an die letzten Jahre und deren Highlights, von denen es zum Glück auch einige gibt.

Nach etwa zwei Stunden fahren wir zurück und kochen wieder Spaghetti. Es fängt erneut an zu regnen. Anfangs tropft es nur, aber dann ist es ein ausgemachter Regenschauer. So packen wir fix unsere Sachen zusammen, gehen ins Zelt und lesen.

24. März

Es regnet immer noch, als ich am Morgen aufwache. So braucht alles etwas länger, bis wir unsere nassen Sachen zusammengepackt und unter einem kleinen Dach gefrühstückt haben. Wir fahren zu den „Olgas" Kata Tjuta und starten mit einem kürzeren, aber tollen Spaziergang auf der Südseite, dem „Valley of stones Walk". Der Regen hält weiter an. Wie auf einem Meditationspfad gehen wir schweigend durch die Felswände. Von einem zweiten Parkplatz aus beginnen wir mit der eigentlichen Tour, einer dreistündigen Wanderung um einen Teil der Olgas. Es ist etwas steiler und anstrengender als gestern, dafür macht es aber auch noch mehr Spaß. Als es endlich aufhört zu regnen, bleibt es trotzdem weiter nass, diesmal durch das sofort einsetzende Schwitzen. Es gibt wundervolle An- und Aussichten, insbesondere im Valley zwischen den beiden Felsformationen zu beiden Seiten, von denen nun schmale Wasserfälle rinnen. Das Gesteinsmaterial unterscheidet sich stark von dem des Uluru. Es sieht aus, als seien es zusammenzementierte kleine Steine und somit recht grob. Nur die rot-braune Farbe ist die gleiche.

Auf dem Rückweg treffen wir die Spanierin aus dem Camper in Coober Pedy und auf dem Parkplatz ihren Mann mit Sohn. Zum Mittag, es ist bereits fünf Uhr, fahren wir raus auf einen der Sonnenuntergangsplätze zum Essen. Man gewöhnt sich so langsam an das Gesurre der Fliegen. Nicht weit entfernt ist eine Art Tribüne aufgebaut, von der aus der Sonnenuntergang in den Olgas besonders gut zu sehen ist. Daher bleiben wir dort, bestaunen die Farbenvielfalt. Die Olgas sind von ihrer Südseite aus zu sehen, der Uluru in einiger Entfernung weiter im Osten. Er leuchtet heute im hellen Rot und wechselt weiter in ein Violett bis hin zu einem dunklen Blau, erstaunlich.

Auf unserer Fahrt raus aus dem Ressort hin zum freien Campingplatz mache ich die „Numbers" der Woche und der bisherigen Reise. Wir liegen bei 200 $ pro Woche, was ziemlich gut ist. In guter deutscher Manier bin ich für unser Konto verantwortlich und führe über alles Buch. So versuchen wir, unsere Ausgaben möglichst gleichmäßig zu verteilen, indem jeder abwechselnd mal im Supermarkt, die Übernachtung oder an der Tankstelle bezahlt. Die drei Spalten im Buch rechne ich dann jede Woche gegeneinander auf und die Differenzen zahlen wir uns gegenseitig in bar aus. So kommen wir recht gut miteinander aus und niemand muss sich Sorgen machen, dass er übervorteilt wird.

Der Campingplatz kostet wirklich nichts, hat sogar freie Duschen, was in Wüsten doch eher selten ist. Wir stellen das nasse Zelt von letzter Nacht zum Trocknen auf. Während Javi versucht, ein Feuer zu machen, gehen David und ich in die Bar und kaufen einen völlig überteuerten Goonwein. So holt man sich hier das Geld wieder rein in Ermangelung an Alternativen. Ich versuche es mit einem Anruf zu Hause und habe meine Schwester Diane dran. So kann ich ihr erzählen, wo wir gerade sind, dort, wo sie auch mal so gerne hin will. Wir sprechen eine Weile und sind sehr froh, voneinander zu hören. Zurück am Zelt sind die Spaghetti bereits fertig und mit dem Wein ein Festessen. Es wird kalt die Nacht, aber dafür sind die Wolken am Himmel verschwunden und wir haben wieder diesen grandiosen Blick auf die Sterne.

Um halb zwölf versuche ich mein Telefonglück bei Ali und habe Erfolg. Er ist sehr aufgeregt und glücklich mit seiner neuen Freundin, die aus Kanada kommt und mit der er mehrere Stunden täglich telefoniert. Er erzählt ausführlich und sehr emotional über ihr Kennenlernen und seine Gefühle im Moment. Ich freue mich wirklich für ihn mit. Ich erzähle von meiner Tour und so sprechen wir über zwei Stunden, ich aus einer Telefonzelle im Dunkel einer Wüste. Danach bin ich müde, aber fühle mich sehr viel besser. Bei aller Schönheit der Landschaft um uns herum und meinen beiden Freunden habe ich mich doch auch einsam gefühlt in den letzten Tagen, als wenn die Kargheit der Landschaft auf mich abfärben würde. Ich hatte kein Heimweh, aber doch das Gefühl, meine guten Freunde und Familie zu vermissen. Ich bin nun fast acht Monate auf Reisen.

25. März

Nach einem ruhigen Morgen fahren wir wieder in den Nationalpark, um das dritte noch verbleibende Highlight abzulaufen, den „Kings Canyon". Der erste Weg führt uns durch das grüne Valley mit Blick auf die Gesteinswände zu beiden Seiten. Der eigentliche Weg aber startet dann mit einem 100 Meter steilen Anstieg auf den Kamm des Canyons. Von hier aus gibt es einen Rundweg bis zur anderen Seite, auf der man wieder zum Parkplatz hinabsteigen kann. Es gibt tolle Aussichten zu bestaunen, generell ist der Weg ein wenig abenteuerlich, denn an einigen Stellen muss geklettert werden. Es ist ein wenig bewölkt und dadurch nicht zu heiß. Ein 600 m steiler Pfad führt uns hinunter in den grünen „Garden of Eden". Dort liegt am Ende ein dunkles Wasserloch, welches zumindest David dazu einlädt, schwimmen zu gehen. Von oben hat er eine Schulklasse als Publikum, die ihm zupfeift. Der ganze Weg dauert etwa vier Stunden und wir sind froh, als wir wieder am Wagen sind.

Im Kings Canyon Resort wollen wir eigentlich nur unseren Tank auffüllen, aber die Tankstelle hat bereits zu. David hat es ohne zu tanken geschafft, den Tankdeckel abzubrechen. So verbringen wir die nächste Zeit damit, ihn wieder ans Auto zu bekommen. Zwischenzeitlich war Javi im angrenzenden Biergarten und hat dort das spanische Pärchen wiedergetroffen. So setzen wir uns später mit zu ihnen und einem weiteren Paar aus Madrid an den Tisch. Es wird laut und lustig und sehr viel getrunken. Nach Mitternacht machen wir uns auf und fahren in Ermangelung bezahlbarer Alternativen um die Ecke auf einen der öffentlichen, großen Touristenparkplätze. Dort stellen wir unser Zelt hinter einen kleinen Busch, Campen ist natürlich nicht erlaubt, und machen uns Reis mit baked beans. Heute mal keine Nudeln.

Meinen Wecker stelle ich sehr zeitig, damit wir weg sind, bevor die Touristenbusse anrollen.

26. März

Die Nacht ist wie erwartet kurz. Ich bin um sechs Uhr wach, als ich die ersten Autos höre, die auf dem Parkplatz eintreffen. Ich wecke meine beiden Kumpels, wir packen alles schnell zusammen, als wären wir soeben erst angekommen, machen dann aber in Ruhe Kaffee und bestaunen den Sonnenaufgang. In einiger Entfernung läuft ein Dingo an uns vorbei, taxiert uns und zieht weiter. Es ist ein unangenehmes Gefühl. Eigentlich kann er uns dreien nicht gefährlich werden, aber aus den Augen lassen wollen wir ihn auch nicht. Es wird ein langer Road-Trip-Tag durchs Outback, bis nach „Alice". Wir sehen drei wilde Kamele am Straßenrand und sehr viele tote Kängurus. Die Kamele wurden zu australischen Besiedlungszeiten importiert und dienten dazu, die kargen Landstriche zu erschließen. Heute wird die Zahl wilder Kamele auf über 800.000 geschätzt, mehr, als es sonstwo auf der Welt in freilebenden Herden gibt.

In Alice Springs angekommen, fahren wir zunächst zum Coles, um für ein fürstliches Barbie einzukaufen. Als wir im Bottle Shop Bier holen wollen, hat er zu, was uns erstaunt, denn nach unserer Zeit sollte er bereits wieder geöffnet haben. So erfahren wir, dass wir uns nun bereits im Northern Territory befinden, das nach australischer Rechnung zeitlich eine Stunde zurück liegt. Also warten wir noch ein wenig mit all den Aborigines vor dem Laden. Es ist kaum zu glauben, zwei Minuten nachdem der Laden auf macht, wir in die begehbare Kühlabteilung gehen und einen Kasten Bier heraustragen, steht bereits eine Schlange von zwanzig Personen an der Kasse, alles Aborigines. Es ist kein schöner Anblick.

Auf der Suche nach einem angemessenen Barbie-Platz fahren wir aus der Stadt hinaus in ein Erholungsgebiet. Ein Traum unter Eukalyptusbäumen. Dort sitzen wir und machen ein Barbie de luxe, von dem wir sogar etwas übrig lassen müssen. Dabei werden wir von allen möglichen Vogelarten umringt, die teilweise sehr aufdringlich nahe an uns heranhüpfen: Krähen, Kakadus, kleine Grüne und Gelbe.

In der Innenstadt checken wir uns in „Toddys" Backpacker ein. Es ist ein Sechser-Zimmer, in dem wir zu viert sind. Den Vierten bekommen wir aber nie zu Gesicht. Nach einer Siesta ist große Duschsession im eigenen Bad im Zimmer angesagt. In der Hostelbar gibt es ein Freibier zur Begrüßung für jeden Gast. Dann suchen wir nach einem Internetcafé und finden zumindest einen Zugang in einem der Reisebüros. Es gibt nicht viel Neues außer dem korrigierten Brief von Gary. Er hat mir sogar zwei Versionen geschickt, aber leider kann ich sie wegen der Sicherheitsmaßnahmen für Email-Anhänge im Reisebüro nicht öffnen.

28 Outback II

27. März
Was für eine gute Nacht, ich hätte ewig schlafen können, aber das geht nun nicht, denn wir müssen wieder mal um zehn Uhr auschecken. Es hätte ein kostenloses Frühstück gegeben, aber nur bis halb neun. Sicher bewusst so gewählt, ähnlich wie eine Happy-Mojito-Hour von ein bis zwei Uhr mittags oder Studentenpreise bis 22 Jahre. So melden wir uns offiziell ab und frühstücken anschließend in der Küche. In der Stadt kaufen wir unseren Proviant für die nächsten vier Tage.

Wir fahren in die West MacDonnell Ranges. Eine wunderschöne Fahrt mit einigen Wasserlöchern. Leider ist es heute ziemlich bewölkt und kalt. Als es langsam dunkel wird, machen wir uns auf die Suche nach einem Schlafplatz und finden einen der Selbstzahlerplätze für 6,60 $ am „Ormiston Pound".

28. März
Wir haben einen gut dreistündigen Marsch vor uns, der uns wieder einmal durch eine großartige Landschaft führt. Ein Teil der Strecke führt durch ein ausgetrocknetes Flussbett und ist sehr steinig. Ich fühle mich nicht besonders und habe Magenschmerzen, kann die Wanderung aber genießen. Nur die Tausende von Fliegen nerven gewaltig.

Zurück am Auto fahren wir weiter an ein Wasserloch und springen dort in das sehr kalte Nass.

Zurück in Alice Springs, füllen wir unsere Bierreserven auf und holen für die Jungs etwas zum Barbie. Ich laufe derweilen zum Internetcheck ins YHA und will eigentlich meinen Brief an Wicked abschicken. Das geht nun wieder nicht, da man dort keine USB Sticks anschließen und ich so nicht meinen Lebenslauf beifügen kann. Immerhin lese ich die Briefe von Gary, die sehr viel besser und ausgefeilter sind als mein Entwurf. Wir fahren zu dem Park, in dem wir bereits zwei Tage zuvor mit den Vögeln gegrillt hatten, und essen. Ich lediglich ein paar Kekse und Cola. Im Sonnenuntergang fahren wir weiter nach Norden. Javi fährt um eine ganze Menge Roos und Kühe herum, die die Straße kreuzen, und so nehmen wir den nächstmöglichen Platz zum Übernachten, um irgendwelchen ernsthaften Zwischenfällen vorzubeugen. Auf der Raststätte am Highway entzünden wir ein kleines Lagerfeuer, was neben Gemütlichkeit vor allem Wärme abstrahlt, denn es ist wieder kalt geworden.

29. März

Mit geht es immer noch schlecht und ich schlafe fast die gesamte, sehr lange Fahrt am heutigen Tag. Unser erster Halt sind die „Devils Marbels". Sie erinnern mich an die Marbels in Neuseeland, sind aber viel zahlreicher, teilweise auch sehr groß. Es ist extrem heiß und auch die Fliegen sind wieder am Start. Daher fahren wir bald weiter nach Tennant Creek zum Mittagessen, obwohl ich nur etwas Brot mit Käse zu mir nehme. Die Stadt klingt irgendwie interessant, entpuppt sich aber als langweilig, und da es mir wirklich dreckig geht, fahren wir bald weiter.

Für die Nacht bleiben wir auf einem weiteren dieser 24-Stunden-Parkplätze direkt am Highway. So lange darf man hier am Stück stehen bleiben. Wir sitzen unter einem kleinen Dach, hören Musik und sehen die Roadtrains (Lastwagenensembles mit mehreren Anhängern) vorbeigleiten. In der Nacht sind sie hell erleuchtet und sehen aus wie Züge. Bereits zehn Minuten vorm Eintreffen sind sie gut in der Ferne zu erkennen und walzen über alles, was die Fahrbahn kreuzt. David ist bereits im Bett, Javi und ich sind noch auf ein letztes warmes Bier draußen, als ich hinter Javis Kopf etwas leuchten sehe. Es ist zunächst etwas schwer zuzuordnen, sieht aber aus wie ein helles Licht. Vor einer Weile war ein weiterer Wagen eingetroffen und hatte in gut 30 m Entfernung gehalten. Wir stehen auf und gehen ein paar Schritte in diese Richtung, als plötzlich klar wird, dass ein Zelt brennt! Wir rennen los und hören Schreie. Das Zelt ist auf der Ladefläche eines Pickups aufgestellt und es schlagen Flammen heraus. Als wir ankommen, steht ein Endvierziger-Pärchen nackt davor. Ich frage: „Ist da noch jemand drin?" Aber es sind nur die beiden. Das Zelt steht nun komplett in Flammen. Es ist extrem hell und heiß, auch in zehn Metern Entfernung. Wir helfen beim Wasserholen aus einem nur tröpfelnden Hahn an der Raststätte, aber die beiden sind anscheinend in Ordnung und wir wollen sie in ihrer Blöße auch nicht weiter beschämen. So gehen wir schlafen.

Kurze Zeit später kommt der Mann noch einmal zu uns ans Zelt und bedankt sich. Vor allem dafür, dass wir ihnen das Leben gerettet hätten, wenn es nötig gewesen wäre. Die beiden sind in ihren verspäteten Flitterwochen.

30. März

Mir geht es ein wenig besser und so fahren wir nach „Daly Waters", einem Fleck in der Wüste. Hier waren im Zweiten Weltkrieg ein paar Flugzeuge stationiert, von denen noch eines steht. Ansonsten gibt es nur einen Pub. Der ist zumindest eingermassen interessant, da er vollgestopft ist mit Kram: BHs, Trikots, Sandalen, alten Postern und Flaggen aus der ganzen Welt. Wir trinken bei der Bruthitze unser erstes kaltes Coopers des Tages, als wenig später die erste Tourigruppe von „Adventure Tours" eintrifft. Es wird gleich laut und voll, aber wir sehen endlich mal wieder Menschen. Fünf Minuten später kommen die lustigen „Contiki Tourler" alle im Faschingskostüm und fangen an mit Trinkspielchen. Das ist der Zeitpunkt, an dem wir uns wieder auf den Weg machen.

Nächster Halt „Mataranka", 100 km vor Katherine. Hier soll es einen Thermalwasser-Pool auf einem Campingplatz geben. Es ist komisch, mitten in der Wüste seine Badesachen auszupacken. Wir gehen über den Platz und finden diese Oase in einem Stück Regenwald. Wir sind nun dem tropischen Norden näher gekommen. Es ist ein Traum und hätte schöner nicht gemalt werden können. In dem schmalen Fluss ist ein natürlicher Pool angelegt, umrankt von Tropenbäumen. Das Wasser ist glasklar, es schwimmen Fische darin, es hat um die 30 Grad und einen Sandboden. Wellness pur und nur wenige Mitbadende. Im Lonely Planet lesen wir, dass es ganz in der Nähe noch einen weiteren Naturpool geben soll. Bei der Weiterfahrt durch ein Waldstück finden wir letztendlich einen Thermalfluss. Er schlängelt sich durchs Grün, ist aber sehr viel trüber. Zum Ein- und Aussteigen sind in seinen zugänglichen Verlauf drei Leitern eingelassen, wobei man wegen der Strömung die letzte nicht verpassen sollte.

So springen wir bei der ersten hinein, lassen uns bis zur zweiten flussabwärts treiben, setzen uns dort mit einem kalten Bier in das ebenfalls 30 Grad warme Wasser. Da es wirklich nichts Besseres am heutigen Tag geben kann, bleiben wir hier ein paar Stunden. Die beiden Jungs gehen später noch einmal zum Auto und holen Taucherbrillen, von denen ich gar nichts wusste. So sehen sie neben einer Menge Fische auch Schildkröten, die mir leider entgehen. Wir bleiben diese Nacht auf einem Selbstzahler-Campingplatz ganz in der Nähe, fahren aber vorher kurz in die Stadt zurück, um Davids Buszeiten für morgen zu erfragen.

Wir essen wie gehabt unsere geliebten Nudeln und machen ein Lagerfeuer. Eine große Drogen-Kröte hüpft an uns vorbei, ebenso sind unglaublich viele Mosquitos unterwegs. Ich gehe heute ein wenig eher ins Bett und lausche aus meinem Schlafsack der wundervollen brasilianischen Jazzmusik.

31. März

Während wir am Morgen das Zelt abbauen, erscheint der Ranger des Parks zum Abkassieren, 6,60 $ pro Nase. Auf der spartanischen Toilette des Platzes hat Javi sein nächstes kleines Abenteuer. Nach seiner Sitzung erschrickt er über eine große Huntsman-Spinne in der Schüssel, die sich erst beim Spülen zeigt. „Always watch your seat!" Wir fahren zurück nach Katherine. David kauft sich sein Busticket und freut sich unglaublich, „seine" Freundin zu treffen. Bevor es losgeht, setzen wir uns unter einen Baum und trinken Bier, ganz wie die Locals. Sie werden hier gerne „Traditional Owner of the Land" genannt, was ihnen aber auch nicht viel nutzt. Wir kaufen ein paar Dinge für die Tage im Busch und verabschieden David nach Darwin, wo wir ihn in vier Tagen wiedertreffen werden.

In einem Aborigine-Shop gibt es tatsächlich einen Internetanschluss und ich kann nach all der Zeit ein paar Änderungen an meinem Brief vornehmen und in drei Teilen, sehr unprofessionell, an Wicked schicken. Was daraus wird, erfahre ich hoffentlich in Darwin. Nochmals tanken, Eis für unsere Kühlbox kaufen und ab in den Katherine Gorge. Kurzer Stopp am Touristen-Zentrum von Katherine, wo es Karten und Informationen darüber gibt, welche Straßen bereits geöffnet bzw. noch geschlossen sind. Am Gorge hängt ein großes Schild, dass hier akute Krokodilgefahr besteht. Die nette Dame im Infobüro hatte zwar erzählt, sie sei heute Morgen hier schwimmen gewesen, aber wir wollen unser Glück nicht strapazieren und nehmen den Wanderweg auf den Gebirgskamm. Wir lassen den Blick über das tiefe Grün der Sumpflandschaft um uns herum schweifen. Fast noch schöner ist unser Gespräch über Arbeitsoptionen- und -möglichkeiten in Australien und Europa. Es ist eine Freude, jemanden an meiner Seite zu haben, mit dem ich offen über alle Themen des Lebens, Wünsche und Hoffnungen reden und philosophieren kann, der ernsthaft zuhört und viel Kluges zu sagen hat.

Unten am Fluss, gleich neben dem großen Touristenparkplatz, der aber leer ist, liegt ein Campingplatz. Dessen Büro ist zwar bereits geschlossen, aber wie fast überall kann man auch hier auf das Gelände fahren. Das Erste, was wir sehen, sind kleine Kängurus mit ihren Kindern, sehr niedlich. Auf der Rückseite des Platzes, ein wenig abseits der Hauptstellplätze, bauen wir unser Zelt auf. Als wir fast fertig sind, hören wir laute Geräusche aus dem Baum, unter dem unser Zelt nun steht. Unter der aufgebrochenen Rinde krabbeln Hunderte von großen schwarzen Käfern und brummen. Daher verschieben wir das Zelt um ein paar Meter. Wenn man in der Abenddämmerung mit der Taschenlampe auf den Rasen leuchtet, funkeln von dort tausend kleine Kristalle zurück. Es sind die Augen von kleinen Springspinnen. Diese Erkenntnis lässt uns von Flipflops auf Turnschuhe wechseln. Es ist überhaupt ein sehr tierreicher Tag. Als nächstes hüpft eine große Kröte vorbei, gefolgt von kleinen grünen Fröschen. Beim Bier im Dunkeln sehen wir Flughunde über uns den Himmel kreuzen und dann rücken die Roos immer näher heran. Es gibt heute Reis mit Huhn und eines der Roos kommt bis an unseren Tisch, um in den Topf zu schauen. Dann wird Javi laut und verjagt alle. Vorerst. Auf den einfachen Toiletten wimmelt es von Ameisen und an den Wänden sitzen 20 cm große Grashüpfer. Als wir im Zelt sind, hören wir die Roos hoppeln, sie fressen um unser Zelt herum das Gras ab. So ist das Leben im Northern Territory.

29 Kakadu & Litchfield National Park

1. April

Mann, es ist bereits April.

Es war eine gute Nacht, sehr ruhig und weich auf dem Grasboden. Da wir nicht gut auf aufgepumpten Luftmatratzen schlafen können, legen wir sie immer nur als Wärmedämmung unaufgeblasen auf den Boden. Dadurch ist es oft recht hart von unten, weicher Boden wie dieser hingegen ist eine Wohltat. Wir sind recht früh auf, da die Sonne voll auf das Zelt strahlt, und versuchen möglichst schnell unsere Sachen zusammenzupacken und loszufahren. Als wir fast fertig sind, kommt der Campingplatz-Ranger vorgefahren, um abzukassieren. Dabei muss erneut erwähnt werden, wie freundlich die Menschen hier sind. Es gibt kein böses Wort oder eine Anschuldigung, er ist einfach nur nett und höflich zu uns, obwohl es offensichtlich ist, was wir vorhatten. „Pine Creek" ist der letzte Ort vor dem Kakadu National Park. Wir fahren direkt zum Bottleshop, aber die Preise für Bier und Wein sind dermaßen hoch, dass wir darauf verzichten. In der Fensterscheibe hängt zudem ein Schild, das besagt, dass man pro Person und Tag nur zwei Liter Wein kaufen darf. Das wird wohl seine Gründe haben.

In „Marians Roadhouse", dem Tor in den Park, gibt es letzte Informationen über den Zustand der Straßen. Die sehen nicht besonders gut aus. Wir erfahren, dass fast alle Straßen gesperrt sind, lediglich ein paar Hauptstraßen sind geöffnet, der Rest steht kurz nach Ende der Regenzeit noch unter Wasser. Wir fahren zu dem Platz, den wir uns bereits auserkoren hatten, entlang einer Schotterstraße, und machen Mittag auf diesem freien Campingplatz. Ich trinke gefühlt eines der besten Biere meines Lebens. Es ist wahnsinnig heiß, aber ich habe zumindest meinen Appetit wieder zurück und freue mich richtig auf unsere Thunfisch-Sandwiches. Nach einer längeren Siesta bekommen wir gerade noch mit, wie zwei sehr große Raben versuchen, unser Brot aus dem Kofferraum zu stehlen. Einer hat die komplette Toasttüte im Schnabel, bekommt sie aber nicht mit in die Luft. Merke: Kofferraum niemals offen lassen.

In der Nähe beginnen ein paar Wanderwege durch den Park und wir starten unsere Wanderung. Nach einer kurzen Klettertour erreichen wir einen kleinen, sehr schön gelegenen Naturpool mit Wasserfall im Hintergrund. Wie gewohnt hüpft Javi in Unterhose ins Wasser, ich sitze draußen und schaue nach Krokodilen, vor denen am Beginn des Weges mit großem Schild gewarnt wurde.

Als wir den Hügel erreichen, werden wir mit einem wunderbaren Panoromablick über die unendlichen grünen Weiten des Parks belohnt. Wir diskutieren auf dem Rückweg unsere Optionen für die nächsten Tage und beschließen, morgen bereits zurück und in den „Litchfield Park" zu fahren. Nach allem, was wir wissen, sind in Kakadu die meisten sehenswerten Regionen gesperrt. In Litchfield, dem Park zur Westseite des Highways, sind bereits sehr viel mehr Straßen zugänglich. Es ist schade, aber was soll man machen. Mit dem Auto geht's zurück auf den Campingplatz von heute Mittag. Bei Bier und Pasta geht es uns wieder richtig gut. Heute sind es die Spinnen, ziemlich große orangefarbene, die uns ein wenig nerven, da sie immer wieder auf unser Licht zu krabbeln. Ansonsten bleibt es ruhig und wir gehen früh ins Zelt. Ich versuche die Krokodilhinweisschilder, die auch hier stehen, zu verdrängen und lese ein wenig. Gerade als ich meine Kopflampe ausmachen will, sehe ich direkt über mir an der Decke, zwischen dem inneren Moskitonetz und der äußeren Regenplane, wie eine große Spinne ein noch größeres Insekt frisst. Kakadu National Park, Licht aus.

2. April

Die erste Sehenswürdigkeit im Litchfield Park sind die Termiten-Hügel. Wobei man eigentlich nicht von Hügeln sprechen kann – es sind ganze Schlösser. Einige drei Meter hoch, mit dem Umfang einer uralten Eiche, beeindruckend.

An den „Florence Falls" gibt es endlich ein geöffnetes „Wasserloch", in dem man entspannt schwimmen kann. Der Wasserfall klatscht aus gut 50 Metern Höhe auf einen kleinen, von hohen Felswänden umschlossenen See. Nach zwei Stunden fahren wir auf einen Naturcampingplatz in der Nähe. Er liegt wunderschön am Hang eines Berges. Ganz am Ende finden wir einen großen freien Platz mit Blick über das bewaldete Tal und sehen später einen Traum von Sonnenuntergang. Weicher sandiger Boden, kaltes Bier und ein Lagerfeuer, es ist perfekt. Wir kochen uns Reis und essen dazu ein sehr mäßiges Fertiggericht. Unser Gespräch dreht sich fast ausschließlich um unsere Zukunftspläne, meine mit

Wicked, Javi überlegt, in London noch seinen Master zu machen. Ich erfahre erst jetzt, dass man in Spanien Krankenpfleger studieren kann und nicht „nur" eine Ausbildung macht. Wir beobachten wieder eine große orangefarbene Spinne, die diesmal auf unserem Tisch immer im Kreis läuft, es muss am Licht liegen.

3. April

Auch im Litchfield Park sind noch eine ganze Menge an Wegen und Wasserlöchern geschlossen. So besuchen wir nur die unglaublich schönen „Wangi Falls". Wie auf einer kitschigen Postkarte plätschern die schmalen Rinnsale in den See, umrahmt von Urwald. Wir sitzen auf einem Holzponton und schauen diesem Schauspiel von schräg auf den See einfallender Sonne, hören die Flughunde in den Bäumen schreien und lauschen den beruhigenden Klängen des Wassers. Leider sind die Wanderwege dieses Gebietes gesperrt, da das Wasser noch hoch steht und damit vor allem die Krokodilgefahr groß ist.

Javi fragt einen der Touriguides, der mit seiner Gruppe eintrifft, wo man hier dennoch wandern könne. Aber auch er sagt, dass alles gesperrt ist. Im Wasserloch nebenan sei vor zwei Tagen sogar eine Touristin von einem Krokodil angefallen worden. Daher entschließen wir uns, denselben Weg wieder zurückzufahren und uns das „Bully rock hole" anzusehen, in dem man wohl schwimmen kann. Es ist ein Fluss mit kleinen Sammelbecken, von denen das Wasser ein bis zwei Meter herabfällt und eine Art Naturpool bildet. Der leicht zu erschließende Teil ist komplett mit Touristen überfüllt.

Deshalb folgen wir dem Fluss ein Stück abwärts, haben doch noch unsere kleine Wanderung durch die Pampa und finden einen weiteren kleinen Pool. Allerdings ist die Strömung so stark, dass man sich an den Wurzeln der Bäume festhalten muss, um nicht abgetrieben zu werden. Wieder am Ausgangspunkt angelangt, sind wir die Einzigen und haben diesen großen Jacuzzi für uns allein. Herrlich, besonders wenn man sich unter den kleinen Wasserfall setzt und sich davon die Schultern massieren lässt. So bleiben wir eine Weile, bis es anfängt zu tröpfeln. Dann wird der Regen stärker, innerhalb von Minuten ist der Himmel zugezogen und wir sitzen mitten in einem tropischen Gewitter. Draußen ist es so nass wie im Wasser, daher bleiben wir so lange sitzen, bis Donner und Blitze direkt über uns sind. Der Parkplatz ist bereits völlig überschwemmt, aber wir rennen zum Auto und springen hinein. Die Scheibenwischer bekommen die Wassermassen nicht annähernd zur Seite geschaufelt und so bleiben wir nass, nur in Badehose im Auto sitzen, trinken Bier und essen Chips. Als es etwas besser wird, rollen wir zu unserem Campingplatz von gestern. Dort ist niemand außer uns, aber es regnet weiterhin so stark, dass es sinnlos wäre, das Zelt aufzubauen. So trinken wir weiter und hören Musik. Als der prasselde Regen nach Stunden endlich aufhört, bauen wir das Zelt auf und kochen Spaghetti. Die Freude hält aber nicht lange, denn der Regen setzt wieder ein. Wir tun, was man nicht tun soll, und kochen im Zelt weiter. In diesem Fall ist es in Ordnung, denn das Zelt ist hoch genug. Nach zehn Minuten schwimmt es allerdings. Wie in einem Wasserbett setzen wir uns auf den Boden und essen die Nudeln, bis es überall hindurchtropft. Wir nehmen erneut unsere Sachen und verschwinden ins Auto. Wir klappen die Vordersitze zurück und versuchen so gut es geht, in einem nassen Auto, in nasser Badehose in prasselndem Regen zu schlafen. In der Nacht weckt mich Javi, um unser leicht lädiertes Zelt an ein einigermaßen trockenes Plätzchen zu verschieben. Die Wolken scheinen aufgerissen zu sein und so legen wir uns im nassen Zelt auf den Boden und schlafen erschöpft ein.

30 Darwin

4. April

Als wir erwachen, scheint alles wie immer zu sein. Die Sonne scheint, der Platz ist trocken. Nur unsere Klamotten sind komplett nass. Wir legen alles über die Pfähle in die Sonne und lassen uns viel Zeit beim Frühstücken. Besonders der Kaffee tut heute richtig gut. Diesmal fahren wir ab, ohne zu bezahlen, aber nach den Ereignissen der letzten Nacht fühlt es sich auch gerecht so an, als hätten wir unseren Preis bereits bezahlt.

Wir halten noch mal am Rock-hole und setzen uns in den Pool, Wellness pur, und so ist alles wieder gut, als wir uns eine Stunde später auf die Reise machen.

Ziel Darwin. Das vorläufige Ende unserer gemeinsamen Reise, Endpunkt des Outbacktrips, Zivilisation im tropisch heißen Norden. Wir wollen uns mit David und Emily im ANZAC- (Australien and New Zealand Army Corps) Park treffen.

Als beide ankommen, gibt es erst einmal ein großes Hallo und dann erzählen alle von den Erlebnissen der letzten Tage. Emily ist ein sympathischer Rotschopf aus Melbourne. Die beiden haben sich auf einer Schiffsreise vor drei Jahren in Südostasien kennengelernt und sich bereits am Anfang dieser Reise in Melbourne getroffen. Sie arbeitet bei der Armee in der Verwaltung und hat deshalb gute Flugkonditionen. Gemeinsam fahren wir in die Innenstadt, wo wir uns aufteilen. Das Pärchen kauft Lebensmittel für die nächsten Tage, Javi und ich suchen nach einem Hostel. Wir finden eines auf der zentralen

Hauptstraße für 20 $ die Nacht und buchen zunächst für zwei Nächte. Die Zimmer sind klein für vier Personen. Wir haben zwei deutsche Mitbewohner, von denen einer auf dem Bett hockt. Als ich versuche, mit ihm ins Gespräch zu kommen, druckst er ewig darum herum, wo er herkommt, und wir nähern uns nur sehr langsam über Thüringen an Eisfeld heran. Das kenne ich nun recht gut, da sehr gute Freunde meiner Familie dort herkommen, was ihn natürlich überrascht.

Wir holen unsere Sachen aus dem Auto, packen nach langer Zeit einmal wieder alles in die Rucksäcke und verabschieden David und Emily auf ihre Reise nach Kakadu. Beim offiziellen Einchecken im Hostel lernen wir ein Mädchen kennen, das etwa meine Größe hat, lange, gelockte rote Haare, nur mit engem Bikini bekleidet ist und lautstark und offensichtlich gut angeheitert mit dem Rezeptionspersonal diskutiert. Sehr unterhaltsam.

Eingerichtet im Zimmer werden wir beim Versuch einer kurzen Siesta von unserem vierten Bewohner gestört. Der große muskulöse Glatzkopf macht als Erstes das Licht an und rasiert sich mit einem Elektrorasierer. Nun eh wach, machen wir uns auch fertig für den Abend unter Menschen. Während ich Pasta koche, holt Javi ein Sixpack Coopers und wir essen auf der Veranda des Hostels. Die rote Australierin, Aliza, kommt etwas später mit ihrem schwulen Freund dazu und unterhält uns. Es ist eine interessante Mischung aus nicht enden wollendem wirren Gequatsche und diesem extremen Ostküstenslang, sodass mir ganz sicher die Hälfte des

Gesprächs entgeht, aber ich vermute, dass ich damit leben kann.

Wir starten unsere erste Darwin-Nacht und treffen Eisfeld in einer Bar, damit er uns ein wenig in die Stadt und das Nachtleben einführt. Es ist ein gemütlicher Platz mit einer sehr guten Liveband und vielen tanzenden Frauen. Eine kommt zu mir rüber, um mit mir zu tanzen, aber mir ist nicht sehr danach. Ich bin noch nicht so ganz in der Zivilisation angekommen. Als die Band eine Pause macht, quatscht Javi die hübsche Sängerin an und die beiden verabreden sich für morgen Abend nach dem Auftritt auf einen Drink. Wir gehen weiter mit einem Australier im „Fear & Loathing in Las Vegas"-T-shirt, mit dem wir uns sehr spannend unterhalten hatten. Er malt Cartoons für eine lokale Zeitung und empfiehlt uns einen Club, den wir für 10 $ aufsuchen. Auch hier spielt eine sehr rockige Band und es ist knallvoll. Am Ende tanze ich mit einem Mädchen, das aber wohl mit seinem Freund hier ist. Javi versucht sein Glück bei einer Österreicherin, die mir vor allem durch ihre lange Nase auffällt. Um vier Uhr macht der Laden dicht. Auch wir haben genug für heute und gehen zurück ins Hostel.

5. April

Unsere beiden Mitinsassen kommen am Morgen von ihren externen Schlafplätzen wieder zurück. Eisfeld ist über und über mit dickem schwarzem Filzstift bemalt und immer noch total voll. Er ist auf einer privaten Party gelandet und dort auf der Couch eingeschlafen. Das haben die anderen genutzt, um ihn komplett zu beschmieren. Seine Strategie gegen den schweren Kater ist es, sich unten an den Pool zu setzen und weiter zu trinken. Mario, der Glatzkopf aus Rostock, hat einen ähnlichen Schädel, legt sich am Pool auf eine Bank und schnarcht dort ein paar Stunden direkt in der Mittagssonne. Wir gehen zu Coles, kaufen was zum Frühstück und setzen uns oben auf die Veranda mit Blick auf den Pool. Als dort zwei Schönheiten eintreffen, beginnt die Javi-Show. Unser sonnengebrannter Spanier entledigt sich seiner Klamotten direkt am Pool und springt, nur mit seiner engen schwarzen Unterhose bekleidet, ins Wasser, um ein paar Bahnen zu schwimmen. Die beiden Schönen liegen mittlerweile auf zwei Liegen im Schatten. Ihre Anwesenheit ruft natürlich auch andere Jäger auf den Plan, bald haben die beiden Gesellschaft zu beiden Seiten. Javi dreht noch ein paar Runden, bis sich die Gelegenheit ergibt, rüberzuschwimmen und vom Beckenrand aus Kontakt aufzunehmen.

Den Abend starten wir mit einem Essen im „Vic's", das wir mit einem Gutschein von unserer Rezeption bezahlen. Das Vic's ist voll mit Backpackern und wir teilen Bank und Tisch mit einer Gruppe Asiaten. Es gibt Lamm mit Reis und es schmeckt richtig gut. Dazu einen Jug Bier. Nebenbei beginnen „lustige" Backpackerspiele auf der Bühne. Zu gewinnen gibt es Freibier. Die beiden Mädels vom Pool erscheinen später, setzen sich zunächst an einen anderen Tisch, kommen aber zu uns rüber, als sie Javi sehen. Sie sind aus Henstedt (bei Hamburg), was uns natürlich einen großartigen Gesprächseinstieg gibt. Als Repräsentant unseres Tisches geht Javi auf die Bühne, als Frank, der französische Entertainer, anfängt, auf einem Staubsaugerrohr Didgeridoo zu spielen. Leider gewinnen nicht wir das Bier und als es weiter zum Stopptanz und der Reise nach Jerusalem mit Striptease geht, verlässt Javi die Bühne.

Es wird immer voller, die beiden Mädels wollen runter gehen und schauen, was dort los ist. Wir folgen ein paar Minuten später, können sie aber nicht mehr finden. Am Tisch bei unseren Asiaten stellen wir erfreut fest, dass sich auf den Nachbarbänken etwas getan hat. Sie sind nun voll von jungen Mädchen, eins davon eine wirkliche Schönheit. Sie wirkt später mit ihrer hübschen Freundin auf der Bühne mit. Javi ist wieder in die Konversation eingestiegen und findet die Schöne wohl ebenfalls nett. Unsere beiden Hamburgerinnen kommen wieder zurück, was ich als gutes Zeichen werte, und wir stellen uns irgendwo in die Menge, als die Ersten zu tanzen beginnen. Es ist einer dieser Abende und Orte mit „good vibrations" in der Luft, an denen man weiß, es wird noch viel Gutes passieren. Javi redet immer noch mit der Hübschen, während ich mich recht wohl im Hamburger Kreis fühle. Die beiden wollen weiter in einen anderen Club gehen und Javi und ich eigentlich auch. Als wir schon in Bewegung sind, steht plötzlich Beauty neben mir auf einem Tisch und fordert mich auf, zu ihr hochzukommen. Ich verharre eine Sekunde, lasse mich dann aber auf den Tisch ziehen und tanze. Es geht alles sehr schnell, wir tanzen eng und enger und dann ist da kein Platz mehr.

6. April

Während der Nacht kommt Javi mit Eisfeld zurück, den er irgendwo auf dem Flur des Hostels gefunden hat und der nicht mehr alleine laufen kann.

Ich stehe mit leichtem Schädel um elf Uhr auf und kaufe uns was zum Frühstücken. Wir essen wie immer auf der Terrasse und sprechen über den gestrigen Abend, wie immer über Frauen und den heutigen Tagesplan.

Wir sind im Vic's mit Sophie und Sina, den beiden Hamburgerinnen, zum Essen verabredet. Als wir eintreffen, essen sie bereits mit zwei anderen deutschen Jungs. Sina macht bei einem Trinkspiel mit, gewinnt und wir bekommen Freibier und Sekt. Wir laufen mit den Jungs zum Hostel und fahren mit deren Wicked Van gemeinsam zum Casino der Stadt. Die Spieler spielen, ich schaue zu. Glücksspiel ist nicht meine Welt, ich kann mich nicht dafür begeistern. Einer der beiden verliert an dem Abend 80 $, der andere gewinnt immerhin 25 $. Dann ist es aber auch gut und wir fahren zum „Discovery"-Club in die Innenstadt. Freier Eintritt, gute Housemusic, sehr laut, aber die Vibrations fehlen heute, und so laufen Javi und ich nicht allzu spät zurück ins Hostel.

7. April

Am späten Vormittag machen wir einen langen Spaziergang durch die Stadt und laufen einen der Wanderwege am Wasser ab. Es ist, wie auch schon die Tage zuvor, unglaublich heiß und schwül. Nach fünf Minuten sind wir durchgeschwitzt. Da es hier im Norden auch so etwas wie Hoch- und Niedrigwasser gibt und die Landübergänge mit Mangroven bewachsen sind, laden die Ufer wenig ein und schöne Strände sucht man vergebens. Es empfiehlt sich ohnehin, nicht schwimmen zu gehen, da hier See-Wespen und andere Galeerenquallen vor der Küste treiben und wenn man Pech hat, begegnet man „Salties", Salzwasserkrokodilen.

Zum Mittag kaufen wir uns einen Goldbroiler und essen gemeinsam mit Aliza, der durchgeknallten Rothaarigen und Penny, ihrer australischen blonden Freundin, im Hostel auf der Terasse. Die beiden unterhalten uns prächtig, ohne dass wir überhaupt etwas sagen müssen. Dann machen wir uns auf für die „Big night out". Im Vic's sitzen wir mit den beiden Australierinnen und zwei Holländern aus unserem Hostel am Tisch. Heute ist „Trivia", also Quiznacht. Es gibt drei Runden à zehn Fragen, zwischendurch immer wieder Trinkspiele. Am Ende gewinnen wir das Gesamtspiel, wobei ich nicht gerade die treibende Kraft des Erfolges bin. Wir bekommen einen Getränkegutschein über 75 $, was für diesen Abend perfekt passt und der bestmögliche Einstieg ist. Also wird getrunken. David kommt überraschend früh dazu und wir drei können zusammen in meinen Geburtstag feiern. Ich bin bereits ziemlich angeheitert, aber allerbester Laune und tanze mit zwei deutschen Mädchen auf unserem Tisch.

Ich kann mich nicht mehr genau erinnern, wie es dazu kam, aber ich tanze schließlich mit einer hübschen Blonden auf der Tanzfläche. Ich hatte bereits vor einiger Zeit gesehen, wie sie fünf oder sechs Kerle hintereinander abblitzen ließ, einer davon war mein spanischer

Freund Javi. Er erzählt mir später, sie sei offensichtlich die ganze Zeit nur an mir interessiert gewesen, was mir aber komplett entgangen war. So tanzen wir zusammen bei diesem schlechten Song „Piece of me" von Britney Spears, der aber großartig tanzbar ist, bis wir uns küssen. Sie fragt mich einmal zwischendurch, woher ich komme, und wir müssen lachen. Ja, wir Deutschen sind überall.

Javi und David verabschieden sich dann ins „Discovery", meine neue Begleitung und ich gehen Hand in Hand auf die Straße. Diesmal gibt es einen sehr konkreten Plan und ich führe sie schweigend zu meinem Hostel. Es ist wie ein Spiel. Als wir über die Hintertür am Pool auf die Terrasse wollen, ist diese geschlossen und so gehen wir zum Zimmer. Davor sage ich nur: „Vierbett-Jungszimmer." Sie nickt bloß und wir gehen hinein. Happy Birthday.

8. April

Als ich am Morgen neben meinem hübschen blonden Geburtstagsgeschenk aufwache, ist das Zimmer voll belegt. Bald darauf erwacht auch sie und fragt direkt: „Kennst du die Richtung zu meinem Hostel, das liegt gleich hinter dem Vic's? Ich muss sofort los zum Auschecken, damit ich meinen Flug nach Südamerika noch bekomme!" Ein letzter Kuss und weg ist sie. Namen wurden nie genannt und so werden wir uns wohl auch nicht wiedersehen.

Da ich einen unglaublichen Schädel habe, versuche ich noch ein wenig zu schlafen, aber Javi weckt mich gleich wieder. Wir müssen ebenfalls auschecken, denn wir wollen ja mit David zusammen in ein Zimmer. So schleppen wir uns auf einen andern Flur und ziehen zu dritt zu einem jungen Frankfurter.

Bei Pasta besprechen wir drei unsere Situation und beschließen: Ab morgen schauen wir uns nach Arbeit in Darwin um. Heute nehmen wir es noch einmal locker.

Am Abend isst und trinkt unsere WG erneut im Vic's, anschließend wohnen wir dem Kondom-Dildo-Positions-Spielen bei. Wenn man das gefilmt hätte, könnte man es problemlos auf allen möglichen Pornowebseiten zeigen. Es ist erstaunlich, was betrunkene hübsche Mädels für ein paar Freibier alles machen. Aber der Laden ist voll und die Stimmung bestens.

David verabschiedet sich bald ins Bett, Javi und ich machen noch mal einen Abstecher ins „Discovery". Das erinnert mich an die Schlussszene von „From dusk till dawn". Denn hinter dem Club geht es durch eine kleine Tür auf der Rückseite, eine Treppe hinab in einen noch viel größeren Club. Das Ding hat sogar einen Rang, wie in einem Theater, eine große Bühne und faßt sicher über 1 000 Gäste. Heute ist hier Wet-T-shirt-Contest. Mädchen laufen in weißen Shirts über die Bühne und werden vom Moderator nass gespritzt. Der Boden ist bald so nass, dass eine der Damen fast von der Bühne rutscht. Irgendwann nach drei Uhr machen wir uns auf den Rückweg und essen einen „basic Hotdog", keinen „special super de lux", woran ich merke, dass ich schon wieder gut getankt habe, denn ich esse sonst keine Wurst.

9. April

Es soll unser großer Arbeitstag werden. So stehen wir nicht allzu spät auf, David ist bereits unterwegs. Wir kaufen eine Zeitung und Javi ruft alle möglichen Jobanzeigen durch, fragt, ob die Bezahlung „cash in hand" sei. Es gibt aber nichts, das für uns passt. Als nächstes teilen wir uns auf und laufen alle Hostels der Stadt ab, um an den schwarzen Brettern nach Aushängen zu schauen. Aber auch hier gibt es nichts. Ich schaue bei einer spezialisierten Backpacker-Arbeitsvermittlungsstelle vorbei und nehme mir die Bewerbungsunterlagen mit. Auf der anderen Seite macht es nicht so wahnsinnig viel Sinn, wenn ich alleine einen Job bekomme und die anderen beiden nicht. Ihr Problem ist, dass sie kein Arbeitsvisum haben, da Spanien kein Work & Travel-Abkommen mit Australien hat. So bleibt für die beiden nur Schwarzarbeit. Wir laufen direkt bei einigen Baustellen und am Hafen vorbei, fragen dort nach Aushilfsjobs, ohne Erfolg.

Ich gehe zur Abwechslung mal in eins der vielen Didgeridoo-Geschäfte und lasse mir von einer sehr netten Mitarbeiterin zeigen, wie man auf so einem Gerät spielt. Es gibt nicht nur verschiedene Modelle und Größen, sondern auch sehr unterschiedliche, aus Bienenwachs geformte Mundstücke. So findet jeder Mund sein passendes Pendant. Natürlich gibt es verschiedene Didgeridoos für Anfänger bis Fortgeschrittene. Die Stücke, die mir gefallen, kosten um die 250 $, was okay ist, aber mir derzeit zu viel. Wir suchen ja nicht zum Spaß nach einem Job. Immerhin gönne ich mir einen Friseurbesuch. Javi war ebenfalls heute dort und so werden meine

Haare für stolze 25 $ seit Brisbane das erste Mal wieder geschnitten.

Im Global Gossip drucke ich meinen Wicked-Brief noch einmal aus. Auf meine Mail kam noch keine Antwort, daher will es jetzt mit einem guten alten Brief per Post direkt an den Chef versuchen.

Zudem lese ich noch eine ganze Menge Geburtstagsmails. Eine sehr wichtige ist auch dabei und zwar von Markus, der nun vorübergehend die Schulleitung in Potsdam übernommen hat und fragt, ob ich ab Sommer wieder dort anfangen möchte. Ich müsste ihm dann bald Bescheid gegeben für die neue Semesterplanung. Darüber muss ich erst einmal nachdenken. Aber nicht jetzt.

Im Hostel treffe ich meine beiden Buddies wieder und wir werten den Stand der Dinge aus. Es scheint im Augenblick hier keine Jobs für uns zu geben und so beschließen wir, morgen weiterzureisen und den Rest des Tages einfach zu genießen, vornehmlich unten am Pool.

Im Vic's gibt es zwar genau das Gleiche, möglicherweise sogar dasselbe Essen von gestern, aber ich würde jetzt fast alles essen. Es gibt wieder Spiele und wir spüren den Abnutzungseffekt. Javi ist gleich wieder im Gespräch mit einer sehr jungen Schweizerin. Sie will mich mit ihrer Freundin verkuppeln, die mich aber nicht interessiert.

Eine größere Gruppe Schwedinnen trifft ein und die Tanzfläche füllt sich. Ein blondes Mädchen kommt zu mir, da ich etwas gelangweilt an einem Pfeiler lehne, und fragt, ob ich tanzen wolle. Ich antworte etwas schroff, dass ich schon noch wolle, aber erst später. Sie hat ein hübsches Gesicht, ist aber nicht ganz mein Typ. Aliza winkt mich zu sich an den Tisch und wir reden eine Weile. Dabei nehmen die Blonde und ich immer mal wieder Augenkontakt auf. So bin ich nicht überrascht, dass sie wieder direkt vor mir steht, als ich anfange zu tanzen. Ich gehe die Optionen durch. Entweder ich warte ab, was die Schwedinnen treiben, muss mich dann aber in den Pulk der anderen Suchenden einreihen und mich an diesen anstrengenden Positionskämpfen beteiligen. Oder ich halte mich an Javi: „Wenn du eine hast, dann setz alles auf sie. Wenn du dich zwischen zwei, dreien nicht entscheiden kannst, wird es mit keiner etwas." So gehe ich den einfachen Weg.

Der Abend bleibt abwechslungsreich. Es gibt eine Schlägerei neben uns, und was für eine! Es treffen eine Gruppe von den Christmas Islands, absolute Schränke, und eine Gruppe australischer Rugbyspieler aufeinander. Es wird eine richtige Schlacht und das pulsierende Knäuel ist nicht zu stoppen. Die Türsteher können nur zuschauen, und auch die beiden eintreffenden Polizisten sind keine Hilfe. Einzig der DJ stoppt die Musik und fordert die Kolosse auf, doch an die anderen Gäste zu denken. Erst als weitere Uniformen dazukommen, können die Gruppen getrennt und abgeführt werden.

Zum Abschluss der Abendunterhaltung findet noch ein Bodypainting-Wettbewerb statt, bei dem sich sowohl die Kunst als auch die Modelle sehen lassen können.

Den Rest der Nacht verbringen wir am Strand. Auf dem Weg zu ihrem Hostel, das am anderen Ende der Stadt liegt, fragt mich die Blonde." Willst du meine Te-

lefonnummer haben, ich fliege am Wochenende nach
Cairns und bleibe dort etwa zwei Wochen?" Ich tippe
also ihre Nummer in mein Handy und frage meinerseits:
„Soll ich noch einen Namen zu der Nummer
speichern?" Sie antwortet: „Ruf mich einfach an." So
wird sie nun unter „Darwin-Beach" geführt.

10. April

Javi weckt mich um halb zehn. Sehr früh, wie ich finde,
aber wir müssen ja auschecken. Das übernehmen meine
beiden Kollegen, während ich mich aus meinem Sandhaufen im Bett wühle und duschen gehe.

In der Bibliothek, dem wohl schönsten Gebäude in
der sonst eher funktional gestalteten Stadt, schreiben wir
uns in das Wartebuch für die Internetnutzung ein und
bekommen einen Termin in zwei Stunden. So bleibt
Zeit für mich, noch ein wenig an meinem Brief zu
schreiben und später zusammen mit David in Coles für
die nächsten Tage einzukaufen.

Auf dem Weg zurück in die Stadt halten wir kurz an
der Post und ich schicke meinen Wicked-Brief endlich
ab. Wir kaufen ein gegrilltes Huhn auf die Hand und
verlassen Darwin. Der Plan sieht vor, jetzt nach Cairns
zu fahren, da es an der Ostküste sehr viel bessere Möglichkeiten zu dieser Jahreszeit geben soll, Arbeit zu finden. So sind wir ein Musterbeispiel für den modernen
Arbeitnehmer, der gerne 2 500 km mit dem Auto der
Arbeit hinterherfährt. Zudem sind wir uns einig, dass
wir bei unserem Lebenswandel zwei weitere Woche Darwin nicht überleben würden, und suchen nun durchaus

bewusst das eremitische, abstinente Leben im Outback, fernab der Zivilisation, um wieder zu regenerieren.

Wir fahren zunächst nach Katherine und ein paar Stunden weiter den Highway nach Osten, bis wir zur Dämmerung an einer einfachen Raststelle halten. Eigentlich noch immer satt vom Huhn, machen wir uns nur ein paar Sandwiches, kein Bier heute und legen uns früh schlafen. Ich versuche noch ein paar Seiten im Tagebuch zu schreiben und mich an die Ereignisse der letzten Tage zu erinnern. Ich stelle fest, dass es wohl mit die schönsten Tage meines Lebens waren. Und sie sollen mich nachhaltig beeinflusst haben.

31 Outback III & Eastcoast

11. April

Es war eine wunderschöne, ruhige Nacht in der Wildnis. Wir haben sie wirklich vermisst und ich möchte fast sagen, dass es sich ein wenig wie Heimat anfühlt. So starten wir gut gelaunt in den Tag, fahren nach Mataranka, diesem wunderschönen Platz am Thermalwasserfluss. Wir halten unsere Beine in den Jungbrunnen und lassen uns treiben. Eine Amerikanerin setzt sich mit dazu und Javi ist gleich wieder in Aktion. Sie hat einen recht großen Camper für sich allein, mit dem sie eine Überführungsfahrt macht und dafür sogar das Benzin von der Van-Vermietung bezahlt bekommt.

Dann geht es wieder zurück ins Outback und 500 km nach Tennent Creek. Die Strecke ist karg und langweilig. Über Roos freuen wir uns schon lange nicht mehr, sondern nehmen sie als einfachen Teil der hiesigen Natur, wie einen Baum, einfach so hin. Wir denken und reden viel über die letzten Tage und unsere Aussichten auf Arbeit an der Küste. Kurz vor Tennent biegen wir ab nach Mt. Isa. Obwohl es langsam dunkel wird, fahren wir noch 200 km weiter, um möglichst schnell im Osten anzukommen, am besten gleich Samstagabend. Zum Feiern. Eine dieser Raststätten wird die Ruhestätte für diese Nacht. Schnell das Zelt aufstellen, Spaghetti essen und viel trinken, nur Wasser. Der Nachthimmel ist so von funkelnden Sternen übersät, dass wir das Zelt offen lassen, um staunend ob der Schönheit der Natur einzuschlafen.

12. April

Es wird früh heiß im Zelt und wir werden wach. Javi als erster, daher geht er schon einmal raus, um den Kaffee zu machen. Kurz darauf ist er wieder zurück. Draußen ist Fliegenland und so frühstücken wir im Zelt. Das bauen wir dann ganz schnell ab, werfen es ins Auto und machen uns sehr unentspannt auf den Weg. Es ist unser großer Überführungsetappentag, wenn es gut läuft, vielleicht sogar schon bis zur Ostküste.

Die nächste Tankstelle ist riesig und vor allem für Roadtrains ausgerichtet. Daher ist sie relativ günstig und hat sehr komfortable Toiletten und Duschen, die kostenlos zu benutzen sind. Das machen wir und fühlen uns gleich viel besser.

Heute bin ich mit Fahren dran und so geht es Stunde um Stunde den Highway entlang Richtung Osten, ohne dass wir auch nur ein einziges weiteres Auto sehen. Ich versuche uns bei konstanten 120 km/h zu halten, damit wir vorankommen. Nach vier Stunden ist es bereits dunkle Nacht und mein persönlicher „Bodycount" beläuft sich auf zwei Vögel, von denen einer noch später am Kühler kleben wird, einer Katze, die im Selbstmordversuch seitlich ans Auto sprang, und fast einer Kuh. Puta Vaca! Javi, mein Beifahrer, sieht sie zuerst und sagt vor Schreck irgendetwas auf Spanisch, das ich aber nicht verstehe. Ich sehe das Vieh erst sehr spät, was vor allem daran liegt, dass die Kuh schwarz ist. So leuchten lediglich ihre Augen, als sie quer auf unserer Fahrbahn steht. Für eine Vollbremsung reicht es nicht mehr und so drossle ich nur leicht, mache einen gekonnten Schlenker über die Gegenfahrbahn um sie herum und fahre gleich weiter. Trotzdem ist es besser, diese Nachtfahrt abzubrechen, und so halten wir am nächsten Rastplatz und machen Pasta. Den Rest der Strecke schaffen wir locker morgen, da wir heute unsere 1 000 km weg haben.

13. April

Wir sind gut drauf und freuen uns, das Meer zu sehen. Als wir in Townsville ankommen, fahren wir zunächst ins Einkaufszentrum und kaufen für ein schönes Barbie ein. Dazu eine neue Box von Tooheys Bestes. Auf dem Weg die Küste hinunter, auf diesem Traum von einem Highway, halten wir an einem Touristeninformationszentrum kurz hinter Bowen. David erfährt von der älteren Mitarbeiterin, die mit einem Spanier verheiratet ist, dass es hier in der Gegend eine ganze Menge Arbeit geben soll. Sehr zuversichtlich fahren wir zurück nach Bowen und machen unser Barbie direkt am Strand, dazu gibt es seit drei Tagen endlich wieder Bier.

Eine Stunde später sind wir in Airlie Beach. Ich nun bereits zum dritten Mal. Nach einem weiteren Bier in der schönen Bucht mit Blick auf die Whitsundays checken wir im „Magnums"-Backpacker-Hostel ein, für einen Zeltplatz. Der Platz ist winzig und ich kann mich noch erinnern, darüber bereits Witze gemacht zu haben. Die dazugehörigen sanitären Anlagen sind allerdings solide und sauber. Wir bauen das Zelt auf und setzen uns dann unter einen aus Holz gezimmerten Verschlag gleich nebenan, essen Chips und trinken Bier. Einer von uns ist immer unter der Dusche. Zuerst kommt eine sehr gut aussehende Norwegerin vorbei, bleibt aber nicht lange, was nichts macht, da der blonde Engel aus München erscheint. Eva, 30, die mit einem 19-jährigen Deutschen, den sie auf der Reise kennengelernt hat, unterwegs ist. Sie ist sehr sympathisch, unterhaltsam und witzig. Später gehen wir zu ihrer Zehner-Hütte und setzen uns auf den Balkon. Das Bier läuft und läuft. Wir spielen „I never had ..." und es dreht sich alles um Sex. Sehr interessant, aufschlussreich und zum Totlachen. Wir wissen am Ende mehr voneinander, als wir wahrscheinlich wissen wollten. David macht den Vorschlag, die neue Box komplett leerzutrinken, was wir tun, bevor es auf die Piste geht. Im „Shennanigans" spielt eine Band, nicht gut, aber das ist für uns mittlerweile unerheblich. Wir tanzen und dann kommen Eva und Javi zusammen. Etwas schade für uns andere zwei, aber umso besser für Javi. Die beiden verlassen uns und ich gehe mit David rüber ins „Mama Africa".

14. April

Kurze Nacht, denn der winzige Zeltplatz hat keinen Schatten und so wird es schnell unerträglich heiß. Mit schwerem Schädel quälen wir uns raus und schleppen uns unter diesen Verschlag. David hat es am schlimmsten erwischt, er ist komplett weiß und muss sich erst einmal übergeben. Javi und ich machen zumindest Kaffee und so ganz langsam wird es besser. Es soll ja der große Jobsuchtag werden. Eva kommt kurz rüber, sieht schon wieder aus wie aus dem Ei gepellt, kaum zu glauben, und macht sich gerade fertig, um für drei Tage mit einem der Boote raus auf die Whitsundays zu fahren. Immerhin gibt sie Javi ihre Nummer. Sie will in zwei Wochen auf einer Farm im Inland als Cowgirl-Jillaroo arbeiten und dort nachfragen, ob die noch Leute suchen. Wir werden wie immer sehen, was wird.

Im Internetcafé durchsuchen wir die Fruitpickingseiten und müssen erkennen, dass es im Augenblick so gut wie nichts zu tun gibt. Anschließend laufen wir alle schwarzen Bretter der Stadt ab, fragen in jedem Hostel nach und gehen in die Touristeninformation. Es ist immer noch Nebensaison und so fahren wir nach Bowen zurück, um dort unser Glück zu versuchen. Vorher fahren wir an den Pool in der künstlichen Lagune und kochen Spaghetti. Wir sind dort sicher ein komischer Anblick mit unserem Gaskocher direkt am Pool, aber wir fühlen uns wie im Paradies. Der Appetit ist zurück und um uns herum nur bildschöne Frauen in knappen Bikinis. Wenn man uns drei herausretuschieren würde, könnte sofort mit dem Dreh zu einem R&B-Video begonnen werden. Selbst Javi sagt, es sähe aus wie in einem Hollywood-Film und er hätte so viel Schönheit noch nicht gesehen. Aber wir sind ja zum Arbeiten hier und fahren nach Bowen. An der bekannten Touristeninformation fragt David nochmals die angeheiratete Spanierin, die ihm eine Liste der Bauern in der Region gibt. Aber alle, die wir anrufen, sagen dasselbe: Es gibt keine Arbeit im Moment. Niedergeschlagen fahren wir zum nächsten Campingplatz. Während ich koche, macht Javi mit seinem

„Drei-Wattestäbchen-statt-Münzen-Trick" unsere Wäsche. Morgen geht es mit der Jobsuche weiter.

15./16. April

Diese beiden Tage stehen nur unter dem Zeichen der Arbeitssuche und dem Versuch, nicht depressiv zu werden. Zwei Probleme kristallisieren sich heraus. Zum einen das „in Hand"-Problem meiner beiden spanischen Compadres. Zum anderen, es ist einfach keine Fruitpicking-Hochsaison. Daher sucht niemand verzweifelt nach Arbeitern und die wenigen, die gebraucht werden, bekommen vernünftige Verträge. Die einzige Chance ist die Region um Tully und Innesfail. Es ist weithin bekannt, dass es dort immer Bananen zu pflücken gibt, aber eben auch, dass es die ätzendste Arbeit ist, die man machen kann. Die Bananenstauden sind sauschwer, zudem gibt es zwischen den Palmen viele Vogelspinnen und Schlangen. In Innesfail fragen wir zunächst auf einem sehr schönen Campingplatz nach und bekommen die Information, dass es eine ganze Menge Arbeit zu tun gibt. Die Betreiber würden sogar in der Kombination eines Wochenvertrages zur Übernachtung direkt zu den Farmern vermitteln. Dann kommt das Aber. In der letzten Woche hat es eine großangelegte Razzia in der Region gegeben, wobei viele Backpacker, die ohne Vertrag arbeiteten, direkt aus dem Land verwiesen worden seien und einer der Campingplätze sofort geschlossenen worden sei. Daher sei es sicher sehr schwirig, im Augenblick etwas ohne Vertrag zu bekommen, denn alle würden noch unter Beobachtung stehen. Ich könnte sofort einen Job haben, aber das Thema hatten wir ja bereits. Ziemlich niedergeschlagen fahren wir weiter nach Innesfail. Dort läuft genau das gleiche Spiel.

Am nächsten Tag fahren wir in die „Asherton Tablelands", eine Gebirgskette mit sehr fruchtbaren Böden westlich von Cairns. Eine wunderschöne Landschaft, nur kälter, da höher. Auch hier holen wir uns eine Liste von Farmern und rufen durch. Nichts. Die telefonisch Unerreichbaren fahren wir einfach direkt an, quälen uns über die schlechten Schotterstraßen durchs Land und fragen die etwas misstrauischen Bauern persönlich. Nichts. So haben wir am Ende sicher weit über 20 Farmer angerufen, gute 15 abgefahren und bei allen Informationsstellen und Campingplätzen der Region angehalten und ebenfalls nachgefragt. Mehr fällt uns nicht ein. Es gibt hier einfach keine Arbeit für uns. Daher entscheiden wir uns, heute Nacht auf einem der freien Rastplätze in den Tablelands zu bleiben und morgen nach Cairns zu fahren, um mal wieder richtig Spaß zu haben. Wir sind deprimiert, lassen uns aber nicht unterkriegen.

32 Cairns II

17. April

Nach einer harten Nacht zwischen einer ganzen Menge Wurzeln am Boden werden wir früh wach und fahren weiter nach Kurunda, einer kleinen Stadt auf dem Weg nach Cairns, immer noch in den Bergen, umgeben von ein paar Wasserfällen. Es ist ein nettes Ausflugsziel der Cairnser und Touris, sehr sauber und dabei doch alternativ und etwas spirituell-esoterisch. Wir machen einen kleinen Spaziergang entlang der kleinen, bunten Hauptstraße, sehen aber nur viel Kitsch zu hohen Preisen. Nächster Halt ist ein Strand, der aber wegen der Quallensaison gesperrt ist. So sind wir bereits gegen Mittag in Cairns und fahren direkt ins „Tropic Days"-Hostel, in dem ich bereits vor einem halben Jahr gewesen bin. Ich entsinne mich, dass es dort einen Campingplatz gegeben hat. Die Stimmung ist hier sehr gut, alle sind freundlich. Wir bekommen einen Stellplatz, es gibt nur fünf für günstige 11 $ pro Kopf, und bauen unsere beiden kleinen Zelte auf, da es noch regnen soll und das große, wie wir wissen, dafür ungeeignet ist.

Wir machen eine kurze Siesta, rasieren uns mal wieder, duschen und fahren anschließend in die Stadt. Ich habe am Morgen überraschend einen Anruf bekommen, eine Dame von Wicked Campers teilte mir mit, dass sie meine Email bekommen und mir ebenfalls etwas zugeschickt hätte. Raquel von Wicked schrieb, dass sie nun meinen Brief an die Zentrale nach Brisbane schickt, die sich dann bei mir melden würde. Es gebe auf jeden Fall den Plan, ein Depot in Spanien zu eröffnen. So gibt es also nichts Konkretes, aber immerhin hatten wir eine Idee, eine Reaktion und Antwort erhalten und man weiß ja nie. Es ist witzig, dass dies gerade heute passiert, denn gestern Abend hatte ich dieses Thema fast schon abgehakt.

Im „Rhinos" gibt es ein freies Abendessen. Mit voranschreitender Stunde füllt es sich zusehends. Es wird wild getanzt, das Bier ist teuer, aber die Vibrations sind hervorragend. Ich habe kaum mein erstes Glas ausgetrunken, als ich mich bereits mit einer Blondine auf der Tanzfläche finde. Wir tanzen und es beginnt schon wieder alles so wie in Darwin. Sie ist interessant, weiß sich gut zu bewegen. Laura und ich haben etwa dasselbe Alkohollevel und viel Spaß zusammen in der wabernden Masse. Nach gut zwei Stunden kommt Javi zu mir und gibt mir die Campingplatzschlüssel. David ist bereits unterwegs. Ich gehe mit Laura zur Lagune, die nachts schön beleuchtet ist, aber auch gut bewacht. Laura kommt aus Schottland und fährt allein mit ihrem Wagen durchs Land. Irgendwann frag ich, ob sie mit ins Zelt kommen möchte, was selbst für mich nicht allzu einladend klingt, oder ich sie ins Hostel bringen soll. Im „Shennanigans" angekommen, gehen wir hoch in ihr Acht-Bett-Zimmer, das voll belegt ist, und verlassen es nicht wieder.

18. April

Am Morgen stolpere ich über das Treppengewirr hinab auf die Straße. Ohne Sonnenbrille sehe ich im gleißenden Licht so gut wie gar nichts und muss mich erst einmal orientieren. Die Sonne brennt mir auf den Schädel. Ich bin ausgetrocknet wie die Hölle, denn das Letzte, das ich getrunken habe, ist mein erstes und einziges Bier im Rhinos gestern Abend.

Zuerst muss ich zu Coles und einen Liter Iced Coffee trinken. Der Rückweg zum Zelt erscheint wahnsinnig lang, die Sonne ist viel zu hell. Die Jungs sind nicht da. So springe ich in den Pool, entspanne ein wenig und lege mich ins Zelt schlafen.

Am Abend nehmen wir den letzten Shuttlebus zum „Woolshed". Wir treffen einen der Franzosen vom Fruit picking aus Shepparton. Oben im Shed ist schon wieder ganz schön was los und auch wir gehen gleich auf die Tanzfläche. Die Musik ist gar nicht schlecht. Ich bin aber noch etwas angeschlagen von gestern und auch Javi ist nicht in Topform. Den Rückweg über beschäftigen wir uns wieder mit Frauen, diesmal besonders mit Eva, die am Sonntag kommen will, um Javi zu besuchen. Ich bin gespannt. Heute müssen wir beide über den Zaun springen, denn David hat während des Tanzens mit einer Japanerin angebandelt und ist noch geblieben.

19. April
Am Morgen checken wir aus und fahren in eine Autowaschanlage. Der Wagen wird komplett geleert und fast zwei Stunden lang von innen und außen geputzt. Dann wieder alles zusammengesetzt. Der Kofferraum ist feucht und stinkt ganz ordentlich. Um drei Uhr brechen wir nach Cape Tribulation in den Norden auf. Es ist eine

schöne Fahrt. Als wir an der Fähre ankommen, können wir als Erste gleich hinauffahren. Damit sind wir auch die Ersten, die runterfahren müssen, was sich für einen Augenblick als Problem darstellt, denn die Kiste springt nicht mehr an. Davids gekonnter Handkantenschlag aufs Lenkrad wirkt aber Wunder und so geht es für alle weiter.

In Cape Trib finden wir einen kleinen Campingplatz zwischen den Mangroven am Strand. Hier muss man vorher reservieren, unangemeldetes Campen ist richtig teuer. Wir sollen eine Nummer anrufen, aber hier im Wald haben wir keinen Empfang. Oben auf dem Hügel hat mein Handy zwar immerhin einen Balken, aber zum Telefonieren reicht es nicht. Also fahren wir zurück auf die Hauptstraße zur einzigen Telefonzelle des Ortes. Die ist kaputt. Im Hostel etwas weiter gibt es immerhin zwei Anschlüsse. Auch hier funktioniert nur einer und der ist besetzt. Man kann nur hoffen, dass hier nichts passiert. Irgendwann sind wir dran und nach einem langen Gespräch hat Javi per Kreditkarte den Platz für insgesamt 15,50 $ gebucht. Also stellen wir das große Zelt auf und gehen mit unseren Kopflampen durch den Wald an den Strand, trinken Bier, essen Chips und sehen uns den Beinahe-Vollmond über dem Meer an.

20. April

Cape-Trib-Strand. Wir machen einen langen Strandspaziergang und sind fast die Einzigen. Wir sprechen über unsere ersten Beziehungen, unsere Freiheit in der Jugend und unsere Eltern. Unsere Gespräche verlaufen mehr und mehr wie zwischen alten Freunden, sehr offen und tiefgründig. Das Backpackerleben ist sonst häufig sehr von Oberflächlichkeit geprägt. Wir laufen über den Lehrpfad, sehen und hören viele Flughunde in den Bäumen hängen und marschieren weiter zum zweiten Strandabschnitt.

Auf dem Rückweg nach Cairns halten wir am „Mossman Gorge" und schwimmen eine Runde im kalten Fluss. Um sechs Uhr sind wir zurück am Hostel. Es ist der große Tag, wohl eher die große Nacht für Javi, denn Eva aus Airlie Beach soll heute ankommen. Sie hat sich von ihrem 19-jährigen deutschen Reisebegleiter getrennt, will ein paar Tage mit uns hier oben verbringen und sitzt nun im Bus nach Cairns. Wir sind alle gespannt, wie es werden wird mit uns vieren.

Wir bauen diesmal zwei Zelte im „Tropic Days"auf. Für David und mich das große, für die anderen beiden das kleine gleich nebenan. Javi wollte es eigentlich eher ruhig angehen, keine Party und nicht viel trinken. Aber wir beginnen mit dem Alkohol eigentlich sofort und fahren zusammen ins Woolshed. Unser Pärchen verlässt uns recht früh und so bleiben David und ich zunächst alleine dort. Wie fast immer harre ich am Ende noch alleine aus und sehe meine „Miss Darwin-Beach". Sie kommt kurz rüber für ein nettes Hallo, ist aber offensichtlich in Begleitung hier. Ich schleiche durch die Menge, wir haben immer mal wieder Augenkontakt. Später kommt sie zu mir rüber und fragt: „Willst du mit mir tanzen?"

21. April

Am Morgen treffe ich Javi vorm Zelt und er erzählt mir, dass sie in einer halben Stunde zum Schwimmen an die „Crystal Falls" ganz in der Nähe fahren wollen. An den Wasserfällen, zu denen man ein ganzes Stück hinunterklettern muss und wo Schwimmen natürlich verboten ist, treffen wir den Shepparton-Franzosen aus dem Woolshed. Er ist mit ein paar Kumpels ebenfalls zum Schwimmen hier. Das Wasser ist kalt, aber das Ambiente drumherum umso schöner. Neben dem Hauptfall gibt es noch einen kleineren, unter den man sich setzen und den Rücken massieren lassen kann.

Abends im Hostel haben wir die große Aussie-Barbie-Nacht. Wir sitzen zusammen an einem großen Tisch mit ein paar Engländerinnen aus einem der Nachbarhostels. Es ist ein richtiges Grillbuffet mit Fleisch von Emu, Krokodil und Känguru, Fisch, Würstchen, dazu Massen an Salaten. Das Emufleisch schmeckt mir am besten, ein wenig wie Wild. Danach unterhält uns der Entertainer und Besitzer des Hostels mit seiner Didgeridoo-Show. Es gibt natürlich wieder einen Wettbewerb, Eva gibt ihr Bestes für uns. Alle vier Teilnehmer kommen aus Deutschland. Zum Abschluss spielt unser Gastgeber ein kurzes Didgeridoo-Konzert, fantastisch.

Mit zwei anderen Jungs aus dem Hostel gehen wir gemeinsam ins Woolshed. Zunächst ist nicht viel los, aber dann wird es schlagartig voll. Meine Begleiter machen sich schnell wieder auf den Rückweg, und so bleibe ich alleine auf der Tanzfläche. Als ich mich etwas gelangweilt an einen Pfeiler an der Seite lehne, kommt einer

der Türsteher zu mir und sagt: „Du musst jetzt gehen."
Hab ich da was verpasst? Ziemlich überrascht folge ich
ihm zu den Treppen, als mich eine kleine Kanadierin,
die die Szene verfolgt hat, fragt, ob alles ok ist. Wir reden ein wenig, aber ich will die Situation nicht verkomplizieren und gehe mit runter. Auf der Treppe frage ich
den Vogel, was der Grund für diese Szene sei. Antwort:
„Du bist zu betrunken." Nun will ich nicht abstreiten,
dass ich heute schon ein Bier getrunken habe, aber mein
letztes vor einer guten Stunde. Außer dem Umstand,
dass ich recht müde bin, fühle ich mich ziemlich fit.
Dass es an fünf anderen Abenden sicherlich sehr viel
mehr Gründe gegeben hätte mich rauszuwerfen, ist wohl
gerade kein gutes Argument. Auch nicht, dass es in dem
Schuppen mindestens 20 Typen gibt, die sehr viel mehr
nach Unruhestifter aussehen als ich. Ich nehme die Sache mal als Zeichen, dass es jetzt Zeit ist zu gehen, und
habe wenig Lust, mit der Flachpfeife zu diskutieren, ihm
geht es sicher auch so.

22. April

Das Telefon klingelt. Ich halte es für den Wecker, packe
irgendetwas darüber und schlafe weiter. Als ich um zehn
Uhr aufstehe, sehe ich, dass ein Anrufer eine Nachricht
auf meiner Mailbox hinterlassen hat. Es ist John Webb,
der Besitzer von Wicked Campers, der fragt, ob ich ihn
zurückrufen könne, wenn ich Zeit habe! Was für ein
Start in den Tag. Ich habe noch einen Schädel von gestern und bleibe eine Stunde im Zelt liegen, versuche
meine Gedanken zu ordnen und überlege, was ich nun

am besten tun soll. Starker Kaffee und eine Dusche helfen immer. Trotzdem bin ich durcheinander und versuche zunächst meinen Brief auszudrucken. Leider hat die Rezeption bereits geschlossen. Meine drei sind in der Stadt unterwegs oder am Strand. Um ein Uhr mittags habe ich mich selbst überredet, unvorbereitet anzurufen, damit es nicht so aussieht, als sei es mir egal. Der Anfang ist ein wenig kompliziert, denn obwohl ich seine private Handynummer habe, ist eine Mailboxstimme dran, die ich aber kaum verstehe. Enttäuscht lege ich auf. Eine Minute später klingelt es. „It's John from Wicked Campers, good day, mate!" Aussie style. John fragt: „Wann kommst du an die Gold Coast?" Etwas, das ich nie erwähnt hatte. Ich antworte: „Ich wollte zumindest mal nach Brisbane fahren."

„Großartig, denn genau da wohne ich. Ruf einfach an, wenn du in der Nähe bist, dann treffen wir uns und reden über alles."

Das ist wahrscheinlich das Beste, was mir in dieser Situation passieren kann, denn außer ein paar vagen Ideen gibt es noch kein Konzept, über das ich jetzt mit ihm eine halbe Stunde lang sprechen könnte. Also sage ich: „In zehn Tagen bin ich da." Was mir noch genug Zeit gibt, mich auf das Gespräch vernünftig vorzubereiten.

Voll neuer Energie gehe ich zu Peter Pans und schreibe eine Menge E-Mails. Vor allem an Mario, denn wir müssen nun dringend miteinander sprechen.

Mit zwei Bieren in der Hand stehe ich mal wieder an der Bar des „Rhinos" und sehe David bereits mitten in einem Gespräch mit einem Mädchen aus Melbourne.

Kurz darauf kommt ihre Freundin dazu und wir stehen gemeinsam um einen kleinen Stehtisch auf dem Balkon. Die beiden machen ein paar Tage Urlaub hier oben. Ich habe David noch nicht so ausgelassen gesehen und kann mich nicht erinnern, wann ich zuletzt so viel gelacht habe wie mit diesen Mädchen. Die Kleinere ist ständig unterwegs und unterhält die ganze Terrasse. Kämpft mit irgendwelchen Zivilpolizisten und schlägt lang auf, als sie bereits ziemlich angeschossen über jemandes Füße fällt. Die andere, hübschere, bleibt die ganze Zeit bei uns. Sie hat eine gebildete Upper-class-Attitüde, steht dort in ihrem schicken Kleidchen und drückt sich entsprechend vornehm aus. Sie kann aber über sich selber lachen und nimmt sich nicht so ernst, was ich sehr mag. Sie ist keine absolute Schönheit, aber sehr interessant, witzig, sympathisch und hat eine tolle Figur, einfach sehr attraktiv.

Die Situation an diesem Abend gestaltet sich kompliziert für mich. Nur zwei Tische weiter steht Laura aus Schottland mit ein paar Freundinnen. Wir sehen uns natürlich, sagen kurz Hallo, aber mehr auch nicht. Der zweite Grund ist „Miss Darwin-Beach". Ich hatte ihr am frühen Abend eine SMS geschickt und nun wartet sie im Woolshed auf mich. Ich wäre wahrscheinlich schon lange dort gewesen, wenn die heute nicht dieses 12 $-Eintritts-Special hätten. So stehe ich nun hier und fühle mich wohl in unserer kleinen Gruppe mit den zwei Australierinnen. Endlich treffen wir mal Einheimische, nicht nur Leute aus der Backpackerszene, und dann auch noch so sympathische. Daher weiß ich nicht, was ich machen soll. Die Hübsche fragt mich: „Wem schreibst du ständig SMS?" Ich erzähle ihr zuerst von Laura, dann von Miss Darwin-Beach. Sie fragt: „Magst du das Mädchen, das im Woolshed wartet, wirklich?" Ich denke kurz nach. Daraufhin schaut sie mir direkt in die Augen und fragt: „Magst du mich?" Wow! Und ich sage: „Ja, ich denke, das tue ich." Sie lacht ein wenig verlegen. Von dem Moment an sind die Karten auf dem Tisch und ich weiß, dass ich heute nicht mehr ins Woolshed gehen werde.

23. April

Es ist angenehm ruhig am Morgen und ich liege so warm und bequem. Eines der Mädels im Nachbarbett packt derweilen seine Sachen. Um neun Uhr klingelt der Wecker zum ersten Mal. Sie lässt ihn noch zweimal klingeln, steht beim dritten Gebimmel aber auf, denn, oh Wunder, sie muss auschecken und den Flug nach Melbourne nehmen.

In der „Zanzibar", dem Hostel-Café, frühstücken wir zusammen. Ich nehme einen kostenlosen Kaffee, teile mir einen Obstsalat und wir warten auf ihr Taxi zum Flughafen.

Im Hostel trinkt David mit einer neuen Deutschen Wein auf der Veranda. Den heutigen Abend will ich etwas ruhiger halten und im Hostel bleiben, denke ich, als mein Handy vibriert. Miss Darwin-Beach fragt, ob ich heute Abend in die Stadt komme, sie sei mit ein paar Freunden dort und es sei ihre letzte Nacht in Cairns. Ich überdenke die Situation, bin zwar höllisch müde, finde es aber auch ziemlich cool, dass sie so unkompliziert ist nach dem gestrigen Abend. Also schreibe ich ihr, dass wir uns in einer Stunde sehen können. Es könnten ja auch meine vorerst letzten Partynächte sein, wenn meine Wicked-Pläne wahr werden. Also laufe ich ins Woolshed, um meinen Frieden zu finden. Gleich am Eingang steht „mein" Türsteher, aber ich muss herzhaft lachen, als ich ihn sehe, und alles ist in Ordnung. Es ist knallvoll drinnen und so sehe ich meine Verabredung erst nach einer halben Stunde, als sie auf mich zu kommt. Wir reden und trinken, aber es bleibt doch ein wenig angespannt. So brauchen wir fast eine weitere Stunde, bis wir wieder auf unserem alten Level sind. Um mich herum fließen die good vibrations und wenn man sich umsieht, scheinen einen alle anzustrahlen. Als alles schließt, gehen wir zum Strand. Ich bin unsicher, was ich machen soll und will, daher führt sie mich zu ihrem Hostel, vor dem wir lange im seitlichen Halbdunkel stehen bleiben, bis sie mich fragt, ob ich mit reinkommen wolle. Es ist fast genauso wie das letzte Mal bereits fünf Uhr, und sie muss morgen um acht ausgecheckt haben. So entschließe ich mich, allein zum Zelt zu gehen, und wir sagen Auf Wiedersehen. Vielleicht sehen wir uns noch mal an der Ostküste, denn wir haben in etwa denselben Weg vor uns. Um halb sechs bin ich zurück, völlig übermüdet, mit schwerem Husten und wissend, dass mir nur noch wenige Stunden Schlaf bleiben, bis auch wir auschecken müssen.

Es waren anstrengende und sehr schöne Nächte in Cairns und ich habe meinen Frieden mit der Stadt gefunden.

33 Eastcoast nach Mackay

24. April
Nach der erwartet kurzen Nacht packen wir diesmal das Gepäck für vier Personen ein und es wird enger im Wagen.

Wir verlassen Cairns in die Tablelands. In der Nähe eines Sees halten wir, und obwohl sich unser Enthusiasmus in Grenzen hält, laufen wir runter, um Javi einen Gefallen zu tun. Ich muss beim Anblick des Sees zugeben, dass sich der lange Weg mit der Kühlbox in der Hand gelohnt hat. Es sieht aus wie in Schweden oder Norwegen, ein großer See mit herrlich klarem Wasser, umrandet von hohem Wald. Als wir alle vier von einem Steg aus schwimmen gehen, sehen wir sogar Schildkröten. Anschließend setzen wir uns auf eine Bank am Ufer und bewundern den Sonnenuntergang, der sich gelb-rot auf der glatten Oberfläche des Sees spiegelt.

In der Nähe gibt es einen kleinen Campingplatz. David soll für uns buchen, bleibt aber ewig im Rezeptionshäuschen. Dafür bekommen wir einen ungewöhnlichen Deal, bezahlen 24 $ für uns vier und bekommen dazu Zwiebeln, Blumenkohl und noch einen Haufen anderes Gemüse. Nachdem die beiden Zelte stehen, helfen wir Eva im niedlichen Küchenverschlag bei der Chicken-Curry-Zubereitung.

25. April
Was für eine beschissene Nacht! Ich habe fast durchgehustet und wahrscheinlich den ganzen Zeltplatz wachge-

halten. Ich fühle mich schlecht, bin kaputt und starte spät in den Tag. Die anderen haben bereits gefrühstückt und räumen unsere Sachen zusammen, während ich hinterhertrotte. Wir fahren zu einem der vielen Wasserfälle in der Region und gehen den größten Teil des Tages wandern.

Für die Nacht fahren wir zu einem Selbstzahlercampingplatz, der aber keine Umschläge mehr hat, und so zahlen wir nichts. Die Zelte stehen mitten im Dschungel unter einem riesigen Mandarinenbaum. Es gibt Bier, Pasta und die Curryreste von gestern. Beim Pinkeln sehe ich, dass unser Idyll von mehreren ein bis zwei Meter großen Spinnennetzen mit entsprechend großen Spinnen in der Mitte umschlossen ist. Es ist mein absoluter Horror, dort in der Nacht mit dem Gesicht hineinzulaufen.

26. April

Eine wirklich gute Nacht. Wahrscheinlich war ich einfach zu müde zum Husten. Nach dem Frühstück fotografieren wir noch die fetten Spinnen und brechen zu unserer heutigen Wandertour auf. Es geht 2,5 km durch den Wald, immer mal wieder an kleinen Wasserfällen vorbei, bis wir am Ende zu einem großen, in der Sonne gelegenen Wasserfall gelangen und in die Fluten springen. Es ist wirklich schön, hier so auf den Steinen in der Sonne zu sitzen und einfach den Tag zu genießen. Auf dem Rückweg überqueren wir einen breiten Fluss, indem wir über Steine und Äste klettern. Ich breche mir fast das Bein, als ein Baumstammhügel mit mir laut knackend in sich zusammenfällt. Glück gehabt.

In „Elly Bay", einem paradiesischen Campingplatz am Strand, stellen wir unsere Zelte erneut für einen „Special-Preis" von 25 $ auf. Bevor es dunkel wird, können wir gerade noch im etwa tennisplatzgroßen Stingernetz schwimmen gehen, bevor es langsam eingeholt wird. So haben wir zusehends das Gefühl, in einer großen Meerbadewanne zu sitzen.

Auf dem Weg zum Zelt sehe ich sie dann, die Cassowarys! Zwei große schwarze Exemplare laufen über den Parkplatz. Sie haben sich scheinbar daran gewöhnt, in der Nähe von Menschen zu sein. Wir halten respektvollen Abstand, denn die sind wirklich groß und schnell. Ein komischer, auf seine Weise aber auch hübscher Vogel. Das Tier, das ich nur von den Tafeln kenne, habe ich nun endlich selbst gesehen und mache einen weiteren imaginären Haken auf meiner Australienliste.

27. April

Unsere Frühstücksrunde wird nun durch das Erscheinen eines der beiden Cassowarys gestört. Es ist eine merkwürdige Situation, eine Mischung aus Freude und Vorsicht. Keiner weiß, wie er sich verhalten soll. Daher lassen wir den Vogel einfach herankommen. Der schnappt sich plötzlich Davids Ipod, den er zum Aufladen auf den Stromkasten neben uns gelegt hatte. Hier endet unsere Achtung vor den vom Aussterben bedrohten Arten und wir springen auf das Vieh zu. Der Vogel lässt erschrocken unsere Musikunterhaltung fallen und macht sich im Sprint davon. Kann wirklich schnell sein, das schwarze Biest.

Mit dem Wagen fahren wir ein wenig den Strand hinunter und machen heute „Beach". Frisbee, Schwimmen, Grillen, Sonnen, Bier & Chips, Schlafen.

Am Nachmittag starten wir doch noch eine längere Etappe, fahren bis kurz vor Townsville und halten auf dem riesigen Freicamperplatz „Black water". Das Zelt wird für Evas und Javis letzte gemeinsame Nacht aufgebaut. Es wird ein schöner, entspannter Abend unter den Sternen mit wunderbarer Musik aus dem geschätzten und erfolgreich verteidigten Ipod.

28. April
Auf dem Weg nach Townsville hört Eva nach längerer Zeit mal wieder ihre Mailbox ab und erfährt, dass ihre Reiseverabredung bereits am frühen Morgen abgefahren ist. Immerhin kann sie einen zweiten Treffpunkt vereinbaren, zu dem sie aber mit dem Bus fahren muss. Der fährt erst wieder morgen früh. So bleibt sie eine weitere Nacht in Townsville. Der Rat der Weisen beschließt: Eva und Javi nehmen sich für die Nacht ein Hotelzimmer in der Nähe des Busbahnhofs, David und ich campen außerhalb und holen Javi morgen ab. Dafür geht die nächste Kiste Bier auf ihn. Also bleibt ein weiterer Strandtag und wir kaufen wie gehabt für ein großes Barbecue ein, diesmal etwas gemüselastiger mit Zwiebeln, Zucchini und Süßkartoffeln. Der Grill steht auf einem Felsvorsprung mit tollem Blick aufs Meer, den Strand

und zwei hübsche Blondinen am Nachbartisch. Die Welt kann so schön sein.

29. April

Am frühen Morgen erwische ich Mario zu Hause per Telefon. Wir sprechen über Wicked und er will mir in den nächsten Tagen einige Informationen über Spanien und Malaga schicken, sodass ich ein mit Fakten gespicktes Konzept schreiben kann.

Um zehn Uhr fahren wir nach Townsville und holen Javi ab. Wieder vereint rollen wir auf ein weiteres Mal Richtung Airlie Beach. Diese Ruhe wird durchbrochen, als ein kleiner Stein die Frontscheibe trifft und einen schönen Einschlag im Glas hinterlässt. Von dem Moment an ist die Stimmung, vor allem bei David, schlecht. Es geht nur noch darum, die alte Mistkarre so schnell wie möglich zu verkaufen, bevor noch mehr daran kaputt geht. So halten wir an einigen der vielen Glasereien an der Strecke. Die Mechaniker erzählen, man könne den Sprung für etwa 70 $ kleben oder eine neue Scheibe für 240 $ einbauen. Sie raten aber alle, es einfach laufen und erst direkt vor einem möglichen Verkauf machen zu lassen.

Kurz vor Airlie setzen wir uns in einen Park und essen zu Mittag. Die Stimmung ist immer noch schlecht, kaum einer sagt etwas. Ich bin mit meinen Gedanken schon in Brisbane, Javi trauert um Eva, David verflucht das Auto. Zudem hat sich unsere finanzielle Situation nicht gerade verbessert. So beraten wir, wie wir auf die beste und vor allem günstigste Weise in den nächsten Tagen durchkommen.

In Airlie haben wir endlich mal wieder Glück und bekommen den letzten freien Zeltstellplatz. Dann geht's in die Lagune schwimmen. Nach ein paar Bieren sieht die Welt schon besser aus und nach einer Dusche fast schon wieder gut.

Ich habe heute Nachmittag meinen Flug nach Brissi gebucht. Am Samstag geht es von Mackay für 60 $ runter. Wahrscheinlich werden mich meine Spanier nach Mackay fahren. Sie hatten zwar eine 2/3-Tage-Bootstour geplant, aber es scheint, als wären für die nächsten Tage alle ausgebucht. Falls sie doch noch etwas finden, fahre ich mit dem Bus.

Dinge werden sich wieder verändern, Kapitel abgeschlossen, neue Türen aufgestoßen. Es bleibt nur, die Tage bis dahin weiter zu genießen und sich dann auf das Neue einzulassen.

30. April

Ich buche mich schon mal im „The Aussie Way"-Hostel in Brissi ein. Diesmal habe ich keine Lust, am Samstagabend obdachlos durch die Innenstadt zu irren. Die anderen schauen sich derweil nach einem Bootstrip auf die Islands um. Wir treffen uns an der Lagune, setzen uns unter eine der Hütten am Pool und genießen den Tag. Das Wasser ist kalt geworden und ich friere, als die Sonne untergeht. Wir vergleichen die Angebote der Ausflugstouren und entscheiden uns für einen 110 $-Tagesausflug „all in". Es soll morgen früh losgehen, da für Freitag schlechteres Wetter angekündigt wird. Das ist also geklärt und ich will auch noch mal mit raus zum White Heaven Beach. Wir wollen es heute ruhig halten und bleiben den Abend im Magnums mit Spaghetti und dieser leckeren Paul-Newman-Sauce (der bekannte Schauspieler hat wirklich eine eigene Saucenfabrik).

1. Mai

Unser Pick-up ist noch vor acht Uhr an der Busstation. Das Boot ist kleiner, als ich erwartet hatte, es fasst lediglich 26 Personen. Viele Familien und nur zwei nicht allzu interessante deutsche Mädchen aus Stuttgart. Zunächst geht es nach „White Heaven Inlet" auf die Touri-Wanderroute mit vielen Fotos. Wir gehen aber alle recht schnell wieder zurück und fahren zum Beach. Es ist eine andere Stelle als die, an der ich das letzte Mal war, aber auch sehr schön, nur mit einem steileren Abfall vom Strand ins Meer, daher mit einer anderen Farbe. Schwimmen, Fußball, spazierengehen, entspannen, Strandtag.

Leider zieht der Himmel ein wenig zu und die Mannschaft geht vorsichtshalber zurück an Bord. Dort gibt es endlich Mittagsburger. Auf die haben wir schon die ganze Zeit gewartet, denn außer ein paar Keksen und einem Kaffee auf dem Schiff haben wir noch nichts gegessen. Weiter draußen am Riff zwängen wir uns in die hässlichen Stinger-Anzüge und schnorcheln durch die Korallen. Es ist erneut schön anzusehen, aber ich friere unglaublich, was meine Freude stark mindert. An

Deck ziehe ich mir alles an, was ich mithabe, und friere immer noch. Der Rückweg ist trotzdem angenehm, Javi versucht es bei den beiden Stuttgarterinnen und wir kommen ins Gespräch mit einem Pärchen aus Melbourne. Viel wichtiger als all dies ist die SMS, die ich bekomme, als wir in Landnähe sind. John Webb fragt, wann ich in Brisbane ankomme. Er scheint wirklich Interesse an der Idee zu haben. Ich bitte ihn, mir Adresse und Zeit für unser Treffen zu geben. Er schreibt zurück, dass ich ihn anrufen soll, wenn ich am Montag da bin, dann treffen wir uns. So kann ich mir mein Leben vorstellen, auf einem Schiff die Küste entlangschippern und per Telefon Geschäfte mit interessanten Menschen machen.

Im Regen laufen wir in Airlies Hafen ein und werden zurück in die Stadt gefahren. Als Erstes dusche ich lange heiß und lege mich dann eine Runde hin. Das klappt so lange gut, bis unsere britischen Nachbarn ein Frisbee-Trinkspiel starten und dabei die Musik laut aufdrehen. Was soll man machen, es ist eben ein Hostel und Zeltplatz. Wer Ruhe will, soll ins Hotel gehen. David ist aus nicht nachvollziehbaren Gründen wieder schlechter Stimmung, Javi und ich gehen einkaufen. Wir kaufen das Nötigste für die nächsten Tage und ich kaufe eine teure Box „Tooheys New" als mein Abschiedsgeschenk.

So gibt es mal wieder Bier und Reis mit Baked Beans und es geht allen etwas besser. David will heute trotzdem nicht mehr los. Javi und ich wollen auch bloß mal kurz im Beaches vorbeischauen. Kaum angekommen, treffe ich Miss Darwin-Beach, die Sandra heißt, wie sich herausstellt, und gerade erst von ihrer dreitägigen Bootstour zurückgekommen ist. Wir reden ein wenig, bevor sie sich wieder zu ihrer Gruppe gesellt. Im „Shennanigans" treffen wir das Aussie-Pärchen vom Boot. Wir reden, tanzen und haben Spaß. Sandra ist mittlerweile ebenfalls mit ihren Freunden eingetroffen.

Im „Mama Africa" wird gute, laute Housemusic gespielt. Das Aussie-Paar ist bereits mit von der Partie, ebenso Sandra mit Freunden, alle am Abhotten. Am Ende tanze ich nur noch mit Sandra, bis der Club Punkt vier Uhr schließt.

2. Mai

Mit Ohropax und Schlafbrille schlafe ich bis um zwölf. Meine Buddies sind bereits an der Lagune und als sie zurückkommen, gehen wir gleich zum Mittag über. Die beiden mit dem ersten Bier, ich erst einmal nur mit Wasser. Wir sitzen und reden, schreiben Tagebuch und beobachten die Neuankömmlinge, die um uns herum ihre Zelte aufbauen. Es ist ein spezieller Tag, denn es wird unsere letzter gemeinsamer sein. Darum ist die Gesamtstimmung ein wenig gedämpft. Als Javi spazieren geht, machen David und ich uns an die Musik. Er schreibt mir alle Lieder und Platten auf, die wir besonders viel in den gemeinsamen Wochen gehört haben, dazu Kommentare, und er ergänzt alles mit seinen persönlichen Favoriten. Javi macht später Ergänzungen dazu. Das Gesamtpaket sollte reichen, mich in den nächsten Jahren gut zu beschallen.

Im Duschraum treffe ich die Deutschen mit dem Wicked Camper aus Darwin wieder. Sie sind gerade erst angekommen und haben im Casino von Cairns eine ganze Menge Geld gewonnen und gleich wieder verloren.

Fast schon wie in einem Zeremoniell bereiten wir am Abend die letzte gemeinsame Pasta, gut wie immer. Gut gelaunt gehen wir ins Beaches, wo nicht viel passiert. Lediglich ein blonder Traum in einem kurzen weißen Kleid wippt dort herum. Wir hatten sie bereits am Nachmittag im Global Gossip gesehen, als wir kurz dort waren, um all unsere Fotos auf eine DVD zu brennen.

Im Shennanigans ist es voll, fast alles Aussies. Die Atmosphäre ist eine Mischung aus Ausgelassenheit und Aggressivität. Es gibt einfach zu viele Männer und Testosteron, daher gehe ich mit Javi ins Mama Africa, David zurück ins Zelt. Die paar Schönen aus dem Shennanigans sind mit rübergekommen, dazu lassen gute Beats die Masse zucken. Javi und ich geben unser Bestes auf der Tanzfläche, beschließen aber um drei Uhr zu gehen.

Im Waschraum machen wir das, was wir in den letzten Monaten am meisten und liebsten getan haben, wir unterhalten uns lange über Frauen.

3. Mai

Wir starten in den letzten Teil unseres gemeinsamen Roadtrips nach Mackay. Es sind bloß noch 140 km, wir liegen gut in der Zeit und machen daher einen langen Stopp an einer Raststätte 30 km vorm Flughafen. Das gekaufte Grillhuhn ist gut und ebenso die Stimmung. Gleichzeitig ist es auch melancholisch, denn alles, was wir hier tun, machen wir zum letzten Mal gemeinsam.

Es ist ein sehr intensives Gefühl, da wir in den letzten Monaten fast Tag und Nacht zusammen waren, meist nicht mehr als ein paar Meter voneinander getrennt. Ich packe meinen Rucksack seit Monaten mal wieder ordentlich und werfe daher auch gleich ein paar Flip-Flops, Socken und Unterhosen weg. Die haben alle ihren Dienst getan.

Die letzten paar Kilometer im guten alten Ford Falcon zum Flughafen sitzen wir fast schweigend zusammen. David macht auf dem Parkplatz ein schwarz-weißes Polaroid-Foto von mir und ich schreibe ihm eine Erinnerung darunter. Sie kommen aber noch mit in die Abflughalle und wir setzen uns in die Sessel der kleinen Lobby, reden über die Zukunft und lächeln uns an. Wie in einem schlechten Hollywood-Film ertönt dramatische Orchestermusik aus den Lautsprechern und wir nehmen das als Zeichen, uns voneinander zu verabschieden. Es ist Zeit, Auf Wiedersehen zu sagen, ein Wiedersehen in Brisbane oder Spanien. Es ist ein trauriger Moment, im Rückblick auf diese außergewöhnliche, ereignisreiche gemeinsame Zeit. Ich verliere heute zwei gute Freunde für den Moment und hoffe doch sehr, zwei gute Freunde für immer gewonnen zu haben. Als die beiden in den Sonnenuntergang mit dem Ziel Sydney entschwinden, checke ich in nur fünf Minuten ein und bekomme sogar noch einen geräumigen Platz am Notausgang.

Es ist ein ruhiger Flug. Ich sitze neben einem 60-jährigen Australier aus der Nähe von Brissi, der plant, in seinem nächsten Urlaub nach Kanada, Toronto, zu den Niagara-Fällen und nach New York zu fahren. Daher erzähle ich ihm ein wenig von meiner Reise entlang dieser Strecke vor ein paar Jahren. Den Rest der Zeit lese ich Backpackermagazine, doch nach etwas über einer Stunde sind wir bereits angekommen. Das Coachtrain Ticket zu kaufen ist kein Problem, wohl aber das fast einstündige Warten in der Kälte. Immerhin fährt mich der Busfahrer direkt bis vor die Tür des Hostels. Dort habe ich Glück, denn die Rezeptionistin, mit der ich vereinbart hatte, dass sie wegen meiner späten Ankunft den Schlüssel auf der Terrasse versteckt, verlässt gerade die Vordertür und kann mir so den Umschlag direkt in die Hand geben. Mein Vierbettzimmer teile ich mit einem Pärchen, Chris aus Schottland und Helen aus England. Der Dritte ist ein Deutscher, mit dem ich aber kein Wort spreche, da er entweder schläft oder unterwegs ist. Ich werfe meinen Rucksack aufs Bett und gehe in die Klaxon Street, um einen Chicken Kebab zu essen.

34 Brisbane im Mai

4. Mai

Im Global Gossip lese ich die lange Mail von Mario, der eine ganze Menge an Daten zusammengetragen hat. Ich suche im Netz eine Karte von Spanien, nehme mir nochmals unseren Brief vor, drucke alles aus und setze mich in den Park auf eine Holzbank. Ich versuche alles in eine vernüftige Reihenfolge zu bringen und zu verbinden, bis es mir „rund" erscheint. Zurück im Gossip wird aus all den Notizen ein fünfseitiges „Konzept", das eine „schöne" Form und den Titel „Auszug" Erhält. Im Rahmen der beschränkten Möglichkeiten bin ich ganz zufrieden, drucke es zweimal aus und hänge unsere Lebensläufe daran.

Über die Brücke in den botanischen Garten schlendere ich wieder zurück zum Hostel. Ich habe fast an jeder Ecke das Gefühl eines Flashbacks, aber es fühlt sich auch ein wenig nach Heimat an. Es ist schön, sich mal wieder an einem Ort auszukennen. Bereits im Bett, gehe ich ein letztes Mal das Konzept durch. Morgen sollen und werden sich Dinge verändern.

5. Mai

Der große Tag. Um neun rufe ich John an, der sich mit mir um ein Uhr mittags im Büro im Fortitude Valley treffen will.

Es ist ein kleines Gebäude, mehr eine Garage, vor der sicher 20 Vans eng geparkt stehen. Ich frage einen der Mitarbeiter, der in Shorts und T-Shirt draußen herum läuft, ob John schon da ist. Er antwortet: „Ich habe John noch nie gesehen, keine Ahnung." Also gehe ich rein in die „Lobby", in der ein paar alte Sofas stehen und eine große To-do-Liste für diese Woche und die nächsten Monate an der Wand hängt. Als John reinkommt, ist mir nicht gleich klar, wer er ist, denn auch er ist im Aussie-style unterwegs, Jeans, T-Shirt, Basecap, Sonnenbrille, sehr entspannt. Ich erzähle ihm in wenigen Minuten von meiner Idee, woraufhin er mich fragt: „Wann willst du denn zurück nach Spanien gehen?" Ich erkläre noch einmal die Situation mit Mario. Er erklärt mir, wie Wickeds Politik hinsichtlich neuer Depoteröffnungen aussieht: „Ein Angestellter organisiert den gesamten Vermietungsablauf und ist für die Van-Übergabe verantwortlich. Danach, wenn sich das Ganze rentiert, gibt es Festgehälter, aber bis dahin läuft alles lediglich auf Provisionsbasis. Fahren die Vans, gibt es Geld, fahren keine, gibt es nichts." Er kommt dann mit der Idee, dass Mario so etwas machen könnte, und hat Barcelona als Depot in Spanien im Kopf. Ich gebe ihm das Konzept und zeige auf den Karten die Potenziale der Malaga-Region und der Spanischen Südküste. Ich bin ein wenig enttäuscht über den Gesprächsverlauf, denn es zielt doch stark auf Mario ab, von dem ich weiß, dass er das nicht nebenbei machen kann. Und ich wäre natürlich gern involviert. Es ist so ein minimal Level und nicht der erhoffte große Wurf. Er fragt weiter: „Was willst du denn machen, wenn du zurück in Deutschland bist?" Was meine Stimmung weiter sinken lässt. Daher sage ich ihm direkt: „Das hängt sehr stark vom Ergebnis unseres heutigen

Treffens ab, denn ich würde wirklich gerne für Wicked arbeiten."

Er stockt kurz und sagt: „Das ist ja noch einmal eine ganz andere Betrachtungsweise, ich hätte jetzt nicht sofort an einen Job für dich in Australien gedacht. Aber wir suchen wirklich Leute und deine Energie und dein Engagement könnten gut für die Firma sein. Wo würdest du denn gerne arbeiten wollen?" So auf die Schnelle fände ich Melbourne, Brissi, Adelaide eigentlich ganz reizvoll. Er erzählt mir, dass in Cairns ein neuer Depotmanager gebraucht werde. „Ich denke darüber nach und rufe dich an. Schick Mario mal meine Mailadresse, wenn du willst." Ich versuche konkret zu bleiben und sage, ich brauchte möglichst schnell eine Antwort, da ich sonst schauen müsse, was ich in Deutschland an Arbeit organisieren kann. Er erwidert, dass er mich anruft, bedankt sich für das Gespräch und ist weg. Okay, am Ende lief es besser, ich weiß mehr, aber noch nicht das, was ich wissen will. Das mit dem Zurückrufen ist ja immer so eine Sache.

Dies geschieht im Übrigen alles am „Labour day", einem australischen Feiertag, was ich total vergessen hatte.

Im Global Gossip schreibe ich eine lange Mail an Mario und berichte vom heutigen Gespräch. Mitten drin klingelt mein Handy, es ist John. „Ich hab mit Raquel gesprochen, unserer Personalleiterin aus Darwin. Du hast den Job in Cairns für die nächsten drei Monate, bis du zurück nach Europa fliegst." Ich soll sie anrufen und alles weitere mit ihr besprechen.

Wow, das war schnell! Es sieht so aus, als würde ich meine Südostasien-Pläne streichen müssen und diese große Herausforderung in Cairns annehmen. Kein Urlaub, sondern arbeiten. Ich gehe durch den Roma Street Park ins Hostel und schreibe dort eine Frageliste an Raquel, was Beginn, Zeiten, den Vertrag, Gehalt, Flüge betrifft. Ich halte es für sinnvoller, sie schon einmal vorzuinformieren über das, was ich wissen will, damit wir morgen am Telefon alles gleich besprechen können. Die günstigsten Flüge wären am Donnerstag.

6. Mai

Die Nacht über habe ich schrecklichen Husten, was nicht nur mich nervt, sondern ganz sicher auch meine Zimmergenossen. Kein Frühstück, denn ich habe nichts mehr. Von der Veranda aus rufe ich Raquel an, die gerade beschäftigt ist, sich aber eine Stunde später bei mir meldet. Endlich sprechen wir über Inhalte und die sind ganz okay: 15,90 $ die Stunde, Depot-Assistent, theoretisch wäre auch ein Sponsorship für Australien möglich, aber sie würde mich schon eher in Europa sehen. Sie schickt mir den Vertrag per Email und ich soll ihn ausgefüllt, mit verschiedenen Kopien meiner Steuerkarte usw. im Brisbane-Büro abgeben. Es klingt für mich so weit alles in Ordnung. Ich sehe es als wirkliche Chance und es ist relativ nah an meinem ersten Plan, ein viermonatiges Praktikum in Sydney zu machen. Nur dass dies hier sehr viel besser bezahlt wird, denn auch die Unterkunft wird gestellt und die Vans können frei genutzt werden. Es macht zudem wirklich Sinn, auch perspektivisch, wenn ich erst einmal für Wicked arbeite und weiß, wie alles zusammenhängt, bevor ich aus dem Nichts heraus ein Depot in Spanien eröffne. Das Risiko ist auf der anderen Seite ebenfalls gering, denn wenn es mir nicht gefällt, kann ich nach einem Monat einfach weiterziehen. Das ist das Schöne am Backpackerleben.

In der Innenstadt buche ich daher einen Flug für Donnerstag, drucke den Vertrag aus, kaufe Hustensaft und gehe ins Transit-Zentrum, um einen Transfer zum Flughafen zu buchen. Mario hat mir zwei Mails geschrieben. Die erste sehr skeptisch, die zweite etwas relativierend, aber er hat natürlich Recht: Ein Depot in Spanien haben wir nicht und im Augenblick ist für ihn noch nicht viel bei rumgekommen.

7. Mai

Am Morgen bei Wicked hilft mir Tina beim weiteren Ausfüllen der Papiere. Ich versuche, für ein paar sehr spezielle Fragen, etwa zur Steuerklasse, Raquel zu erreichen, aber komme nicht durch. So lerne ich Dave kennen, den Wicked General Manager, der mich gleich mit der Frage: „You are the Spanish guy?" begrüßt. Meinetwegen, immerhin hat die ganze Aktion wohl schon ihre Runde gemacht.

Um die Ecke im „Katmandu", einem australischen Globetrotter-Laden, frage ich nach einem neuen Tagebuch von „Moleskine". Die Verkäuferin antwortet darauf: „Nein, tut mir leid, wir haben keine Monoski." Wir müssen beide lachen, aber leider gibt es auch keine Tagebücher.

Im Buchladen der Art Gallery finde ich dann endlich mein schwarzes Buch und zahle dafür den stolzen Preis von 32 $. Anschließend schaue ich erneut bei dem so inspirierenden Bild, dem „Traveller", vorbei.

Samantha, die Depotleiterin in Cairns, erreiche ich leider nicht, habe dafür aber einen wunderbaren Spaziergang entlang des Brisbane River, setze mich auf eine Bank und denke über die letzten aufregenden Tage nach. Der Blick auf die Skyline ist fantastisch und obwohl ich mich bereits ein paarmal von dieser Stadt verabschiedet habe, denke ich nun eher, dass wir uns noch einmal wiedersehen werden.

35 Cairns IV at Wicked

8. Mai
Ich genieße die Fahrt durch Brisbane am Morgen zum Flughafen. Heute geht's mit Jetstar 2:15 Stunden nach Cairns. 19,8 Kilo Gepäck. Noch am Brissi-Flughafen hatte ich mit Samantha gesprochen, die mir sagte, sie oder einer der Mitarbeiter würden mich abholen.

Als ich in Cairns am Band mit meinem Rucksack stehe, sehe ich sie auch schon, diese rothaarige, gelockte Grazie im engen gelben T-Shirt und einem Wicked-Schlüsselband um den Hals. Jethro, ein Wickeder aus Brisbane, ist auch dabei, mit dem ich mir zunächst das Haus (!) teilen werde. Er unterhält uns die zehnminütige Fahrt über bis zum Depot. Das Büro befindet sich im unteren Stockwerk eines großen Holzhauses. Wir gehen hindurch und eine Hintertreppe hinauf in den ersten Stock, den Wohnbereich, meine neue Heimat. Schlicht großartig, wenn auch ein wenig dreckig. Es gibt eine voll ausgestattete große Küche, ein großes Wohnzimmer mit Sofas, auf denen Jethro schläft, und drei weitere Schlafzimmer. Es muss nur mal saubergemacht werden. Unten treffe ich dann das Team, alles Australier. Die Stimmung scheint gut zu sein. Es werden eine Menge schmutziger Witze gemacht, auch mit den Kunden.

Um fünf Uhr fahren Samantha und ich ins Shoppingcenter, kaufen Lebensmittel ein und lassen ein paar Hausschlüssel für mich anfertigen. Es ist angenehm, mit der Schönen herumzulaufen, und ich frage mich, ob sie wohl verheiratet ist.

Wieder im Büro ist es fast Zeit, das Büro zu schließen. Nachdem alle weg sind, kann ich endlich in Ruhe etwas essen. Morgen ist großer Putztag. Jethro kommt ein wenig später und macht sich für ein Abendessen mit Freunden fertig. Er lebt zwar in Brissi, ist aber hier oben aufgewachsen und hat daher viele Freude in Cairns. Er scheint ein netter Typ zu sein, ist sehr interessiert, auch an meiner „Wicked-Karriere". Heute Nacht schlafe ich zum ersten Mal in diesem Jahr wieder in einem eigenen Bett, in meinem eigenen Zimmer.

9. Mai

Ich habe mit Raquel abgemacht, erst am Montag anzufangen zu arbeiten, und habe somit noch ein paar freie Tage zur Eingewöhnung. Nach drei Stunden sieht die geputzte Wohnung sehr viel besser aus. Um fünf frage ich unten mal nach, ob jemand zufällig in die Stadt will, und habe Glück, dass Sam und Marley, einer der Mitarbeiter, gleich ins Shoppingcenter fahren. Im „Target" suche ich nach Joggingschuhen, denn Jethro will mit mir in den nächsten Tagen einen Hügel im Botanischen Garten ablaufen. Ich brauche auch neue Unterhosen. Jethro holt mich in einer Stunde am Parkplatz ab und wir holen eine Box Bier im Bottle Shop. Im Haus geht das Trinken dann schon los, dabei sitzen wir in Campingstühlen im Hinterhof. Der ist komplett betoniert und beherbergt eine Werkstatt in der Mitte, umsäumt von vielen Vans. Neil, der etwa 50-jährige Chefmechaniker, ist noch am Werkeln, setzt sich aber zu uns. Er ist ein richtiger Aussie, ein Urgestein, obwohl gebürtiger Schotte, und sehr schwer für mich zu verstehen.

Mit einem Beutel voll kalter Biere laufen Jethro und ich die Strandpromenade in die Stadt. Die Strecke ist genau drei Bier lang. Das gibt uns viel Zeit zum Reden und so erfahre ich, dass Jethro zwei Jahre lang durch Europa mit dem Rucksack unterwegs war und dabei fast den gesamten Jakobsweg in Spanien in nur zwei Wochen abgerannt ist. Er hat als Lehrer für Business Englisch gearbeitet, in Norwegen und in Deutschland in Mainz gelebt. Zudem war er in einem halbprofessionellen Rugbyteam aktiv und ist so auch zu einem Turnier nach Potsdam gefahren.

10. Mai

Ich hatte geplant, um neun Uhr aufzustehen und schon mal im Büro mitzuhelfen, aber dazu bin ich schlicht nicht in der Lage. Mit schweren Kopfschmerzen von der langen gestrigen Nacht komme ich erst um halb eins hoch, als alle bereits unterwegs sind. Samstag ist ein halber Arbeitstag. Jethro ist schon unterwegs und schläft irgendwo am Strand. Ich kann nur Salat essen, habe Magenprobleme und sehe eine Dokumentation über Paul Newman, in der es auch um seine Saucenfabrik geht. Als Jethro zurück ist, geht es bereits auf den Abend zu. Wir fahren mit einem der Vans in die Stadt und wollen in einen Club im Casino, wo es heute ein Konzert geben soll. Es ist ein sehr schicker Club, mit Rängen, Vorhängen, edel ausstaffiert und sehr guter Housemusic. Wir warten bei teurem Chartreuse-Schnaps an der Bar auf die Band und bewundern die aufgestylten Mädels, alles Locals, soweit ich das einschätzen kann. Wobei alleine der Eintrittspreis von 25 $ eine natürliche Selektion nach sich zieht. Die „Potbelleez" beginnen um Mitternacht, die mit ihrem Smasher „Don't hold back (Is there anybody out there?)" dieses Jahr groß rausgekommen sind. Alle anderen Lieder von ihnen finde ich fast besser, denn die DJ's sind hervorragend und auch eine House-Version von „Rage Against The Machine" ist dabei.

11. Mai

Wir liegen im Büro vor dem Präsentationfernseher, sehen eine DVD, haben uns die Sofas zurechtgeschoben und fläzen da quer drüber, als zwei Mädels reinkommen und etwas zur morgigen Van-Rückgabe fragen. Die wissen zwar, dass geschlossen ist, hatten aber noch Licht gesehen und wir haben vergessen, die Tür abzuschließen. Jethro erzählt ihnen, wie der morgige Ablauf sein wird, ohne sich auch nur einen Millimeter von der Couch zu bewegen. Willkommen in der Wicked-Welt.

Ich rufe später noch zu Hause an, denn es ist Muttertag und ich spreche lange mit meiner Mutter und Diane. Dann geht's ins Bett, um für morgen fit zu sein, an meinem ersten Wicked-Arbeitstag.

12. Mai

Sam öffnet zehn vor neun das Büro. Davor steht bereits eine große Gruppe Backpacker, die auf einen Schlag hereinströmt. Es wird ein arbeitsreicher Montag. Da alle

Buchungen per Internet erfolgen, ist bereits ein paar Tage im Voraus abzusehen, wie viele Vans benötigt und am Tag zurückgebracht werden. Heute sind es 15, die rausgehen, und etwa ebenso viele kommen zurück. Am frühen Morgen war es die Idee, dass ich den ganzen Tag an Sams Seite bleibe, zuschaue, wie alles funktioniert, und dann langsam selber einen Teil übernehme. Es ist aber dermaßen voll im Büro und sie so eingespannt, später gestresst, dass für eine wirkliche Einarbeitung keine Zeit bleibt. Eine Minute lang wird mir gezeigt, wie die Wagen angenommen werden, und dann bin ich dran. Meine ersten Gäste sind zwei nette deutsche Mädels. Wir kommen schnell ins Gespräch und sie erzählen ein wenig von ihrer Reise. Mit der dritten Gruppe muss ich zusammen in ihren Van, weil es technische Probleme gab, und sehe, dass die beiden Mädchen immer noch darauf warten, am Rechner ausgecheckt zu werden. Es läuft ziemlich unkoordiniert ab, was Sam erst einmal auf mich schiebt. Sie schickt mich, wenn auch sehr freundlich, nach hinten zum Van-Saubermachen. Das mache ich dann den ganzen Tag. Obwohl es nach Strafe klingt, macht es richtig Spaß. Mit Jhai, dem 18-jährigen Australier, räume ich die Vans aus, sauge, wische. Mit Marley, dem 20-jährigen „Chefigen", fahre ich die Vans um den Block aufs Parkfeld, eine große Wiese. Gegen Mittag ist das meiste getan, sind fast alle Vans zurück, die meisten bereits auf der Straße und alle beruhigen sich ein bisschen. Es ist der erste Tag, was will man erwarten.

Statt dass ich morgen den ganzen Laden alleine leite, wenn Sam nicht da ist, wie auch immer das hätte funktionieren sollen, wird Neil sich ins Büro setzen und ich werde mit ihm zusammen arbeiten. Trotz seiner rauen Art und dem etwas unkonventionellen Auftreten ist er ein wirklich guter Lehrer, wie ich feststelle, als er uns in aller Ausführlichkeit erklärt, wie ein normaler Automotor funktioniert. Dazu setzen wir uns um einen Rechner, er erklärt anhand einer Internetseite den Ablauf und findet gleich noch ein paar Fehler in der Zeichnung. Voller Enthusiasmus geht er die einzelnen Funktionsweisen der Teile durch, dabei schafft er es kaum, in seinem Aussi-Slang auch nur zwei Sätze ohne Schimpfwörter auszukommen.

Anschließend setzen wir uns gemeinsam in den Hof und Neil erzählt von den alten Wicked-Geschichten. Er selber arbeitet nur noch zum Spaß, wie er sagt. Hat einen Vertrag für sechs Stunden am Tag und macht noch ein paar Sachen nebenbei. Ansonsten wohnt er mit seinem Hund in einem Haus am Rande von Cairns, fährt eine Harley und eine Corvette. Am Ende ist es kein schlechter Tag, nur anders als erwartet.

13. Mai

Sam ist nur am Morgen für eine halbe Stunde im Büro, den Rest des Tages mit Jethro auf Marketingtour durch die Stadt. Ich schaue Neil über die Schulter bei der Vertragserstellung und der Rückgabe der Vans. Es könnte nicht besser laufen, denn zum einen tippt er nur sehr langsam, sodass ich alles bestens verfolgen kann. Zum anderen erzählt er sowieso die ganze Zeit laut vor sich hin, was er gerade macht, sodass im Prinzip alle Kunden im Büro nachher genauestens wissen, wie der Buchungsablauf vonstatten geht. Ich übernehme ein wenig später seinen Platz und er schaut mir zu, macht zudem gleich eine klare Ansage an die Wartenden, dass hier gerade ein Training stattfindet und sich alle ein wenig gedulden sollen. Es läuft ganz gut. Die Rückgabe geht recht fix, wenn nicht irgendetwas am Wagen kaputt gegangen ist.

Später spreche ich mit Mario über unsere Pläne. In zwei Wochen, wenn ich besser weiß, wie der Laden läuft und was für die Vans benötigt wird, schicke ich ihm die Infos und er macht sich schlau, wie dies am besten in Malaga zu organisieren ist.

Am Abend gehe ich mit Jethro joggen, meine neuen Schuhe einweihen. Es ist bereits dunkel, als wir die Esplanade am Wasser entlang laufen. Ich bin zunächst ganz erstaunt, wie gut ich mithalten kann nach all den Wochen ohne Sport. Zudem laufen hier eine ganze Menge anderer hübscher Sportler herum.

14. Mai

Ich bin heute wieder mit Neil unterwegs, der mich gleich an den Rechner setzt, und da wir heute nur nette Gäste haben, läuft es sehr entspannt ab. Ein Fall ist ein wenig kurios. Die Jungs sind mit dem Van sehr zufrieden, als sie ihn zurückbringen, und wollen uns nur Bescheid sagen, dass die Nummernschilder vorne und hinten nicht dieselben sind. Auch Neil muss lachen, das ist ihm bisher noch nicht passiert.

Die Mittagspause ist immer ein wenig auf Zuruf, wenn es eben gerade am besten passt. Es gibt eine halbe Stunde, was für mich sehr einfach ist, denn ich brauche ja nur die drei Stufen hochzugehen, nehme mir was aus dem Kühlschrank und setze mich aufs Sofa. Falls keine Zeit zum Essen bleibt, bekommen wir diese ausbezahlt. Faires System.

Heute schließe ich mal das Büro ab, was ein gutes Gefühl ist. Jethro will am Abend schon wieder zurück nach Brissi fahren, natürlich mit einem Van. Zwischendurch macht er noch Werbung bei den verschiedenen Reiseagenturen an der Ostküste. Wir reden über meine Spanienpläne und werden ganz sicher weiter in Kontakt bleiben. Als er fährt, bin ich allein im Haus, ein ganzes Haus nur für mich, oh du schöne Backpackerwelt! Morgen soll es ruhig werden, aber man weiß ja nie.

15. Mai

Als ich früh schon einmal ein paar Bettlaken zusammenlege, kommt Sam vorbei und teilt mir mit, dass heute mein freier Tag sei. Es würde ihr leid tun, mir erst so spät Bescheid zu sagen, aber es gebe heute einfach nicht viel zu tun und ich solle einfach machen, was ich will. Ich bin ziemlich überrascht, nach drei Arbeitstagen schon frei zu bekommen, und sitze den Großteil des Tages herum, denn es fängt an zu regnen. Als die Wetterlage um drei Uhr endlich stabiler wird, packe ich ein paar Dinge zusammen und will gerade an den Strand gehen, als mir Neil auf der Treppe entgegenkommt und fragt, ob ich einen „special job" wolle. Eigentlich nicht, aber was soll ich sagen. Ein Van ist in Townsville liegen geblieben und einer muss da runter, um der Gruppe einen neuen zu bringen. Natürlich hat keiner große

Lust, das zu übernehmen, denn nach der Fahrt dort runter geht es per Nachtbus wieder zurück nach Cairns. Sam bucht für mich den Bus, Neil macht den Van fertig und ich werde wie der Sohn, der auf große Reise geht, von allen verabschiedet, bekomme viele Ratschläge, als sei ich Wochen unterwegs. Ich starte genau in den Feierabendverkehr und bin deshalb erst um fünf Uhr raus aus der Stadt. Die Fahrt ist viel schöner als gedacht, mit dem Meer zur Linken und einem tollen Sonnenuntergang in den Bergen zur Rechten. Ich mache mir nur ein wenig Sorgen wegen der Roos, die gerne um diese Zeit rauskommen. Neil hatte mir geraten, einfach hinter einem der Trucks zu bleiben, der würde sie schon wegräumen, aber es gibt hier keinen Truck.

In Townsville versuche ich, mit meinen ausgedruckten Karten die Jungs zu finden, bin aber schon wieder 30 km aus der Stadt raus und offensichtlich falsch. Ich irre umher, bis mich Jethro anruft und fragt, wo ich bleibe. Ich hatte ihn bei meiner Abfahrt aus Cairns angerufen, da er in der Nähe wäre. Wir wollten später ein Bier trinken gehen. Ich gebe ihm die Adresse durch, und so suchen wir beide Townsville nach gestrandeten Backpackern ab. Als er sie findet, habe ich keine Ahnung mehr, wo ich bin. Wir treffen uns an einer der Hauptstraßen und fahren gemeinsam raus in ein Gewerbegebiet. Das hätte ich nie gefunden. Die Jungs erzählen mir, dass sie hier bereits seit 24 Stunden stehen, wovon ich natürlich nichts weiß. Vor allem aber sind sie glücklich, dass sie endlich wegkommen. So fahren sie zu viert (in einem Dreier-Van) nach Cairns zurück, um dort morgen den

Van abzugeben. Was für eine logistische Meisterleistung. Mit Jethro fahre ich Pizza essen und weil es mittlerweile nach zehn Uhr ist, setzen wir uns an den Hafen, wo auch mein Bus fahren soll.

Der Bus ist recht voll, aber mit Ipod im Ohr, Kissen im Nacken und Schlafbrille kann ich zumindest die letzten drei Stunden ganz gut schlafen, bevor wir um sechs Uhr morgens in Cairns ankommen. So viel zu meinem „freien" Tag.

16. Mai

Ich nehme ein Taxi zum Haus und schlafe bis halb elf, gehe dann runter und arbeite, was einen guten Eindruck macht. Javi meldet sich aus Brissi. Der Wagen hält immer noch und nun bleiben sie ein paar Tage dort, haben allerdings ein wenig umgestellt und schlafen jetzt immer im Auto. Es ist schön, mit beiden zu sprechen, und ich erzähle von meinen ersten Tagen hier oben.

17. Mai

Als ich Sam am Nachmittag frage, ob ich einen der Vans haben könne, erklärt sie mir, das gehe jetzt nicht mehr, denn es habe zu viele Unfälle der Mitarbeiter in den anderen Depots gegeben. Ich könnte aber einen mit 25 % Rabatt mieten, was lächerlich ist. Allen erzähle ich, ich hätte hier 60 Vans zur Auswahl, und kann am Ende nicht einen davon fahren. Sam nimmt mich zumindest mit in die Stadt zum Shoppen. 240 $ haben die letzte Woche den Weg auf mein Konto gefunden, und da ich nun plane, länger in Cairns zu bleiben und nicht so bald wieder zu packen, kann ich mir wirklich mal etwas kaufen.

18. Mai

Endlich gibt es wieder guten Kaffee. Ich hatte gestern in einem der Vans eine Espressomaschine gefunden und muss nun nicht mehr das elende Instantzeug trinken. Überhaupt beinhalten die Vans einen reichen Fundus an nützlichen und unnützen Accessoires. Spülmittel, Toilettenpaier, Lebensmittel, Bier, CDs, Sonnenbrillen, Gleitcreme.

Nach dem obligatorischen „slip, slop, slap" (Klamotten an, Eincremen, Mütze auf) spaziere ich in die Stadt.

Der Sonnenuntergang in der Lagune zwischen den Palmen ist wie immer ein Schauspiel. Zum Abendessen mache ich Hackbällchen und Süßkartoffelmus, ein Traum. Gerade als ich mit dem Essen fertig bin, höre ich unten einen Wagen ankommen, kurz darauf klopft es an der Tür. Ich versuche es einfach zu ignorieren, aber da oben bei mir natürlich sichtbar Licht brennt, nutzt es nichts. Vom Balkon aus sage ich also Hallo und die beiden Störenfriede erklären mir, dass sie sich eben in dieser Minute aus dem Van ausgeschlossen hätten. Der Schlüssel liege noch drinnen auf dem Sitz. Da ich keinen Ersatzschlüssel habe oder zumindest nicht weiß, wo sie sind, versuchen wir mit einem langen Draht durch das leicht geöffnete Fenster den Schlüsselbund zu angeln, mit Erfolg. Sie ist aus Deutschland und er ihr dänischer

Freund. Sehr sympathisch, und so reden wir eine ganze Zeit und ich lasse ihnen die Seitentür auf, damit sie die Toilette benutzen können. Sie haben beide an der ETH in Zürich studiert und ihre PhD gemacht und gehen nun an die Universität von Brissi. Er ist Molekularbiologe und erforscht das Gift der Funeral Webspider. Er erklärt mir, dass es davon auf Fraser Island die meisten gebe, weshalb sie dort immer mal hinfahren, um neue zu fangen. Das sei nicht so ganz einfach, denn die Spinnen seien extrem aggressiv.

19. Mai
Heute soll ich den Tag über bei Sam bleiben und mit ihr die „Drop offs" machen, also alle Vans entgegennehmen, kontrollieren und ins Computersystem einpflegen. Es ist ein recht anstrengender Tag und wird noch anstrengender, als sie mich über die offene Tür am Morgen befragt und mir dann erklärt, ab 16 Uhr gebe es keinen Kontakt mehr mit den Kunden. Punkt vier Uhr, als wir die Haupteingangstür gerade abschließen, kommt ein Mädchen durch die Seitentür und will wissen, was sie mit dem Van machen soll, denn sie hat statt Benzin Diesel getankt. Gute Frage, also weiter an Sam, die „kein Kontakt zu Kunden" sagt und nicht ansprechbar ist. Mir wird es zu dumm und ich gehe hoch in meinen Teil des Hauses. Da Sam aber noch durch eine der Türen raus zu ihrem Auto muss, läuft sie natürlich dem Mädchen in die Arme, bekommt einen ordentlichen Anschiss und bleibt, wie ich mit einem Ohr mitbekomme, doch noch eine halbe Stunde länger. Im Bett gehen mir viele Ge-

danken durch den Kopf, wie ich die Situation mit Sam lösen könnte, denn es scheint wirklich ein Problem zu geben.

20. Mai

Als ich heute fünf Minuten nach neun am Morgen immer noch der Einzige im Büro bin, werde ich stutzig. Habe ich irgendetwas verpasst, ist heute schon wieder Feiertag? Ich kann mich beim besten Willen an nichts dergleichen erinnern. Kurze Zeit darauf kommen Marley und Jhai an. Marley, der im Nachbarhaus von Sam wohnt, teilt mit, dass Sam eine Lebensmittelvergiftung hat und daher nicht kommt. Neil kommt ebenfalls ungewöhnlich spät, obgleich er normalerweise immer der Erste ist. Er hat das wohl älteste T-Shirt an, das er finden konnte, es ist komplett zerlöchert. So machen wir also verspätet auf und rocken nur zu viert das Haus, was anstrengend ist, aber wunderbar funktioniert. Neil sitzt am Anfang am Rechner, ich übernehme den zweiten Teil und mache sonst alles. Vans saugen, herumfahren, annehmen, auschecken, Verträge. Es ist der bisher beste Arbeitstag und wir haben zudem nur nette und glückliche Kunden.

Nachdem wir alles verriegelt haben, setze ich mich mit Neil in den Hinterhof, trinke ein Bier und erzähle ihm meine Spanienpläne. Neil ist wirklich ein netter und sehr interessierter Typ, kommt auch bei den Kunden in seiner sehr eigenen Art gut an. Die Schlüsselsituation im Haus ist immer noch sehr unbefriedigend für mich, denn ich kann zwar oben und die Seitentüren aufschließen, habe aber keinen Zugang zum Büro und damit zum Computer. Da Sam der Boss ist, bleibt das auch erst einmal so. Neil lässt mir heute immerhin unten auf und so verbringe ich den Rest des Tages damit, wieder einmal längere Mails, unter anderem an Diane, zu schicken und meinen Weblog zu schreiben.

Langsam gewöhne ich mich wieder ans Fernsehen, was keine gute Entwicklung ist. Immerhin bin ich so seit Langem mal wieder ein wenig „up to date", was in der Welt passiert, denn das ging in den letzten Monaten fast komplett an mir vorbei.

21. Mai

Markus schreibt mir heute eine längere Mail aus Potsdam und sagt, im Augenblick sehe es mit einer Stelle für mich nicht so gut aus, aber das würde noch nicht viel heißen, da bis zum August eine ganze Menge passieren könne. Sie hätten gerade massive Probleme, neue Schüler zu akquirieren, und bekämen wirtschaftlichen Druck aus der Zentrale. Das alte Spiel. Ich weiß gar nicht, ob ich da überhaupt wieder mitmachen will.

Eigentlich wollte ich am Nachmittag etwas laufen gehen, bin aber zu faul und schlafe lieber, bevor am Abend das große Sport-Event des Landes ansteht. Im „Aussie Football" gibt es das Spiel „State of Origin", in dem die besten Spieler New South Wales' und Queenslands gegeneinander antreten. Das ist seit Tagen das Hauptthema in der Stadt und im Fernsehen. Ich bin zwar immer noch kein Riesenfan, aber das Spiel ist spannend und brutal, endet 18:10 für NSW. Heute geht's früh ins Bett, denn das nächste Sporthighlight steht an, das Champions League Finale zwischen Manchester United und Chelsea, morgen früh um vier Uhr.

22. Mai

Ich liege im Schlafsack auf der Couch und habe eine heiße Milch mit Honig in der Hand, so gestalte ich mein Champions League Finale. Weiß Gott anders, als es jetzt ganz England machen wird. Das Spiel ist nicht besonders spannend, aber es ist immerhin mal wieder richtiger Fußball. Gegen Ende nicke ich kurz ein und hoffe, nach dem Spiel noch etwas schlafen zu können. Es geht in die Verlängerung und weiter ins Elfmeterschießen. Ballack trifft, Terry versemmelt, womit Ballack einmal mehr nur Zweiter bleibt. Da es nun bereits acht Uhr ist, schäle ich mich aus dem Sack und mache mich für den sehr ruhigen Arbeitstag fertig.

Es war heute kurz ein Italiener im Büro, um Bescheid zu sagen, dass er am Montag hier anfängt zu arbeiten. Von uns weiß keiner Bescheid, also mal sehen, was das wird.

23. Mai

Heute ist mein „day off", aber das Büro ist natürlich geöffnet. Es befindet sich direkt unter meinem Schlafzimmer, das Haus ist ein Holzbau und entsprechend hellhörig. Als um neun Uhr die Klingel der Eingangstür ertönt, bin ich wach und kann die gesamten Unterhaltungen weiterverfolgen. An einigen Stellen zwischen den Dielen kann ich sogar ins Büro spähen. Also mache ich mich gleich auf die Esplanade runter in die City, denn zu Hause zu entspannen ist unmöglich. Meine Runde führt mich durchs Shoppingcenter auf der Suche nach einer neuen kurzen Hose, Jeans, T-Shirts und Flip-Flops. Da ich ja nun arbeite, werden meine Klamotten schnell dreckig, und zumindest für die Abende brauche ich eine Garnitur zum Wechseln.

24. Mai

Samstag. Ich arbeite nur drei Stunden, die misslingen dafür aber auch. Sam hat sich überlegt, dass Marley heute alle Kundenbetreuung übernimmt und ich die Vans fertigmache und herumfahre, er würde das schneller machen. Da bin ich mir nicht so sicher, aber gut, versuchen wir's. Es ist nicht viel zu tun, denn alles wurde gestern vorbereitet. Nur springt der erste Van in der Reihe nicht an, weshalb wir die anderen dahinter nicht sofort herausgeben können. Anstatt nun den Ersten wegzuschieben, fährt Marley die anderen rückwärts raus und stellt damit alles voll, sodass nun nichts mehr geht. Als wir irgendwann trotzdem fast durch sind, kommt Sam nach hinten und will wissen, warum der Van nicht fertig war. Ich versuche es zu erklären, aber sie schnallt es nicht, gibt stattdessen irgendwelche sinnlosen Anweisungen. Sie erzählt noch etwas von besserer Kundenbeziehung und mehr Mitdenken, und meine Stimmung sinkt gewaltig, als mir Marley dann noch ein „no worries, mate" zuwirft.

In meinem neuen T-Shirt gehe ich ins „Gilligans". Unglaublich, wie viel Freude kleine Dinge wie ein billiges T-Shirt machen können. Aber wenn man der Konsumwelt monatelang den Rücken zukehrt und immer die gleichen sechs Shirts trägt, fühlt sich ein neues Kleidungsstück wirklich nach etwas Besonderem an. Im Gilligans gibt es im oberen Teil einen kleinen Club, die „Pure"-Bar. Alles in Weiß und auf edlen Nobel-Club getrimmt. Leider ist es extrem voll und mehr ein Durchgequetsche bis zur Bar. Ich komme nicht in Stimmung, schleiche durch die Massen und später nach Hause.

25. Mai

Ich jogge endlich mal wieder eine Runde. Es geht durch den botanischen Garten, gar nicht weit vom Haus entfernt, einen sehr steilen Anstieg über Holzstufen den Hügel hinauf. Ich laufe durch einen Urwald, nur dass der Boden weitgehend betoniert ist und an vielen Stellen so schmal, dass man zu zweit nicht aneinander vorbeikommt. Der Rundlauf ist keine drei Kilometer lang, aber durch seine Rampen so anstrengend, dass ich mehrmals anhalten und weiter gehen muss. Die Stufen sind Wadenkiller und ich komme mir alt und völlig außer Form vor. Dafür gibt es eine Belohnung am „Gipfel". Der Blick führt vom Flughafen im Norden weiter über das Meer und die Küste bis in die Stadt im Süden. Ich fühle mich geradezu gezwungen, ein wenig länger hier oben stehen zu bleiben. Das Ziel für die nächsten Wochen ist klar, den Umlauf ohne Stoppen durchzukommen.

26. Mai
Nach dem schlecht gelaufenen letzten Arbeitstag hält sich meine Lust auf Arbeit in Grenzen. Es geht auch gleich damit los, dass Jhai krank ist und Marley und ich wieder alleine arbeiten. Wir bekommen das jedoch weitgehend reibungslos hin. Heute ist Marley schlecht gelaunt und erzählt mir, er wolle bald kündigen und für einen Freund auf dem Bau oder im Handwerk arbeiten, da gebe es viel mehr Geld zu verdienen. Zudem erfahre ich, dass er erst drei Wochen vor mir hier angefangen hat, was mich erstaunt, da er immer so tut, als sei er schon Jahre dabei.

Sam gibt uns für morgen frei, es gebe nicht viel zu tun und Jhai wäre wieder da. Für mich bedeutet jeder freie Tag einen finanziellen Ausfall, denn ich werde nach verrichteten Arbeitsstunden bezahlt. Auf der anderen Seite bin ich ja nicht nur zum Arbeiten hier.

27. Mai
Mein freier Tag. Eigentlich. Mit den ersten Kunden bin ich ebenfalls wach und mache Frühstück, als es an der Tür klopft. Sam steht draußen und erzählt, dass ein Van in Port Douglas liegen geblieben sei und ob ich Lust hätte, einen Ersatzwagen hochzubringen? Komisch, dass es immer an meinem freien Tag irgendwo technische Probleme gibt. Klar, mache ich natürlich. Mir fällt erst in dem Moment auf, dass ich hier die ganze Zeit nur in Unterhose stehe. Also mache ich mich fertig und hole mir Instruktionen von Neil. Obwohl ich die Strecke ja bereits kenne, ist der Blick vom Küstenhighway einfach

beeindruckend schön. Wald, Berge, Strand, Klippen, Meer. In zwei Stunden bin ich oben und treffe das junge Paar gleich am Ortseingang. Ich hatte überlegt, mir noch ein wenig die Stadt anzusehen, denn das letzte Mal war dafür nur wenig Zeit. Aber ich will kein Risiko mit dem kaputten Van eingehen, wo er jetzt immerhin läuft, und lasse ihn bis Cairns weiterlaufen. Ohne Zwischenfälle erreiche ich das Depot und gehe gleich weiter in die City. Shoppen. Bei Rip Curl gönne ich mir sandalenartige Schuhe und neue Baumwollshorts. Der Verkäufer ist ein netter Typ, der auch Wicked Campers besser kennt. Er erzählt mir, dass Cairns in diesem Jahr entgegen meiner Annahme einen starken Touristenrückgang zu verzeichnen hätte. Ich empfinde es immer und überall als voll und möchte gar nicht wissen, wie es ausgebucht hier aussieht.

29. Mai
Das ist mal ein wirklicher „day off" heute. Und es gibt noch eine Überraschung. Javi hat mir auf die Mailbox gesprochen, dass er mit David in Sydney angekommen sei und das Auto verkauft habe. Jetzt würde er gerne am Wochenende nach Cairns kommen, um sich hier mit mir und Eva zu treffen. Da muss ich mal schauen, wie wir das organisiert bekommen in meinem Haus.

30. Mai
Ich habe keine großen Erwartungen und bin daher umso erfreuter, dass ich heute den Laden fast in Eigenre-

gie leiten soll. Neil schaut immer noch mal im Büro vorbei und korrigiert mich bei ein paar Eintragungen, ein guter Typ. So kommen wir alle gut über den Tag. Ich fühle mich gut, so wie es heute gelaufen ist, und habe endlich die Verantwortung, für die ich auch hierhergekommen bin.

31. Mai
Nach der Arbeit steht der Hausputz an. Zuvor habe ich eine Mail an das Deutsche Arbeitsamt geschickt mit der Bitte, mir Informationen darüber zu senden, was ich im Falle meiner Rückkehr alles bedenken muss. Als ich Javi anrufe, sitzt der bereits im Taxi und ist zwei Minuten später im Depot. Es ist eine große Freude, ihn wiederzusehen und das erste gemeinsame Bier auf dem Balkon zu trinken. Wir sprechen über unsere letzten Erlebnisse und er erzählt davon, wie sie das Auto in Sydney für 1 000 $ verkauft haben. Und das, nachdem sie kurz zuvor noch in Kings Cross liegen geblieben sind und die Ölpumpe tauschen mussten.

Eine Stunde später ruft Eva an, die eben in Cairns mit dem Bus eingetroffen ist und kurz darauf ebenfalls mit dem Taxi vorm Haus steht. Es ist auch schön, sie hier zu haben. Sie ist direkt aus dem Outback hergekommen und sehr froh, mal wieder in einer Stadt zu sein, weg vom leeren Land. Ihre Arbeit als Jillaroo muss eine tolle Erfahrung gewesen sein. Sie war viel mit Pferden unterwegs, die sie so liebt. Sie zeigt uns Videos vom Roosschießen und dem Spalten eines Rinderschädels. Raue Welt da draußen.

Ich koche Pasta und wir trinken reichlich Sekt, Wein und Bier bei Musik von lokalen Größen wie Xavier Rudd und Pete Murray. In die Stadt geht es heute mal zum „Velvet Underground" Club im Casino. Die Musik ist wieder gut, aber es sind kaum Leute hier, weshalb wir trotz der 15 $ Eintritt weiter ins Gilligans und in die Pure Bar gehen. Hier ist es sehr voll. Wir lernen zwei Hamburger kennen und mit ihnen zwei nette Mädchen. Die eine kenne ich bereits aus dem Woolshed. Dann kommen mir Javi und Eva abhanden und ich treffe sie erst draußen vor der Tür wieder. Die beiden sind aus unerklärlichen Gründen aus dem Club geflogen, worüber sich Javi tierisch aufregt und ich sehr lachen muss.

1. Juni

Heute liegt nur ein ausgiebiger Spaziergang durch den botanischen Garten an. Wir schlendern über den Hügel, schwitzen den Rest-Alkohol aus und bestaunen eine Vielzahl tropischer Gewächse, die in voller Blüte stehen. An einem zugewachsenen See voller Seerosen gibt es einen Grillplatz, den wir in den nächsten Tagen nutzen wollen.

2. Juni

Francesco, der neue Italiener, ist heute bei uns und hilft Sam gleich direkt im Büro, da er bereits drei Monate in Sydney für Wicked gearbeitet hat. Daher bleibe ich mit den Jungs im Hof und organisiere den Rest. Soweit der Plan, denn nach einer halben Stunde geht es für mich bereits los nach Innesfail, zu einem weiteren liegen gebliebenen Van. Ich gehe noch schnell hoch, schreibe meinem Pärchen einen Zettel und hole mir wieder Instruktionen von Neil. Es wird erneut ein Van-Tausch. Mit dem alten soll es nicht schneller als 80 km/h bei ständiger Beobachtung der Temperaturanzeige zurück gehen. Ich nehme einen großen Kanister Wasser mit und mache mich auf die 1,5-Stunden-Tour nach Innesfail. Vorher hatte ich Sam mitgeteilt, dass ich Besuch hätte und sie sich nicht zu wundern brauche, falls sie Schritte höre. Sie sagt, die müssten raus, wenn der Neue einzieht. Mit dem habe ich aber bereits gesprochen und erfahren, das würde erst in der nächsten Woche passieren. Bis dahin bleibe er mit einer Freundin aus Sydney in einem Hotel. Als ich Sam frage, ob wir einen Van für Eva und Javi buchen können, sagt sie, dies würde nur bei Andy, dem Agenturleiter in der Innenstadt, gehen. Mann, Mann.

Der Wagenwechsel verläuft ohne Probleme. Ich esse schnell bei KFC, für den Fall, dass ich liegen bleibe und dann lange warten muss. Zu dem Huhn gibt es als Menü die interessante und schmackhafte Kombination von Kartoffelbrei mit Gravy, dieser dunklen Soße, und Weißkohlsalat. Der Mechaniker der RACQ-Werkstatt, in der der Van steht, gibt noch ein paar Tipps und so zuckele ich in zwei Stunden ohne große Probleme zurück. Als ich ins Büro komme, stehen dort Javi und Eva und checken gerade in den Van ein. Das restliche Team sitzt auf den Sofas und isst Pizza, alles sehr entspannt. Auch Sam hat sich gut benommen, meine beiden mit ihrem

Wagen in die Stadt zu Andy gefahren, der sie dann wieder zurück brachte. Zudem gibt es für sie ein kostenloses Upgrade und einen guten Wagen, „Ultra Cow", mit großen schwarzen Punkten auf weißen Grund. Sie kaufen noch etwas in der Stadt ein, bringen mir eine halbe Box Bier, Milch und Saft mit und starten ihre kleine Reise in den Daintree National Park.

3. Juni

Heute spreche ich etwas länger mit Francesco. Es stellt sich heraus, dass er Fabrice heißt und Franzose ist. Wir reden über Fußball, diesen Völker verständigenden Sport. Er will wie ich unbedingt die EM-Spiele sehen und hat ebenfalls gelesen, dass der einzige Fußballsender in OZ, SBS jeden Tag nur ein Spiel zeigen wird. Ich werde so nur das letzte deutsche Gruppenspiel gegen Österreich sehen können, Frankreich wird gar nicht gezeigt. Also müssen wir uns was überlegen. Mein Hügellauf wird besser, ist aber immer noch weit weg von „gut", aber es bleibt ja noch ein wenig Zeit. Zum Abend mache ich mir heute mal Soljanka und hänge alten Zeiten nach.

4. Juni

Day off. Kurz vor zehn Uhr am Abend teilt mir Sam per SMS mit, dass ich morgen erneut frei habe, es sei nicht viel zu tun. Das hätte man sicher auch schon eher wissen können, aber so versuche ich Javi zu erreichen und hoffe mit den beiden gemeinsam den Tag verbringen zu können.

5. Juni

Heute in zwei Monaten geht mein Rückflug von Sydney, erschreckend. Sonst bleibt alles ruhig, Javi will mich um zehn abholen und wir wollen uns einen netten Strandtag machen. Als ich unten auf ihn warte, rede ich mit Fabrice über die EM und seinen Einzug. Ich nehme noch ein paar Bier mit und wir fahren nach Smithfield, wo Eva bereits für unser Barbie einkauft. Der Trinity Beach ist der nächstgelegene größere Strand nördlich von Cairns. Der Strand ist schmal und geht recht steil ins Meer über, hat aber einen sehr schönen Grünstreifen mit großartigen Gasgrilleinrichtungen. Zwei Bier für jeden aus der Kühlbox und eine Runde schwimmen, mehr kann man kaum verlangen. Das Wasser ist zwar nicht klar, aber warm, und es gibt ein Stingernetz, das weiter draußen vorgelagert ist.

Zurück im Haus brennt überall das Licht und der Fernseher läuft, was mich ein wenig irritiert. Es ist aber Fabrice, der unten seine Wäsche macht und oben bereits ein paar Dinge einräumt.

6. Juni

Zum Frühstück ist es richtig voll bei uns mit Javi, Eva und Fabrice. Unten im Büro fängt mich Sam gleich ab. Ich habe heute schon wieder frei. Also wieder kein Geld, wieder unorganisiert, und ich habe auch keine Ahnung, was ich heute tun will. Daher schaue ich im Büro zumindest mal ins Internet und sehe eine neue Mail von Raquel, der Personalleiterin von Wicked Campers. Die hat es allerdings in sich. Raquel ist ziemlich aufgebracht, weil sie mitbekommen hat, dass ich an den Sonntagen nicht arbeite und das Büro somit immer noch geschlossen ist. Ich soll sie zurückrufen und erklären, wie das sein kann.

Mit dem Telefon aus dem Büro gehe ich nach oben und laufe erst einmal eine Zeitlang durch die Bude, um zu überlegen, was ich nun genau erklären soll. Dann rufe ich an und erzähle von dem, was Sam mir erzählt hat, mangelnder Kommunikation. Raquel sagt mir: „John ist halb ausgerastet! Und es ist so auch nicht der Plan für Spanien, ein Depot zu leiten, wenn du dich die meiste Zeit nur um die Vans kümmerst. Von jetzt an ist das Depot das ganze Wochenende geöffnet, sag das auch Sam."

Ich bitte allerdings darum, dass sie ihr das selbst noch einmal per Mail schickt. Nach diesem Gespräch bereite ich mich auf das nächste mit Sam vor und gehe zu ihr runter. Ich erkläre ihr die Situation aus meiner Sicht und wir lesen gemeinsam die Mail von Raquel, die sich zum Glück mit meinen Aussagen deckt. Sam sagt, sie wüsste von all dem nichts, aber ich würde nun also das Wochenende arbeiten und auch den eigentlich freien Montag (Geburtstag der Queen). Dies ist nun also vorerst geklärt, wobei sich mir die Hintergründe immer noch nicht erschließen. Irgendetwas haut hier mit der Abstimmung nicht hin.

Da ich ja nun die nächsten Tage arbeite, muss ich heute doch noch einiges organisieren, zum Beispiel endlich mal zum Friseur gehen. In der Innenstadt treffe ich einen sehr überraschten Julian, den Rasta-Franzosen aus Byron Bay. Er sieht aus wie immer und war wirklich sieben Monate in Byron. Danach, zur selben Zeit wie ich, in der Shepparton-Region zum Fruit-picking. Jetzt ist er auf der Suche nach Arbeit seit zwei Wochen in Cairns, fährt jeden Abend mit seinem Auto raus aus der Stadt und baut sein Zelt irgendwo am Strand auf. Wir tauschen unsere Telefonnummern aus und wollen uns für Samstagabend verabreden.

Ich gehe zum Upper-Class-Hairdresser „Adam & Eve". Ich war mir beim ersten Vorbeilaufen sicher, dass es viel zu teuer für mich ist, sehe aber auf der Preistafel, dass man auch einen Schnitt von der „Junior Stylistin" bekommen kann, was mit 25 $ im normalen Preissegment liegt. Drinnen ist es sehr schick eingerichtet. Zuerst bekomme ich einen Kaffee und lese in einem der Modemagazine, bis mich dieser kleine griechisch anmutende Engel zum Haarewaschen mitnimmt. Sie ist zwar sehr jung und schaut ein wenig streng, sieht in ihrem Toga-Kleid und ihren Riemchenschuhen aber umwerfend aus. Ich bekomme gleich zweimal die Haare gewaschen, entweder weil sie es auch nett findet wie die anschließende Kopfmassage oder weil es einfach nötig ist. Zwei Zentimeter kürzer und ein wenig gestuft ist meine Vorgabe. Sie interpretiert dies aber sehr frei und schneidet es so, wie sie es wohl schön findet. So wird es eine recht kurze „Vokuhila"-Frisur. Ich stufe es mal als „anders" ein, bin aber nicht ganz zufrieden für den Augenblick, aber das kann ja noch werden, wenn man sich daran gewöhnt. Wenn man sich daran gewöhnt! Ich sage brav, alles super, gebe ein Trinkgeld und schaue in jedes Schaufenster der Stadt nach meinem Spiegelbild, um mein Aussehen abzuschätzen und mit der Gewöhnung gleich zu beginnen.

Im Haus finde ich einen Brief von Sam, in dem sie schreibt, dass ich und Fabrice morgen für das Depot zuständig seien, sie ist erst wieder in vier Tagen an Bord. Fast noch wichtiger ist, dass ich endlich einen eigenen Schlüssel fürs gesamte Büro bekomme.

Dinge verändern sich also erneut, ich bekomme mehr Arbeit, aber auch Verantwortung, was gut ist.

7. Juni

Fabrice ist recht niedergeschlagen und schlecht gelaunt. Er hat eine Abrechnung mit einem Kunden verbockt und hofft doch so sehr, von Wicked einen Sponsorshipvertrag zu bekommen. Dies würde es ihm ermöglichen, mindestens weitere zwei Jahre in Australien zu bleiben. Durch solche Aktionen, die sich bis in die Zentrale durchsprechen, will er seine Chance nicht verspielen.

Ich lade ihn daher zum Mittagessen bei uns oben ein, das Eva und Javi gerade gekocht haben. Sie sind seit Kurzem wieder zurück von ihrer Tour.

8. Juni

Der Vormittag verläuft sehr ruhig mit mir allein im Büro. Den Nachmittag hängen wir alle ein wenig fertig im Haus ab. Javi muss diese Nacht zurück nach Sydney, trifft dort David und zusammen fliegen sie weiter nach Spanien. Damit endet vorerst sein Abenteuer in Australien und wohl auch mit Eva. Er macht zum Abschied eine grandiose Paella mit Meeresfrüchten. Um zwei Uhr schauen wir uns, mehr als Überbrückung, nicht aus Interesse, das Spiel Österreich gegen Kroatien an. Dann bestelle ich ein Taxi und es ist Zeit, Auf Wiedersehen zu sagen. Wir werden uns wiedersehen, hoffentlich schon bald in Spanien.

Eva und ich gehen wieder ins Büro. Ich sehe das deutsche Spiel gegen Polen, das wir durch zwei Podolski-Tore gewinnen, Eva schreibt nebenbei unzählige Emails. Als ich kurz vor sieben Uhr am Morgen ins Bett gehe, steht mir wieder nur eine kurze Nacht bevor.

9. Juni

Heute ist es wirklich hart, aber eigentlich soll gar keiner ins Büro kommen, denn es weiß ja noch niemand, dass wir nun auch am Sonntag geöffnet haben. Daher bin ich verwundert, als zehn nach neun Uhr das Telefon klingelt und John Webb dran ist. Ich gehe von einem Kontrollanruf aus, aber es ist ein „Dienstanruf", denn zwei Mädchen stehen mit einem Van in Cairns und haben ein Problem. Ich soll anrufen und das Problem lösen.

Eva steht irgendwann mittags auf und schaut in der Stadt nach Angeboten zum „White Water Rafting" am

Tully River für den Mittwoch, da ich dann ebenfalls frei habe. Fabrice, nun für mich Fab, kommt um vier Uhr vorbei, seine Freundin ist bereits wieder weg. Später sollen noch zwei seiner Freundinnen zum Waschen vorbeikommen. Während ich mit Eva Lasagne esse, lernen wir Julie aus Frankreich und Marlen aus Schweden kennen. Sie kennen Fab bereits aus Sydney, wo sie zusammen in einem Haus gewohnt haben. Wir trinken in entspannter Runde ein paar Bierchen, aber trotz des anregenden Gesprächs bin ich hundemüde, halte gerade noch durch, bis die drei Mädels sich ein Taxi nehmen, um in die Stadt zu fahren. Ich hingegen falle wie tot ins Bett.

10. Juni

Am Abend versuchen wir per Telefon noch einen Ausflug zum Tully River zu organisieren. Peter Pans hat noch freie Plätze für morgen. Der Haken ist die Uhrzeit, denn wir werden morgen um 6:20 Uhr an der „Dunwoody's Bar" abgeholt, wo auch immer die sein mag.

11. Juni

Es wird ein wenig hektisch am Morgen, als wir die Sheridan Road in die Stadt laufen, denn wir können diese Bar nicht finden und sind spät dran. Gerade als wir einen Taxifahrer fragen, wo es denn sein könnte, ruft jemand aus der Reiseagentur an und fragt, wo wir bleiben. Noch als Eva versucht, unseren Standort zu erklären, sehen wir den Bus halten. Wir sind längst an der „Dunwoody's Bar" vorbei. Durch den einsetzenden Regen klappern wir ein paar Hostels ab, am Busbahnhof wechseln wir in einen anderen Bus. Weiter geht die zweistündige Fahrt mit kurzem Kaffeestopp nach Tully. Jeder bekommt eine rote Windjacke, eine Schwimmweste und einen Helm. Auf dem Weg zum Wasser werden wir in Sechsergruppen eingeteilt. So sitzen wir in einem Boot mit zwei Pärchen und Andy, dem guten und erfahrenen Skipper. Es ist weiterhin bewölkt, und nach ersten Instruktionen und Trockenübungen am Steg geht es los durch den Nieselregen. Es ist wirklich ein großer Spaß, durch die Stromschnellen zu schießen. Zum Glück sind wir ein gut funktionierendes Team, zudem noch das Ersthilfeboot, was bedeutet, wir müssen an schwierigen Passagen alle anderen Boote überholen und warten, bis sie die Stelle passiert haben.

Am Mittag machen wir Rast und es gibt ein schönes Burgerbufett. Auch die Wolken reißen ein wenig auf, wodurch es sofort wärmer wird. Die Landschaft ist schlichtweg atemberaubend. Der Fluss verläuft direkt durch den Regenwald. Auf beiden Seiten ragen die Bäume bis weit über das Wasser, zur Linken gibt es eine bewachsene, hohe Felswand. Wir springen von Felsen in den Fluss, lassen uns durchs Wasser treiben, gehen schwimmen und werden nochmals richtig nass, als Andy uns gekonnt an der letzten Stromschnelle kentern lässt. Um halb drei Uhr endet die Reise, wir können heiß duschen und wieder in warme, trockene Sachen steigen.

Wir fahren 20 Minuten zum Hostel, in dem wir morgens schon Kaffee getrunken hatten und uns neben Essen auch eine DVD und Fotos von uns bestellen können. Evas und mein Weg trennen sich leider für heute, denn sie bleibt eine Nacht hier im Hostel und will morgen weiter nach Mission Beach fahren, um dort einen Fallschirmsprung zu machen. Ich fahre mit dem Bus zurück und komme ausgehungert und müde zu Hause an.

Mit Fab schaue ich gemeinsam das Rückspiel des „State of Origin", das Queensland in beeindruckender Manier 30:0 gewinnt. Deshalb wird es nun in einem Monat ein drittes Entscheidungsspiel in Sydney geben.

12. Juni

Wir sind endlich mal wieder komplett im Büro. Fab erzählte mir, dass Sam gestern oben im Haus gewesen sei, um zu sehen, wo die Wicked-Jungs, die nächste Woche aus Brissi kommen sollen, bleiben können. Dabei habe sie natürlich auch Evas Zeug gefunden. Daher bin ich nicht allzu überrascht, als sie später nach hinten kommt und mir erklärt, dass Besuch über Nacht nicht erlaubt sei. John und auch Neil würden das nicht wollen. Ich konnte es noch nie leiden, wenn sich Menschen hinter anderen verstecken, anstatt ihre eigene Meinung zu vertreten. Ich bin mir sicher, Sam selbst mag es nicht, und ich finde es lächerlich, wenn einem 32-jährigen Backpacker vorgeschrieben wird, wer bei ihm auf dem Zimmer bleibt. In meiner Art erkläre ich mich aber nicht groß, sondern lebe meinen ghandihaften Widerstand, sage „okay" und falte weiter die Laken. Ihr bleibt nichts weiter übrig, als wieder zu gehen.

Eva ist zurück, will aber morgen wieder los. Ihr freier Fall ist wegen des schlechten Wetters ausgefallen, morgen soll es Ersatz geben. Auf einem der Hostelrechner hat sie wenigsten die Fotos vom Rafting gefunden, die ich nun auch besitze. Als Fab ins Bett geht, gehe ich mit Eva zu Cocktails über und wir sprechen lange über alte Beziehungen, Javi, ihren Freund in Deutschland, wie alles so werden wird. Ich versuche ein paar meiner beschränkten Lebensweisheiten beizusteuern. Es ist schön, wieder so ein tiefgreifendes, offenes und persönliches Gespräch zu führen. So ehrlich, dass die schöne und selbstbewusste Schale aufbricht und die wirklichen Sehnsüchte, Ängste, Zweifel und Hoffnungen sichtbar werden, die viel interessanter an einem Menschen sind als die Hülle drum herum.

Um zwölf Uhr will ich mich zumindest noch mal für zwei Stunden hinlegen, bevor es zum Vorrundenkracher Deutschland gegen Kroatien kommt.

13. Juni

Fab hat mich gefragt, ob ich heute Abend mit zu Marlen, seiner schwedischen Bekannten, gehen wolle, sie fliege morgen ab. So gehen wir ins Hostel „Rosies Backpackers", wo schon Shmuel und Ynnon, die Israelis, gewohnt hatten. Julie ist ebenfalls da und weitere Dänen und Belgier. Sie haben einen Liter White Russian gemixt, der sehr viel mehr Russian als White ist.

Im Woolshed beginnt meine eigentliche Nacht. Ich hatte zunächst gedacht, mit Julie sei etwas möglich. Sie ist zwar nicht direkt mein Typ, aber auf ihre Weise interessant. Doch je später der Abend, desto mehr komme ich mit Marlen ins Gespräch, die bereits im Hostel, wenn auch mehr aus Versehen, ihre Hand auf meine gelegt, sie aber nicht wieder weggenommen hat. Sie erinnert mich sehr an die Sängerin Pink, hat kurz blonde Haare, ist witzig, tough und lacht viel und laut. Zudem ist sie Fußballschiedsrichterin. So reden wir viel über Fußball und das schwedische Team, mit dem ich sympathisiere. Später sehen wir ein extrem eigenartiges Footballspiel („Gaelic football", eine Mischung aus Rugby und Fußball). Als wir an die Bar gehen, nimmt sie meine Hand und zieht mich an sich.

14. Juni

Marlen verlässt mich um sieben Uhr, während ich noch dahindöse. Ich habe mich mittlerweile daran gewöhnt, dass der Morgen mit einem Ende beginnt. Positiv ist zumindest, dass es keinen weiteren Stress mit Sam gibt.

Sam schlägt vor, dass Fab und ich heute das Büro mal wieder alleine leiten, was einerseits schön ist, auf der anderen Seite sind wir eine ziemlich müde Kombination und würden uns lieber nach hinten verdrücken. Aber es läuft gut, lediglich das letzte Paar des Tages muss mich wecken, als ich vor dem Rechner eingenickt bin. Ich brauche zwei, drei Minuten, bis ich wieder richtig da bin.

16. Juni
Alle im Team sind aufgeregt. Donnerstag und Freitag sollen wegen eines Musikfestivals in Kuranda in den Tablelands jeweils über 20 Vans rausgehen.

Ich habe morgen frei, was diesmal sehr gut passt, denn heute Nacht 5:45 Uhr ist das entscheidende Gruppenendspiel gegen Österreich.

17. Juni
Das Spiel ist nicht besonders, aber der Freistoßhammer von Ballack bringt uns in die nächste Runde: Jetzt geht's gegen Portugal, ein Kracher! Fast noch besser ist, dass ich mich gleich noch einmal hinlegen kann und erst mittags aufstehe. Zum späten Frühstück liegt ein Brief von meiner Mutter auf dem Tisch. Ein Brief hat nach wie vor eine ganz eigene und sehr persönliche Aussage, da sich jemand lange Zeit hingesetzt und an einen gedacht hat. Sie schreibt viel über das Leben in Hamburg und meine Schwester, die bald mit ihrem Freund zusammenziehen will.

Am späten Nachmittag mache ich einen Spaziergang in die Stadt, um mal aus dem Haus zu kommen. Im Hafen sehe ich paar neue Läden, ende aber wie fast immer im Shoppingcenter und kaufe mir ein weiteres T-Shirt. Am Abend kommt Julie zum Waschen vorbei. Wir sitzen zusammen, trinken Bier und schauen banales Fernsehen.

18. Juni

Am Morgen sind wir entsprechend müde und müssen diesmal passend nur Vans putzen, weit weg von Kunden. In den nächsten beiden Tagen beginnt unsere Festivalvermietung, mit nun 25 Vans pro Tag.

Am Morgen ist Richard Eisentraut aus Brissi eingetroffen. Er kommt ursprünglich aus Melbourne, hat deutsche Großeltern in Hamburg und arbeitet als Mechaniker bei Wicked. Mich beeindruckt das große bunte Tattoo, das er um den kompletten linken Unterschenkel trägt, denn es zeigt die „Fear & Loathing"-Jungs im Fledermausland.

Fab ist mit Julie im Shennanigans zu einem Pokerturnier. Richard und ich wollen später mit rüber kommen, aber nach einer Stunde ruft Fab an, dass sie beide schon raus sind und jetzt zurück fahren.

Für Fab ist es ein schlechter Tag, nicht nur weil aus seinem ambitionierten Pokern nichts wurde, sondern auch Frankreich aus dem Turnier raus ist.

Raquel von Wicked rief vorhin an, um ihm mitzuteilen, dass man ihm keinen Sponsorshipvertrag für Australien oder Neuseeland anbieten könne. Gerade darauf hatte er in den letzten Tagen so sehr gehofft und sich bemüht. Der Teufel macht eben immer auf den größten Haufen. Am späten Abend läuft im Fernsehen der deutsche Film „Kebab Connection", der die Stimmung wieder ein wenig hebt.

19. Juni
Der Tag läuft gut, die Festivalbesucher sind entspannt und gut gelaunt, mit einem Partywochenende in Aussicht. Sam und Fab am Rechner, ich mit den Jungs, unterstützt durch Sams Freund Chris im Hintergrund. Er ist halbprofessioneller DJ und legt laute Ravemusik auf, was wirklich vorantreibt. Wie so häufig sind es die letzten Kunden, die Probleme machen. Ein sympathisch erscheinendes Mädel besteht auf einem „adult theme" Van, mit dem sie auf dem Festival auffällt. Das hatte sie zwar in die Buchungsanfrage geschrieben, aber Kunden können sich keine Motive wünschen. Nun hat sie einen mit einem Märchenthema bekommen und ist todunglücklich. Es fließen Tränen, es kommt zum persönlichen Kleinkrieg mit Sam, bis das Mädel wutentbrannt den Wagen nimmt. 20 Minuten später ist sie mit ihrem Freund wieder da, es gebe technische Probleme. Nun wird doch getauscht, was sicher einfacher hätte gehen können, denn wir haben ja für morgen eine ganze Menge Vans vorbereitet. Es ist weit nach sechs Uhr, ich bin völlig kaputt und gehe bereits um zehn ins Bett. Morgen wird wieder ein harter Tag und – viel entscheidender – unser Halbfinaleinzug gegen Portugal. Die Jungs wollen mich unterstützen.

20. Juni
4:30 Uhr. Müde, aber motiviert. Aus Rechtsgründen überträgt der öffentliche Sender SBS nach ein paar Vorrundenspielen nur noch das Finale. Daher sitzen wir im Büro vorm Bildschirm und sehen ein großartiges, aber

unscharfes und verwackeltes Spiel. 2:1 zur Pause durch Schweini und Klose, 3:2 am Ende wieder Ballack. Wir stehen im Halbfinale und das völlig zu Recht und hochverdient. Mit bleibt noch eine Stunde Schlaf, aber mit einem Sieg im Nacken schläft es sich gleich viel besser.

Morgens ist ein wenig Chaos im Büro, es sind einfach zu viele Vans, die gleichzeitig raus sollen. Trotzdem läuft der Tag relativ ruhig ab. Es sind fast nur Australier, die zum Festival wollen, und die sind noch relaxter als die Backpacker. Sie setzen sich in Gruppen auf dem Rasen in der Sonne zusammen, spielen Gitarre und werden Freunde.

Mit Richard und Julie fahren wir ins Shennanigans auf ein paar Bier. Mit uns kommt der „Ultimate Partybus" an, ein roter englischer Doppeldecker, der wie der Surfers-Paradise-Bus funktioniert und eine partyfreudige Backpackertruppe auswirft, die den Laden füllt. Wir trinken auf der Veranda ein paar Jugs und ziehen weiter ins P.J.'s. In der Fußgängerpassage sehen wir dem regen Treiben von jungen, mal mehr, mal weniger hübschen und interessanten Menschen zu.

21. Juni
Die Arbeit läuft heute ruhig und kontrolliert ab, was erstaunlich ist, denn Neil und Marley haben frei, Jhai ist zwar früh da, fühlt sich aber krank und geht um elf, Sam erscheint gar nicht. Am frühen Nachmittag kommt Julie vorbei und hilft uns, nur aus Spaß, ein wenig beim Van-Putzen für Montag. In den heutigen EM-High-

lights sehe ich, dass die Türkei in einem verrückten Spiel gegen Kroatien im Elfmeterschießen gewinnt. Damit kennen wir nun unseren nächsten Gegner.

22. Juni
Richard macht einen herrlichen Lammbraten mit gerösteten Kartoffeln, Möhren, Zwiebeln und Kürbis, der in Australien weit verbreitet ist.

23. Juni
Fab und ich haben eine ganze Menge zu tun, Jhai ist immer noch krank und Marley arbeitet nicht mehr bei uns, wir sind zu viele.

24. Juni
Fab und ich rocken das Haus. Es ist nicht viel los, es kommen nur von den Festivalgängern eine Menge Vans zurück. Die sind zwar wie zu erwarten sehr dreckig, aber die Leute sehr gut drauf. Einige bedanken sich mit Handshakes bei uns. Besonders sympathisch ist das Pärchen im „Steve" Van, einer Wickedlegende, weil er fast der älteste, aber sicher der größte Wagen ist. Der große Typ, Israeli, kommt hinter und fragt, ob wir den Gaskocher tauschen könnten, ihrer funktioniere nicht und sie wollten noch ein paar Tage zum Daintree. Keine Beschwerden, einfach gut gelaunte Kunden mit einer simplen Frage. So schön können Arbeit und der Umgang miteinander sein. Mittags sagt Sam, ich solle morgen frei

nehmen. Laut Firmenpolitik sei es nicht erlaubt, sieben Tage am Stück zu arbeiten. Also steht für mich wieder Ausgehen an.

25. Juni
Es regnet. Meine Pläne für den freien Tag halten sich in Grenzen. So liege ich lange Zeit im Bett und komme erst um Mittag herum in Schwung. Einer der Jungs soll mich später aus der Stadt abholen, wo ich im Regen unterwegs bin. Nach langer Zeit oberflächlicher Unterhaltung ist mir nach Kultur zumute und ich zahle die 5 $ Eintritt für die Art Gallery. Es ist die erste Ausstellung, für die ich in Australien bezahlen muss, und zudem die kleinste und langweiligste. Der Titel „From Ocean to Outback" klingt vielversprechend, doch die Auswahl an Bildern scheint wahllos zusammengewürfelt zu sein. Einzig der Maler „Nolan" gefällt mir wirklich. Ich lese, er sei der Erste gewesen, der die Landschaftsmalerei des Outbacks mit sehr schönen Gemälden (z. B. der „Flinders Range") in Australiens Kunstwelt etabliert hat.

26. Juni
Donnerstag. Halbfinale gegen die Türkei. So schwer, wie die Jungs auf dem Feld ackern müssen, suchen Fab und ich nach einer guten Stream-Verbindung im Internet. Immerhin sitzen wir nun an seinem Laptop bei uns im Wohnzimmer. Wir haben ein Loch in den Holzboden gebohrt und zapfen jetzt mit einem zehn Meter langen USB-Kabel den Rechner im Büro an. Die Qualität ist

wirklich schlecht und zum 1:1 zur Halbzeit durch Schweini geht Fab ins Bett. Dann ist die Verbindung weg und kommt nur sehr grob aufgelöst wieder zurück, sodass ich bei Lahms Traumtor oben in den Winkel glaube, den 2:2-Ausgleich gesehen zu haben. Das Ergebnis ist nicht lesbar, der Kommentar rumänisch. Ich werde nervös und sauer, als ich nach Abpfiff nirgends mehr etwas hereinbekomme. Auf einem der Sportportale stelle ich später einigermaßen erleichtert fest, dass wir bereits im Finale stehen! Was für eine Aufregung!

27. Juni
Spanien putzt in der Nacht die Russen weg und so heißt das Finale Javi gegen mich.

Es ist viel los im Büro, aber wir haben seit gestern ein neues System: Einen der für die Kunden gedachten Internetrechner haben wir zu einem Arbeitscomputer umgebaut und können nun an zwei Rechnern gleichzeitig arbeiten.

28. Juni
Gut drauf starte ich in den Tag. Die Laune wird noch besser, als Fab einen Anruf aus der Zentrale in Brissi bekommt: Ein Kunde habe in seinem Van Geld und ein paar Dinge vergessen. Also gehe ich auf unseren Rasenparkplatz und finde im „Misfits"-Van einen Schuhkarton in der Kühlbox. Ich staune nicht schlecht. In kleinen Tütchen abgepackt füllen Graspacken die halbe Kis-

te. Ich denke kurz nach, was zu tun ist, entscheide mich, den Fund „sicherzustellen", und stelle die Box auf unseren Küchentisch. Mit Jhai, Fab und Richard besprechen wir die Situation, sind uns aber nach wie vor unschlüssig, was zu tun ist. Es ist hektisch heute, viele Vans müssen außerplanmäßig getauscht werden und ich muss runter nach Tully, wo wieder mal ein Van mit Batterieproblemen liegen geblieben ist. Der Wechsel geht schnell vonstatten und ich fahre den wirklich alten „Soke" ins Depot. Als ich ankomme, geht es immer noch rund. Fab ist ziemlich am Ende.

Das Dope-Problem hat Neil inzwischen gelöst. Er meint, wir können das Zeug nicht per Post verschicken. Da wir weder Geld noch sonstige Gegenstände gefunden hätten, sollten die Kunden persönlich herkommen und uns erklären, was genau sie vermissen. In der Annahme, dass dies wohl nicht passieren werde, ist er der Erste, der sich ein Tütchen fürs Wochenende mitnimmt. Wir werden nun also entspannte, lustige Wochen hier oben haben in den Wicked-Wolken von Cairns.

Bei Richard gibt es Ochsenherz zum Dinner. Als es aus dem Ofen kommt, ist es ein großer schwarzer Klumpen, umrahmt von Kartoffeln und Kürbis. Das ganze Haus riecht nach Leber und ich kann mich nicht durchringen, etwas davon zu probieren. Ihm schmeckt es aber, und er sagt, er verstehe, dass ich skeptisch dreinschaue, seiner Freundin gehe es nicht anders.

Julie kommt später rüber zu uns und wir sehen ein langweiliges Ruby-Freundschaftsspiel zwischen Frankreich und Australien, das die Franzosen auch noch verlieren. Auf dem Weg mit dem Taxi in die Stadt halten wir an einem Hostel, um ein befreundetes Pärchen abzuholen.

P.J.'s Coyote. Weil es außer mir keinem allzusehr gefällt, gehen wir weiter ins Gilligans. Da ist es brechend voll, aber wir wollen ja Party. Fab und Julie stellen sich als Tanzakrobaten heraus, klettern auf eines der GoGo-Podeste und legen los, müssen allerdings wieder runter, als die wirklichen Tänzer ihre Performance starten. Ich stehe eine Ewigkeit an der Bar an, um Getränke zu holen. Als wir uns wieder treffen, zieht mich Julie hinter sich her, sie wollen in die „Pure"-Bar. Weil Fab weiße Schuhe anhat und das hier angeblich gar nicht geht, werden wir aber nicht reingelassen. Ich halte es für eine lächerliche Ausrede, denn der ganze Club ist komplett in Weiß gehalten. Fab regt sich auf, ist in seiner französischen Ehre getroffen und so gehen wir gemeinsam raus. Er will sofort nach Hause. Ich bin noch nicht müde, auch Julie ist noch gut drauf und überredet ihn auf ein Bier im P.J.'s. Danach will Fab wirklich los und geht schon einmal raus. Julie und ich warten noch. Dann ist sie die Erste, die handelt, nimmt meine Hand und zieht mich Richtung Ausgang. Es fühlt sich an wie „wir gehen jetzt zusammen". Und noch ehe ich darüber nachdenken kann, dreht sich sich um und küsst mich. Nun sind die Dinge klar. Die ganze Zeit waren schon diese Schwingungen zu spüren, die guten, aber man weiß es ja nie sicher. So gehen wir nun Hand in Hand zu Fab, der sich seinen Teil sicher schon gedacht hat.

29. Juni

Als der Wecker nach vier Stunden klingelt, fühle ich mich nach allem, aber nicht nach Aufstehen. Julie ist ebenfalls wach, aber ich sage ihr, sie könne so lange liegenbleiben, wie sie will. Der Kaffee hilft ein wenig. Unten treffe ich Richard, der gerade zum Angeln an irgendeinen Fluss in der Nähe aufbricht. Auch Fab ist um neun unten, weil er nicht mehr schlafen kann. Ich habe heute nur großen Putztag und einen einzigen Pick-up. Die drei Jungs nehmen mich dafür ganze drei Stunden in Beschlag, denn sie haben nicht genug Geld dabei. Sie laufen mehrmals in die Stadt und bekommen das Geld irgendwie zusammen. Wie sie die nächsten Tage hinkommen wollen, weiß ich zwar nicht, aber es ist auch nicht mein Problem. Zum Mittag fährt Fab Julie nach Hause. Wir sprechen wenig, die Situation ist merkwürdig und ich bin nicht gut in so was.

Am späten Nachmittag wollen die Franzosen an der Esplanade grillen, aber mir ist nicht danach. Ich will zugegebenermaßen allen Schwierigkeiten entgehen und hänge mit Richard ab, bevor ich früh ins Bett gehe. Morgen früh ist das große Finale.

30. Juni

Herzlichen Glückwunsch an Javi und Spanien.

Viertel vor neun ist Neil bereits im Büro und teilt uns mit, dass Sam heute nicht kommt. Das sind schlechte Neuigkeiten, denn es sollen 24 Vans raus und 27 reinkommen. Es wir daher ein absolut verrückter Tag. Fab und ich helfen einander so gut es geht, aber die Masse an Vans ist kaum zu bewältigen. Da alle Fahrzeuge bis zehn Uhr zurückgebracht werden sollen, ist die Straße vor dem Depot komplett zugeparkt. Unsere genau aus diesem Grund ohnehin schon gereizten Nachbarn beschweren sich erneut und schalten die Stadtverwaltung ein. Kurz darauf erscheinen zwei Herrschaften und erklären, die Straße sei zu räumen bzw. ordnungsgemäß zu beparken. Also parke ich eine Weile Autos um, was unseren internen Ablauf ziemlich lahm legt, sodass es zu langen Wartezeiten kommt. Am frühen Nachmittag sieht es vorm Haus aus wie am Morgen. Diesmal kommen die Stadtsheriffs zu viert und besetzen das Büro. Der gute alte Murphy fährt heute ganz groß auf. Fab und ich parken gleichzeitig alles um, denn der nächste Besuch käme mit einem Abschleppfahrzeug.

1. Juli

Sam ist zurück. Ich fahre eine ganze Menge der Vans zwischen dem Yard und dem Büro hin und her und sehe am Nachmittag Sam ein paar Sachen aus dem Haus in ihr Auto packen. Als ich wieder im Büro bin, sitzt das Team zusammen und redet aufgeregt. „Was ist los?", frage ich. „Sam ist weg!" Es dauert einen Moment, bis ich wirklich verstehe. Sam wurde gefeuert! Sie hat anscheinend vor einer Stunde von Raquel die Nachricht erhalten, dann nur noch ihre Sachen gepackt und ist wortlos verschwunden. Was soll sie auch groß sagen in dem Augenblick. Neil sagt, es sei wegen der vielen schlechten Beurteilungen und Beschwerden von Kunden. Bis es

Neues aus Brissi gibt, legt Neil vorläufig fest, dass Fab für die Leitung zuständig ist und die Schlüssel bekommt, auch die für den kleinen Firmenwagen. Dinge verändern sich, manchmal sehr schnell.

Fab nutzt seine neuen Kompetenzen sofort, indem er mit dem Wagen Julie abholt und an die Lagune fährt. Ich versuche mein Glück mal wieder am Laufhügel.

Wir treffen uns alle bei uns im Haus wieder, wo Julie ein großes Happening aus dem Haareschneiden für Fab macht. Mit Neils Rasierer geht es runter auf sechs Millimeter. Die Stimmung zwischen mir und Julie ist anfangs reserviert, was vermutlich vor allem an mir liegt. Ich mag sie gerne, aber mehr auch nicht. Und da ich nicht der lustige, oberflächliche Typ bin, der so tut als ob, fällt es mir schwer, mich zu öffnen. Es wird aber mit der Zeit besser. Später liegen wir zusammen auf der Couch und verabreden uns für morgen zum Schwimmen in der Lagune.

Um zehn Uhr holt Richard vier Sprayer vom Flughafen ab, die aus Brissi angekommen sind. Sie arbeiten ebenfalls für Wicked und sollen in den nächsten Wochen die Vans farblich und auch, was die Ausstattung betrifft, auf Vordermann bringen. Sie wohnen bei uns, aber es ist noch nicht ganz klar, wer wo und wie überhaupt. Es sind drei Australier und ein Backpacker aus Chile. Sie scheinen in Ordnung zu sein. Gemeinsam blicken wir tief in unsere Magic-Box und trinken ein paar Bier, bis sich um eins alle irgendwo hinlegen. Morgen werde ich frei haben und viel Zeit, über einiges nachzudenken.

2. Juli

Wir haben jetzt den Luxus von Fabs Computer im Wohnzimmer, weshalb ich zum Frühstück meine Emails lesen kann. Die erste ist eine sehr nette vom Team Israel. Shmuel und Ynnon senden etwas Trost für die Schmerzen der deutschen Niederlage, wir hätten ein gutes Turnier gespielt. Markus wird den TÜV zum Sommer als Schulleiter verlassen und an einer staatlichen Schule in Berlin als Lehrer anfangen. Das ist ein Schlag für das Unternehmen.

Ich schreibe wieder einmal einen Entwurfsbrief mit weiteren Anregungen an John und schicke ihn an Mario zur Durchsicht. Wir sind ja weiterhin ein Team. Mit Julie mache ich aus, dass wir uns demnächst an der Lagune treffen, und packe meine Sachen zusammen.

Julie liegt im Evakostüm in der prallen Sonne an der Strandseite des Pools.

Ich brauche unbedingt einen Kaffee, daher gehen wir in die „Pier Bar" in der Nähe des Hafens. An einem kleinen Tisch sitzen wir auf Barhockern an der Balustrade, schauen aufs Meer und verfolgen den leuchtend roten Sonnenuntergang zwischen den Palmen.

Ich hatte ganz vergessen, dass heute das dritte und damit entscheidende Spiel der „State of Origin" ist. Deshalb wird es zusehends voller und die Stimmung im „Pier" steigt mit jedem Bier, auch bei uns. Langsam wird unser Gespräch, werden unsere Themen persönlicher und wir bekommen ein besseres Bild voneinander.

3. Juli

Fab fragt Neil heute zwischendurch, ob Julie anfangen könne, hier zu arbeiten, jetzt wo Sam und Marley weg sind. Neil, der die ganze Zeit schon der heimliche Chef war, weil er bereits so lange in der Firma ist und ein guter Freund von John, spricht sich mit der Zentrale ab. Da er sie noch nie gesehen hat, fragt er mich, ob sie hübsch sei. Ich mustere ihn aufmerksam und versuche herauszubekommen, was er weiß, muss dann aber lachen. Ich kann ihm ja schlecht sagen, dass sie gerade in meinem Bett liegt. Als sie zwei Stunden später runterkommt, lernen sie sich aber kennen. Gleich am Montag wird Julie starten können.

Im Wicked-Team verabreden wir uns alle für den Abend im „Barrier Reef Hotel", einer Oben-ohne-Bar am Hafen, in der Neil anscheinend jeden Donnerstag einkehrt. Unsere Sprayerfreunde sind bereits in der Stadt, als Fab und ich Julie abholen und uns auf die Suche machen. Das Hotel ist ein eigenartiger Ort, aber ganz sicher passend für Neil. Auch die anderen Einsitzer passen gut hierher. Hinter dem wohlklingenden Namen verbirgt sich ein dunkles Loch, aufgehellt durch eine Armada an Fernsehern, die in jeder freien Ecke des Raumes hängen. Überall laufen Hunde- und Pferderennen. Das Publikum ist älter, fast ausschließlich männlich, bis auf die zwei Anfang 20-jährigen Mädels, die „oben ohne" in knappen Höschen zwischen den Tischen herumlaufen und bedienen. Beide sind nicht sonderlich attraktiv nach meinem Empfinden, eine sehr schlank, die andere kräftiger, was bei dem Testosteronüberschuss in diesem Etablissement vielleicht besser ist. Neil ist bereits mit zwei Kumpels dort, die ebenfalls als Schrauber arbeiten. Daher sind die Themen klar. Die Kellnerinnen kommen etwas später dazu, man kennt sich und sie wollen Tickets für eine Verlosung verkaufen. Der ganze Spaß währt aber nicht lange, denn sowohl die drei Herren als auch wir drei wollen los.

Wir haben vor allem Hunger und finden ein sehr schickes, sehr teures Restaurant am Hauptstrip, die „Liquid Lounge". Die allseits beliebte Chilloutmusic rieselt auf uns herab, als wir eintreten. Es ist ein sehr kleiner Raum mit schmalen Tischen und einer sehr angenehm beleuchteten, an einen Club erinnernden Einrichtung. Viele Spiegel, die immer dazu verleiten hineinzusehen, Kronleuchter und gepolsterte Sitzbänke an den Wänden. Wir bestellen Tapasteller und Julie Lachs. Ich erwarte nicht viel trotz der hohen Preise und bin sehr erfreut, als Fab und ich zwei große doppelstöckige weiße Teller gereicht bekommen, auf denen wenige, aber exquisite Kreationen liegen. Zwischendurch sehen wir unseren Sprayertrupp vorbeilaufen, unterwegs zu einem Strip-Club.

Fab und ich sind müde, Julie will noch in einen Salsa-Club, an dem wir sie auch absetzen. Die Situation zwischen uns ist weiter eigenartig. Dass sie bei uns einzieht und mit uns arbeitet, könnte schön sein, aber ich will im Augenblick gar keine „Freundin", sondern mich weiter durch die Tage treiben lassen. Für mich sind keine wirklichen Gefühle im Spiel, und spielen will ich nicht.

4. Juli
Es ist viel los heute und wir haben den ganzen Tag gut zu tun. Ich mache mir Gedanken, ob ich dies hier wirklich auch in Spanien machen will und wie lange. Entspricht es meinen Ansprüchen und Erwartungen an Arbeit?

5. Juli
Mit Fab habe ich eine wirklich gute und entspannte Arbeitsabstimmung gefunden. Je nach geistiger Fitness wechseln wir weiterhin zwischen Büro und Hinterhof. Auch über die Kunden tauschen wir uns aus. So sind heute zwei hübsche deutsche Schwestern im Büro, zu denen mich Fab nach vorne ruft, um „auszuhelfen". Die Pausenzeiten sind ebenso flexibel. So lasse ich mir heute Zeit und esse gemütlich die Reste meines Labskaus' von gestern.

Am Abend fahren wir gemeinsam zum Coles und kaufen auf dem Rückweg eine Kiste des guten Cooper pale, aus meiner Sicht das beste Bier in Oz. Ich erzähle Fab von meinen Spanienplänen und dass ich mir nicht sicher bin, wie lange ich noch in Cairns arbeiten werde. Ich habe genug Geld angespart, um bis zu meiner Rückreise durchzukommen, und könnte eigentlich noch eine Tour durchs Land machen. Die Abläufe bei Wicked sind so weit klar und langsam schleicht sich Routine ein.

In großer Runde sitzen wir später alle im Hof. Ich rufe meine Oma an, die heute Geburtstag hat. Sie ist gut drauf und erzählt, sie habe noch meine Worte im Ohr, als ich sagte, ich wolle später nach Australien, und sie dachte, lass ihn träumen. Und nun sei ich da und lebe den Traum. Davor ziehe sie ihren Hut. Ich bin gerührt und spreche noch ein wenig mit meiner Mutter und Diane, die heute grillen.

Mit einem Sammeltaxi fahren wir alle ins P.J.'s und treffen dort Julie. Später kommen Marty und Lilli dazu, das französische Pärchen. Trinken, tanzen, lachen, feiern, die Welt kann so einfach und schön sein.

Pablo, der Chilene, und seine Sprayer-Konsorten sind zwischendurch weg, stoßen aber später wieder dazu. Sie waren erneut im Strip-Club, was ich in Cairns für verschwendetes Geld halte, denn die „echten" Frauen sind hier und kosten gar nichts.

6. Juli
Heute in einem Monat muss ich zurück.

Irgendjemand weckt mich um sieben Uhr durch mehrmaliges Anrufen auf meinem Handy, aber ich bin noch zu voll, um zu reagieren. Als ich unten kurz nach neun Uhr das Büro öffne, kann ich Guy, den Chefsprayer, gerade noch vom Sofa rollen und er verzieht sich in den Schatten auf dem Hof. John, ein ziemlich fertiger Typ, schläft wie tot im Nebenzimmer unter dem Tisch der Gästecomputer und ist nicht zu bewegen. Mein erster Kunde ist der nette Deutsche, der vor einer Woche aufgebrochen ist, um in Mission Beach kostenfreie Fallschirmsprünge zu bekommen, um im Gegenzug Videos für die Firmen zu drehen. Da ich weiß, dass es meinen

Gast nicht weiter stören wird, lasse ich John einfach liegen.

Gegen Mittag bleibt einer der Vans vor Cape Trip liegen, ausgerechnet ein Wagen, den wir zuvor schon tauschen mussten. Fab macht sich auf den Weg und tauscht ihn erneut. Als er zurückkommt, fährt er gleich weiter zu Julie und Marlen, die gestern mit ihren Eltern zusammen in Cairns angekommen ist. Das wird eine interessante Konstellation werden.

8. Juli
Eine Freundin von Fab und Julie ist in Cairns angekommen, sie ist aus Hamburg. Wir holen sie und ihre zwei englischen Freundinnen im Hostel ab. Sie wollen im Woolshed zu Abend essen, wir gehen mit und trinken ein paar Bier.

9. Juli
Am Morgen schicke ich den nächsten Schwung Fotos an Diane. Danach schaue ich, was sich auf dem deutschen Arbeitsmarkt so tut. Meine alte Schule hat die Schulleiterstelle in Potsdam ausgeschrieben. Ich mache mir Gedanken darüber, was ich in Zukunft machen will, falls es mit Wicked nicht weitergehen sollte.

Es regnet, daher gibt es wenig Grund, das Haus zu verlassen. Ich bekomme eine Mail von Raquel. Sie schreibt, mein Stundenlohn sei auf 16,20 $ erhöht worden. Ich sage Danke und frage, ob sie etwas von John und Spanien gehört habe. Sie hält wohl kurze Rücksprache und schreibt, er sei interessiert daran, etwas zu machen, und ich solle mich in den nächsten Tagen bei ihm melden. Das klingt gut.

Am Nachmittag mache ich meinen Hügellauf. Als ich zurückkomme, ist das gesamte Büro umgeräumt. Das seitliche Computerzimmer ist fast leer und Guy und Djamil sprayen neue Figuren an die Wand. Fab hat im Frontoffice einen neuen Computer aufgebaut, sodass wir dort jetzt beide gemeinsam mehr oder weniger bequem zusammensitzen und arbeiten können. Nach dem Duschen setze ich mich mit einem Bier zu den Künstlern und bin fasziniert vom Fortschritt an der Wand. Da ich nicht aus der Szene komme und meine eigenen Spray-Erfahrungen nur rudimentär sind, bewundere ich die Geschwindigkeit, mit der die beiden vorankommen. Grundfarbe, grobe Umrisse, immer mehr Details, Schicht über Schicht und der Feinschliff am Ende. Es ist ein wirkliches Happening. Nach kurzer Zeit ist die Luft im Raum so mit Farb- und Lösungsmitteln gefüllt, dass weitere Drogen nicht notwendig sind.

Am späten Abend fahren Fab und Julie wieder zum Pokern. Als die Wand fertig ist, verewigt mich Guy ebenfalls namentlich auf der Wand als Widmung und gibt mir seine Handynummer für den Fall, ich komme mal wieder nach Brissi. Heute Nacht geht es für alle, inklusive Richard, mit dem Flieger zurück nach Brisbane. Als unsere Spieler wiederkommen, gibt es endlich gute Nachrichten. Fab ist Zweiter geworden und hat im Finale nur gegen Marty, den anderen Franzosen, verloren.

Beide haben Getränkegutscheine gewonnen, was für uns morgen eine große Party verspricht.

10. Juli
Am Abend ist Shennanigans Night, Gutscheine vertrinken. Wir treffen Marty, Lilli und Marlen. Es ist besonders schön, Marlen wiederzusehen, denn sie ist ein lustiger, feiner Charakter. Es gibt Bier und Pizza und zum Nachtisch Trinkspiele mit Skatkarten. Auf der Leinwand an der Rückseite des Pubs laufen schlechte Videos aus den frühen Achtzigern und jemand sagt zu Marlen: „Da warst du noch nicht mal geboren." In dem Moment fühle ich mich alt, muss aber trotzdem laut lachen.

12. Juli
Eine ehemalige Kollegin hat mich heute per Mail gefragt, ob ich mich nicht als neuer Schulleiter in Potsdam bewerben wolle. Ich denke darüber nach, trinke aber zunächst lieber ein Bier.

13. Juli
Würde uns jemand beobachten, sähe er abends diese Szene: Ich esse Pasta auf der Couch im Wohnzimmer der WG und schaue eine Reportage über China. Neben mir sitzen Julie und Fab an ihren Laptops und essen Sushi, das sie sich aus der Stadt mitgebracht haben. Julie chattet mit jemandem in Facebook, Fab sieht sich „The

Matrix" an. Dies ist das Jahr 2008, Backpackerszene Australien, arbeiten und leben bei Wicked.

14. Juli

Am Abend kommen Lilli und Marty vorbei, eigentlich zum Pokerspielen, aber es ist ihnen zu spät und so sehen wir uns zusammen die „Miss Universe"-Wahl an. Es wird ein harter Kampf zwischen den letzten drei, aber Miss Venezuela macht das Rennen. Ich erinnere mich an die alten Zeiten in Caracas, als ich einmal angesprochen wurde, ob ich zu einem Coca-Cola-Shooting kommen wolle. Marty und Lilli haben sich nach langem Hin und Her einen eigenen Van gekauft. Der Preis von 4 000 $ scheint ok zu sein, auch wenn sie beide wenig Ahnung von Autos haben. In unserem Wicked-Haus bekommen sie die komplette Innenausstattung gratis dazu.

15. Juli

Es regnet. Die Arbeit ist entspannt, nur das Van-Zeigen im Regen ist schwierig. Am Nachmittag sind Lilli und Marty wieder bei uns und lassen ihren Van von Neil checken, der keine großen Mängel feststellen kann. Anschließend setzen sie sich zu den anderen Gästen in den Bürovorraum, in dem seit heute „Sin City" läuft. Wir hatten den Film gestern Abend noch gesehen und halten ihn für eine angemessene Wicked-Unterhaltung.

Am Nachmittag rufe ich John Webb in Brisbane an und versuche herauszubekommen, wie es mit meinen Plänen und Spanien aussieht. Er ist nach wie vor angetan, sagt aber, es werde wohl erst Anfang nächsten Jahres etwas werden. Er wolle zunächst das Geld zusammenhalten und im nächsten Jahr auf „Weltreise" gehen, um neue Depots zu eröffnen. Generell sei aber sowieso der Wicked-Chef in London für die Depots in Europa zuständig, an den solle ich mich wenden. Er sei erst vor ein paar Tagen aus Spanien zurückgekehrt, um dort den Markt zu sondieren.

Also schicke ich Idee und Konzept nach London, hänge wieder die Lebensläufe an und hoffe auf eine möglichst schnelle Antwort.

16. Juli
Day off.

Im Internet versuche ich einen günstigen Flug von Frankfurt nach Hamburg zu finden, denn diese Strecke ist bei mir noch offen. Nach kurzer Zeit aber bricht das Internet komplett zusammen. Das gibt mir Zeit, mich des Themas Bewerbungen anzunehmen. In Shorts und T-Shirt, den Laptop auf dem Bauch, fläze ich auf dem Sofa und schreibe eine Bewerbung an meinen alten Regionalbereichsleiter Berlin/Brandenburg für die Stelle des Schulleiters in Potsdam. Dies ist ein Moment, in dem ich merke, wie sich meine Umwelt und ich verändert haben. Ich schreibe, was ich denke und will, und lasse alles schmückende Beiwerk weg. Entweder sie wollen mich, wie ich jetzt bin, oder ich will sie auch nicht.

Mit unserem französischen Pärchen fahren wir am Abend zur großen Pokie Night ins Shennanigans. Auch Anna, die Hamburgerin, ist dort mit Freunden, Besuch aus Deutschland. So sitze ich mit ihnen draußen um eines der Tisch-Fässer, während die anderen erneut ihr Glück im Spiel suchen. Das gestaltet sich erfolglos. Fab ist der Erste, der sich zu uns gesellt, tief enttäuscht und sich betrinkend. Die anderen Spieler kommen nach und nach ebenfalls dazu. Die Pokerseelen sind ein wenig angegriffen, und so teilt sich unsere Runde bereits um zehn Uhr. Julie ist im Shennanigans mit irgendeinem älteren irischen Pokertypen unterwegs, Fab will nach Hause, ebenso Lilli und Marty. Die beiden Hamburger Freunde wollen zurück in ihr Hotel, was ich als keinen allzugroßen Verlust empfinde. Es bleiben am Ende nur noch Anna und ich. Wir sind beide in Ausgehstimmung. Im Rhinos legen wir ordentlich mit Wodka-Tonic und -Lemon nach, schauen alte Videoclips und lästern über das Backpackervolk. Ich komme nicht darum herum einmal mehr tanzen zu gehen. Als ich Anna von der Bühne helfe, lassen wir einander nicht mehr los, bis wir draußen und auf dem Weg zum P.J.'s sind. Um halb drei gehen wir Arm in Arm zum Taxistand und Anna küsst mich. „Willst du mit zu mir kommen?", frage ich. Doch sie lächelt mich nur an und sagt: „Ich bin immer noch ein gutes Mädchen." 1:0 für sie, wir müssen beide lachen.

17. Juli

In einem der Vans haben ein paar nordische Freunde die gebrannte CD „German Hop" hinterlassen mit von mir geliebten Bands wie „Fettes Brot". Während der Shoppingfahrt von Fab und mir läuft sie im Auto. Bei Coles treffen wir Marley, unsere ehemalige Aushilfe, der im Augenblick auf einer Baustelle in Cairns arbeitet. Aus seinem großen Vielverdienertraum ist noch nichts geworden.

Nach meiner Siesta geht es erneut in die Stadt, wir wollen uns dort mit Jhai im „Mad Cow" treffen, es ist 1 $-Party. Julie muss noch bis elf Uhr auf einer Messe arbeiten, dafür holen wir Anna im Hostel ab. Das Mad Cow ist nicht nur voll, sondern eine wabernde Masse aus jungen Menschen. Nur durch massives Drängeln und Schieben geht es überhaupt voran. An der Bar bestelle ich daher gleich je zwei Drinks für alle, bevor wir uns ein wenig an die Seite stellen, um zumindest mal nippen zu können. Jhai ist nicht auffindbar. Später schreibt er per SMS, er sei in einer Strip-Bar in der Stadt. Die Situation ist kompliziert genug. Ich weiß nicht, wie ich mich Anna gegenüber verhalten soll. Sie scheint sich ebenfalls unsicher zu sein. Fab hat den Braten sicher gerochen, aber komisch ist es trotzdem. Es ist allemal ein schönes Gefühl, hier mit ihr zu stehen und diese verrückte Menge zu betrachten. Irgendwann drücken wir uns heraus und gehen in das sehr viel angenehmere Gilligans und in die Pure bar.

18. Juli

Lilli und Marty wollen heute einige der Sprayer-Farben nutzen und ihren Van von einem hübschen Dunkelblau in ein dunkles Grün umsprühen. Als Entschädigung macht uns Marty einen vorzüglichen Schweinebraten mit Schmorgemüse. Er ist gelernter Koch, was ich bisher nicht wusste, aber nun schmecke. Dazu gibt es wie immer eine Menge Bier. Außerdem die Geschichte über seinen Ausbilder, der sich mit einem langen Küchenmesser aus Versehen zwischen zwei Muskeln den Bauch aufgeschlitzt habe, sodass ihm seine Eingeweide herausploppten. Er habe das Malheur aber gut überstanden.

19. Juli

Ab Mittag bin ich wieder alleine im Büro und habe nur ein paar Probleme mit zwei Esten, deren Karte nicht funktioniert. Das scheint ein Phänomen der Samstage zu sein. Als alles fast überstanden ist, bekomme ich einen Anruf von Vanessa, unserer Wicked-Roadside-Assistent-Hotline-Dame. Es gibt ein Van-Problem in Cooktown. Der Deutsche dort will mit dem Van nicht mehr zurückfahren und braucht einen neuen. Big John schaltet sich ein und ordnet von Brissi aus an, dass jemand hoch fährt und die Wagen tauscht, auch wenn der Mechaniker vor Ort den kaputten Wagen als fahruntüchtig einstuft. Nach ein paar weiteren Telefonaten steht ebenfalls fest, dass ich der Auserwählte sein werde, der morgen zeitig in den tropischen Nordosten aufbrechen wird. Das Büro bleibe geschlossen. Genau genommen finde ich die Idee ganz reizvoll, denn so werde ich mit Überstunden dafür bezahlt, kostenlos mit einem unserer besten Wagen nach Cooktown zu fahren, an einen Ort, den ich sonst nie sehen würde. Einzig die Rückfahrt bereitet mir Sorgen, denn was ich über den verreckten Van gehört habe, klingt wenig erbaulich.

Fab erklärt sich bereit mitzukommen, schließlich sei es alleine nicht so spannend und gerade auf dem Rückweg könne eine weitere Hand helfen. Ich habe aber bereits eine andere Idee. Ich möchte Anna fragen, ob sie Lust hat, mich zu begleiten. Fab versteht es, und so simse ich Anna an. Sie möchte mit.

Nun kann meine Planung losgehen. Neil erklärt mir in einer langen Rede den besten Weg und weist mich noch einmal technisch ein. Ich soll auf dem Hinweg die Küstenstraße durch den Dschungel nehmen und zurück die besser befestigte Inlandroute. Dabei soll ich unbedingt auf Roos und Kühe aufpassen, viel Wasser mitnehmen und für den „Worst case" Pasta, Sauce, Kocher und Schlafsack. Falls ich wirklich auf dem Rückweg liegen bleibe, werde er mich am nächsten Tag da rausholen. Dass ich in weiblicher Begleitung sein werde, verschweige ich. Dass der „Worst case" mit Anna gar nicht so „worse" wäre, ebenfalls.

20. Juli
Halb sieben geht es hoch. Ich packe all meine Sachen wie Reservekanister, Wassertank, fünf Liter Motorenöl, Kissen, Decken usw. zusammen und frühstücke kurz mit Fab und Julie. Die wollen heute nach Kuranda in den Zoo. Kurz nach acht bin ich am Hostel, wo Anna bereits auf mich wartet. An der Tankstelle fülle ich alles auf, was ich mithabe, und bezahle für Tank und Reservekanister 110 $.

An der Fähre zum Cape Trib staunt das Ticketmädchen, als ich ein One-way-Ticket kaufe und ihr erkläre, dass wir im Inland zurückfahren werden. Ich bin mir sicher, dass sie mir das nicht wirklich glaubt, but anyway …

Kurz vorm Cape machen wir Rast, nehmen alle unsere eingekauften Schätze mit an den Strand und picknicken unter einer Palme. Es gibt deutsches Brot und guten Käse, den Anna aus Cairns mitgenommen hat. Es ist romantisch, wir genießen lächelnd den Augenblick, bis zwei meiner Wickedkunden von gestern vorbei laufen und fröhlich herübergrüßen.

Gleich nach Cape Tribulation startet der Offroad-Pfad, der aber zum größten Teil mit normalem Antrieb zu bewältigen ist. Einige Abschnitte sind sehr steil und ich zweifle, ob wir da hochkommen. Noch kritischer erscheinen mir die vier, fünf Flüsse, die wir durchqueren müssen. Sie sind teilweise bis zu einem Meter tief. Wir haben jedoch das Glück, dass jeweils ein Jeep vor uns fährt und ich so abschätzen kann, ob wir es schaffen können. Die ganze Zeit über hören wir die eingeschränkte Musikauswahl, die ich aus den anderen Vans zusammengestellt habe. Zumeist gebrannte CDs in schlechter Qualität, zumal im holprigen Gelände.

Hinter dem Bloomfield River machen wir eine kurze Rast und suchen einen Wasserfall. Der liegt versteckt hinter einer Biegung, nicht ausgeschildert. Der Weg lohnt sich aber, es ist ein toller Anblick, zumal wir die einzigen Menschen in der Umgebung zu sein scheinen.

Die letzten 25 km nach Cooktown sind betonierte Straße. Wir halten an der Informationstafel am Ortseingang, um uns einen Überblick zu verschaffen. Cooktown ist sehr viel kleiner, als ich dachte. Wir fahren noch einen kleinen Hügel in der Innenstadt hinauf und haben einen sehr schönen Blick über den wolkigen Stadthimmel und das Meer.

Es ist bereits halb vier. Wir sind hungrig und kaufen noch schnell ein ganzes Huhn mit Salat, bevor wir runter zum Campingplatz fahren. Wir finden unseren deutschen Kollegen schnell und stellen ebenso schnell fest, dass wir alles haben außer einer gemeinsamen Wellenlänge. Der Typ ist ein Schlauberger und hält uns erst einmal einen langen Vortrag darüber, was alles kaputt sei, was er für ein großer Informatiker sei und dass er sein vieles Geld nebenbei am Laptop mache. Das mag für sich genommen interessant sein, aber nicht hier oben an einem Sonntagnachmittag in Cooktown. Wir tauschen die Vans, ich lasse ihn sein Zeug umpacken und esse mit Anna erst einmal das Huhn. Als er endlich fertig ist, starten wir mit dem alten Van, nachdem er uns erneut in aller Breite erklärt hat, dass der Wagen komplett fahruntüchtig sei. An der nächsten Tankstelle tanken wir voll, pumpen die Reifen auf, und ab geht es über die Inlandstraße nach Cairns. Am Berg und nach schärferem Bremsen ist die Beschleunigung wirklich schleppend und aus dem Auspuff qualmt es häufig schwarz, aber wir kommen gut voran. Auf der ersten Hälfte sehen wir viele Roos, später mehr Kühe, weshalb wir langsamer fahren. Anna erzählt eine Menge witziger Geschichten und ich freue mich, dass sie bei mir ist. Alles streng auf Englisch, wie wir vereinbart haben. Unser deutscher Freak-Freund überholt uns während der Rückfahrt dreimal. Ein Volldepp, der bestimmt vieles kann, aber sicher nicht Autofahren. Morgen wird er den Van bei uns in Cairns abgeben müssen.

Es fängt an zu regnen und die Straße wird immer kurviger, was die Bedingungen noch erschwert. Kurz nach Mossman, um neun Uhr, halten wir für einen Kaffeestopp. Ich höre meine Mailbox ab und bemerke, dass mir Fab am Nachmittag draufgesprochen hat: Der Typ warte in Cooktown und nerve. Wir fahren die letzten Kilometer in die Stadt, ich in allerbester Stimmung, und überlegen, was wir nun tun wollen. Es ist bereits halb elf. Als wir vor ihrem Hostel ankommen, entschließe ich mich dazu, einfach nach Hause zu fahren. Anna sagt halb im Spaß, wenn ich es nicht mehr nach Hause schaffen sollte mit dem Van, solle ich zurück auf ihr Zimmer kommen. Ich sage, dass ich hoffe, sie in den nächsten Tagen wiederzusehen.

Fab steht bereits auf dem Balkon und während ich den Van entlade, erzähle ich die halbe Geschichte vom Vorhof aus. Sie haben den ganzen Tag versucht, mich über den Roadside Assistent zu erreichen. Aber da oben hatte mein Handy keinen Empfang. So halte ich es für einen guten Ausgang, dass ich die Nacht nicht unerreichbar im Busch verbringen muss.

Julie sagt halb im Spaß, sie hasse mich, aber halb ist halb. Ich mache mir erst einmal mein Gulasch warm. Beim ersten Bier werde ich schnell müde, halte aber noch die Fotoshow aus dem Kuranda-Zoo durch, denn es sind wirklich schöne Bilder von einem offensichtlich schönen Vormittag geworden. Meinen Tag empfinde ich als gelungen und aufregend und schlafe glücklich ein.

21. Juli
Bevor ich abends um zehn zu Fuß in die Stadt gehe, buche ich noch eine ICE-Fahrt von Frankfurt nach Hamburg in der Ersten Klasse. Es ist die günstigste Variante und ich muss nicht so lange in Frankfurt warten, wie es per Flugzeug nötig gewesen wäre. Aus Kontingentierungsgründen ist die Erste Klasse in diesem Fall günstiger als die Zweite Klasse, was ein fairer, wenn wohl auch verkalkulierter Zug der Deutschen Bahn ist.

Ich treffe Anna in ihrer WG im Koala-Hostel. Dort wohnen neben ihr ein Holländer, ein Engländer und eine Schottin. Auf gutem Level ist bereits eine Diskussion über die Relevanz von Sprache in einer Beziehung am Laufen. Ich bin der Meinung, dass man die wesentlichen Dinge, die für eine Beziehung wichtig sind, auch in einem rudimentären Sprachgebrauch abdecken kann. So lief es zumindest bei mir bis jetzt. Allerdings haben meine Beziehungen bisher nicht gehalten, was ich aber nicht mit dem Fehlen von Sprachkenntnissen begründen möchte. Der Holländer vertritt vehement die Ansicht, er könne nur mit einer Holländerin zusammen sein, da er sich trotz seines – aus meiner Sicht brillanten – Englisch nicht so ausdrücken könne, wie er möchte, um sich die Verbindung zu schaffen, die er sucht. Ich kann den Gedankengang zwar nachvollziehen, sehe Sprache aber in diesem Zusammenhang als etwas überbewertet an für so radikale Ansichten.

Mit zunehmendem Goon-Genuss schweifen die Themen ins Profane, was vielleicht besser ist, und wir gehen ins P.J.'s.

22. Juli

Heute müssen ein paar wichtige Dinge geregelt werden. Ich lege mich wieder auf mein geliebtes Sofa und tauche in die Weiten des Internets ab. Ich habe eine Stellenausschreibung von der TUI als Marketing-Assistent gesehen und schreibe eine Bewerbung. Auch in London frage ich nach, was aus meinen Malaga-Plänen werden könnte. Allmählich höre ich die Zeit ticken, noch leise, aber sie tickt. Es wäre beruhigend, etwas mehr Klarheit zu haben, und so strecke ich meine Fühler in verschiedene Richtungen aus.

Es ist bereits zwei Uhr Nachmittag, als ich durch den Nieselregen entlang der Esplanade in die Stadt gehe. Daran, dass es an meinen freien Tage regnet, habe ich mich mittlerweile gewöhnt. Im „Taxback"-Steuerbüro gehe ich ein weiteres, sehr unspannendes Kapitel meiner Reise an, das mich an das nahende Ende erinnert. Es gibt in Australien eine ganze Menge privater Steuerbüros, die sich unter anderem darauf spezialisiert haben, Backpackern bei der Steuererklärung zu helfen. Dies ist insofern ein lohnender Markt, da einige Reisende weniger gereist sind und dafür mehr gearbeitet haben. Für die Agenturen fällt daher prozentual eine ganze Menge Geld ab. Zum Zweiten – und in diese Gruppe gehöre ich – wollen sich die meisten Packer nicht in ihren letzten Australien-Tagen mit langweiligen Steuergesetzen herumplagen und sind daher bereit, etwa 100 $ zu investieren, wenn sie trotzdem noch etwas zurückbekommen. Trotzdem bleibt im Büro ein dicker Stapel Papiere auszufüllen, und ich sitze fast eine halbe Stunde daran, bis ich durch bin. Leider habe ich vergessen, eine Passkopie abzugeben, sodass ich morgen noch einmal vorbeischauen muss.

Ich treffe Anna im Art Gallery Café. Wir trinken Kaffee und entscheiden uns dafür, später ins Kino zu gehen. Das größte Kino ist im Shoppingcenter, wie fast überall auf der Welt. Wir kaufen zwei Tickets für den neuen „Batman the dark knight". Uns bleiben aber noch entspannte drei Stunden und da Anna Appetit auf Sushi hat, gehen wir in eine Sushibar. Hier gibt es einen „Sushitrain", den ich nur aus dem Fernsehen kenne, also eine Laufband-Theke, auf der allerlei Köstlichkeiten im Kreis fahren und von der man sich ein appetitlich anmutendes Gericht herunternimmt. Die Häppchen unter diesen Plastikhauben sind sicher lecker, aber auf mich wirkt die Atmosphäre künstlich, kühl und wenig anregend. Annas Hunger hält sich in Grenzen, so sind wir schnell wieder draußen und machen uns auf den Weg in Cairns' Südstadt, wo Julie und Fab an einem weiteren Pokerturnier teilnehmen wollen.

Das Gebäude ist riesig, eine Mischung aus Hotel, Shoppingcenter und Casino mit großem Restaurant. Der mittlere Teil ist ein riesiges, sehr einfaches Restaurant mit überhöhten Preisen und einer sehr mäßigen Karte. Im vorderen Bereich befinden sich verschiedene Glücksspielautomaten. Die Seitenarme des Gebäudes werden entweder für Bingo oder zum Pokie-Abend genutzt. Unsere beiden Spieler sitzen bereits an den Tischen und liegen in unterschiedlichen Runden recht gut im Rennen. Das Publikum ist sehr gemischt, von jungen Backpackern bis zu älteren Hausfrauen findet sich fast alles, was das Land hergibt. Das ist einer der Aspekte am

Pokern, denen ich etwas abgewinnen kann. Genauso völkerverbindend und schichtübergreifend ist allerdings auch das Trink- und Rauchverhalten sowie alle weiteren Arten von Suchtkonsum. Daher muss ich diese Einschätzung vielleicht relativieren. Ich bin aber kein Spieler. Anna ebensowenig, weshalb wir uns lieber dem Bier widmen und der Bingo-Runde beiwohnen. Nach einer Dreiviertelstunde ist es Zeit für uns, den Rückweg anzutreten, und so gehen wir schnellen Fußes die hässliche Straße zurück und kommen während der Werbung in den Kinosaal.

23. Juli

Schon wieder frei. Eine Mail an Ali und eine an Edith und Manfred, die mir ein Foto aus Hamburg geschickt hatten, mit einem Wickedvan in der Mönckebergstraße! Zudem suche ich ein Hostelzimmer in Sydney und fülle meine Steuererklärung online weiter aus.

Anna treffe ich in der Innenstadt, nachdem ich meinen Pass im Steuerbüro vorgezeigt habe. Zum Mittagessen gehen wir ins Shoppingcenter und zum Inder. Zumindest heißt er so, aber ich bin mir sicher, dass nichts an dem ganzen Stand jemals mit einem Inder in Berührung gekommen ist. Trotzdem schmeckt unser Curry aus dem großen Aluminiumbottich.

24. Juli

Auf meine Anfrage am Morgen antwortet mir Raquel aus der Wicked-Zentrale, ich könne die nächsten sieben

Tage am Stück durcharbeiten, das sei hiermit genehmigt. Unser Verhältnis hat ein wenig gelitten, scheint nun aber wieder in Balance zu sein. Sie hat wohl mitbekommen, dass wir nicht nur Geld scheffeln wollen, sondern den Umständen entsprechend viel arbeiten. Heute ist der letzte Arbeitstag von Julie, die morgen nach Green Island fahren will und uns dann Richtung Sydney verlässt. Mir ist heute nicht nach Weggehen. Dafür will Julie morgen Abend ein Abschiedsbarbie an der Lagune machen. Marty und Lilli kommen vorbei und präsentieren uns ihren nun vollständig eingerichteten und ausgerüsteten Van. Er sieht gemütlich aus und ist bereits voll mit Kram. Sie bleiben die Nacht gleich auf der Wiese zwischen unseren anderen Vans zum Test stehen.

25. Juli

Um sieben fahren Fab und ich zur Lagune und treffen Julie mit Freunden, mit Anna und Anthony, einem neuen britischen Mitbewohner aus ihrem Hostel. Sie ist vor ein paar Tagen ins Shennanigans umgezogen. Wir gehen nochmals in den Woolworth und kaufen Fleisch nach. Ich will unbedingt Lamm, aber die Begeisterung der anderen hält sich in Grenzen. So wird es ein riesiges Barbie draußen an der Lagune und in der Tat bleibe ich mit meinem Lamm allein, esse dazu Maiskolben und erinnere mich an die guten alten spanischen Outbackzeiten.

Als ich mich von Julie verabschiede, ist es ein trauriger Augenblick. Ich bin ein wenig überrascht, denn meine Gefühle waren ja eher oberflächlicher Natur. Trotzdem ist sie ein Teil meiner Cairnser Geschichte, unseres

Teams und des Wicked-Hauses. Abschiednehmen ist mittlerweile etwas, auf das ich keine Lust mehr habe. Es wäre schön, wenn Freunde einfach bleiben würden und nicht alles nur auf eine kurze Zeitspanne angelegt wäre. Es erscheint wie eine komprimierte Form des Lebens, in der Menschen kommen und gehen, aber durch die zeitliche Straffung ist es extrem. Fast jede Woche ändern sich die sozialen Gefüge. Zwar kommen neue, interessante Einflüsse und Charaktere hinzu, aber es verabschieden sich auch gute Menschen auf Nimmerwiedersehen.

Julie fährt morgen in aller Frühe zum Flughafen und beginnt in Sydney ihren nächsten Reiseabschnitt.

26. Juli
Martini-Tag. Coyote-Night. Französinnen. Kiwis. Rhinos.

28. Juli
Heute ist Jared bei uns, ein neuer Mitarbeiter aus Kanada. Er scheint ein recht netter Typ zu sein und findet sich sehr schnell in unser System ein. Ich bin den ganzen Tag über bereits auf den Abend fokussiert, wobei ich keine Ahnung habe, was dort passieren soll. Als ich Anna anrufe, ist sie immer noch im Hostel und spielt unten in der Bar Trivia. Daher nehme ich meinen Ipod und gehe in die Stadt. Fab hat sich heute Itunes heruntergeladen und ich mir eine Menge neuer Alben überspielt. Es ist eine Freude, nach so langer Zeit der immer

selben Musik etwas Neues zu hören. Allerdings begleitet mich nun ausgerechnet Justin Timberlake in die Stadt.

29. Juli
Dienstag, mein vorletzter Arbeitstag bei Wicked. Ich versuche ihn zu genießen, was mir auch gelingt. Marty und Lilli sind mal wieder bei uns, haben ein Problem mit dem Van, um das sich später Neil kümmert. Jared und seine kanadische Freundin sind jetzt bei uns eingezogen und wohnen im Zimmer von Julie.

Das griechische Restaurant, in dem ich mich mit Anna zum Essen verabredet hatte, lässt seine erstaunliche Größe von außen kaum vermuten, erstreckt sich aber sehr lang nach hinten, wo wir einen sehr schönen kleinen Tisch bekommen. Es ist voll, was ich zum einen als gutes Zeichen sehe, denn es können nicht alle neu hier sein, zum anderen sorgt Hintergrundgemurmel für bessere Stimmung. Wir bestellen als Vorspeise frisches Brot mit einigen Dipps und eine Flasche Retsina, der in einer merkwürdigen blauen, mundgeblasenen Glaskaraffe gereicht wird. Unser Hauptgang ist eine gemischte Grillplatte mit meinen geliebten Lammkoteletts.

Unsere vollbesetzte Nachbartafel, die anscheinend aus Arbeitskollegen besteht, beginnt Sirtaki zu tanzen. Die griechischen Kellner kommen dazu, drehen die Musik auf und die Reihe schließt sich zum Kreis. Der Besitzer tanzt in der Mitte und wirft mit Tellern um sich, die auf dem Fliesenboden zerschellen. Der Abend lohnt sich. Einzig Ouzo fehlt. Anders als in Deutschland gibt es ihn hier nicht frei dazu. Wir warten ewig auf unsere Rechnung. Sie ist stattlich, 800 $, doch unser Kellner hat sich nur im Tisch geirrt. Als wir im dritten Versuch die richtige Rechnung bekommen, wird uns der Wein erlassen und alle sind glücklich.

Mit Fab treffen wir uns im Shennanigans. So gehen wir ein weiteres Mal ins P.J.'s zum Coyote. Es ist ein passender Abschluss, denn ich erinnere mich, dass ich mich mit Anna das erste Mal bei und über jene Tänzerinnen unterhalten hatte. Sie sagte, es seien doch alles keine echten Mädels da oben, sondern Projektionen und Fantasien. Ich fand zwar, dass sie in gewisser Weise Recht hatte, nahm die Damen aber als Frauen mit eigenem Willen und Persönlichkeiten in Schutz. Nun sind wir also wieder hier. Anna ist aber müde und wir verabschieden uns. Ich weiß nicht recht, was ich sagen soll. So springt mir Fab zur Seite und sagt, sie solle morgen zu Wicked kommen, damit wir sie zusammen zum Flughafen fahren können. Guter Mann! Sie fliegt morgen weiter nach Sydney. So verstreicht unsere letzte gemeinsame Nacht. Morgen ist mein letzter Tag in doppelter Hinsicht.

30. Juli

Lucy aus England ist die neue Mitarbeiterin, die mich ersetzen wird. Sie hat bereits in Brissi für Wicked gearbeitet. Sie wird in mein Zimmer ziehen, wohnt derzeit aber noch in einem Hostel. Somit sind wir heute fast überbesetzt, und ich kann mich darauf beschränken, ein paar Vans zu putzen, viele einfach herumzufahren und den Arbeitstag entspannt ausklingen zu lassen.

Kurz nach vier Uhr ist Anna mit ihrem Backpack bei uns, wir gehen hoch ins Wohnzimmer und reden. Lilli und Marty schauen ebenfalls vorbei. In großer Runde sitzen wir beim Bier zusammen. Anna und ich gehen dann irgendwann runter in die Van-Bay, turteln und sind die ganze Zeit dicht beieinander. Der Abschied lässt sich dann aber nicht mehr vermeiden, und wir bringen Anna zum Flughafen. Wir vereinbaren, dass wir uns am Samstag in Sydney wiedersehen. Insofern hält sich der Schmerz in Grenzen.

Auf dem Rückweg machen wir nur kurzen Zwischenstopp, um Jared einzusammeln, und fahren direkt weiter ins Shennanigans zur erneuten Pokie-Nacht.

Mit Jared habe ich später ein gutes Gespräch und erfahre ein wenig mehr aus seinem Leben. Er war Senior-Verkaufsleiter eines großen, mir unbekannten Designer-Labels mit Bürositz in der 5th Avenue in New York. Die Dinge liefen gut, aber ihm wurde der Verkaufsdruck irgendwann zu groß und er hatte keinen Spaß mehr an seinem Job, weshalb er wie ich alles kündigte und sich auf Weltreise begab. Ich erzähle ihm ein wenig meine Geschichte über Wicked und die möglichen Spanien-Pläne.

Obwohl es mein letzter Arbeitstag ist, bin ich um Mitternacht so müde, dass wir zurück müssen. Es bleibt aber ein sehr besonderer Tag meiner Reise und meines Lebens. Anna ist nun weg und gerade deshalb waren wir uns so nahe wie nie zuvor. Zudem habe ich eine Mail von Denis, dem Wicked-Chef von Europa, erhalten. Er schreibt, er hätte mich gerne mit in seinem Team, um ein Depot in Barcelona zu eröffnen!

Wir werden sehen, was es wirklich wird, aber es scheint, als würden die Dinge in Bewegung kommen und weitere Träume wahr werden.

31. Juli

Mein freier Tag. Ein freier Tag, denn ich arbeite ja jetzt nicht mehr. Daher lasse ich es entspannt angehen.

Ich schlage Fab vor, nach Kuranda und mit der Seilbahn zu fahren, aber als wir den Preis von 58 $ sehen, blasen wir die Aktion ab. Stattdessen will ich in der Stadt shoppen gehen. Ich brauche Geschenke und Andenken für mich und meine Familie. Fab kommt mit.

Im Shoppingcenter finde ich im „Myers" eine schöne Winterjacke. Das Anprobieren macht keinen besonderen Spaß, denn es sind gute 25 Grad und ich fange sofort an zu schwitzen, will auch gar nicht an Winter denken. Aber in Sydney ist bereits Winter, allein deshalb würde sich eine dicke Jacke lohnen.

Zudem will ich die CD „Triple JJJ Best of 2007" kaufen. Sean, der Ire, hatte mir in Mooroopna davon erzählt. Triple JJJ ist ein alternativer Radiosender aus Melbourne der, wie alle anderen Radiostationen, Lieblingslieder wählen lässt. Die Zusammenstellung ist aber weitab von Justin Timberlake und Christina Aguilera. Platz eins belegt Muse, knapp vor den lokalen Helden von Silverchair. Die CD ist vergriffen. Erst in einem der kleineren Läden finde ich ein Exemplar. An der Kasse habe ich es mit meiner Verkäuferin des Jahres zu tun. Sie erklärt mir, dass es die eigentliche Zusammenstellung als Doppel-CD für denselben Preis gibt, aber nicht hier. Das nenne ich eine gute Beratung. Ausgerechnet im Myers bekomme ich sie und kaufe mir auch noch die Jacke.

In der Pier-Bar trinken wir Bohemian Pils und schauen uns den erneut fantastischen Sonnenuntergang an.

1. August

Mein letzter voller Tag in Cairns. Wie immer ist alles ruhig hier oben. Um den Mittag herum geht's wieder in die Stadt, denn ich brauche immer noch ein paar Souvenirs.

Im Coles kaufe ich ein, denn heute Abend habe ich zum großen Abschlussbarbie zu uns ins Haus geladen. Es gibt Lamm, Huhn, Roo, Maiskolben, Süßkartoffeln und noch so einiges an weiterem Gemüse.

Marty und Lilli eröffnen den Bierabend mit uns. Wir sitzen angeregt beisammen in der Wicked-Bay. Marty und Jhai kümmern sich den ganzen Abend um den Grill. Neil bringt eine Flasche Bourbon mit, und so wird es ein lustiger Abend, mit Triple JJJ im Hintergrund. Als Neil und Jhai sich verabschiedet haben, fahren wir anderen ins Gilligans, wo es knallvoll ist und schreckliche Musik läuft. Es ist nicht der spannendste Abend, auch wenn es mein letzter in Cairns ist, aber so ist es wohl meistens, wenn die Erwartungen hoch liegen.

Fab fährt uns verantwortungsloserweise nach Hause, ich falle nur noch ins Bett. Es ist meine letzte Nacht in meinem Zimmer in Wicked Cairns. Was war das für eine großartige und aufregende Zeit!

36 Sydney II and Back

2. August

Gut geschlafen, kein Kater. Das ist kein gutes Zeichen. Ich fange an zu packen, es lässt sich nun nicht mehr vermeiden. Ein altes T-Shirt und meine Arbeiterhose fliegen raus, aber der Rucksack ist trotzdem bis zum Anschlag voll. Jhai und Neil kommen nacheinander hoch in mein Zimmer, um sich von mir zu verabschieden, und ich gehe später runter, um Jared Auf Wiedersehen zu sagen. Mittags fährt mich Fab, die gute Seele, zum Flughafen.

Zurück in Sydney, wo alles begann. Ich nehme einen Shuttlebus zu meinem Hostel in der Innenstadt, bin der Erste, der aussteigt, und zunächst der Einzige auf meinem Vierbettzimmer. Etwas später kommt ein junger Typ herein, der mir erzählt, er sei gestern Nacht so besoffen gewesen, dass er heute früh seinen Flug nach Horbart auf Tasmanien verpasst habe. Morgen früh sei sein nächster Versuch. Ich hatte während der Busfahrt mit Anna gesprochen, die mit Freunden in der Palmer Street wohnt und bereits ordentlich am Trinken war. Nach meiner Hostel-Inspektion (alle Türen sind nur mit einer Chipkarte zu öffnen, ebenso hält der Fahrstuhl nur auf der Etage des dazugehörigen Zimmers) mache ich mich fertig für die Nacht. Ich ziehe meine neue Winterjacke an, wickle meinen Schal um und höre die neue Coldplay-Scheibe. Die George Street ist voll eilender Menschen. Ich hole mir einen Chicken Wrap und gehe weiter über die Liverpool Street zur Palmer Street. Es ist eine sehr schöne Gegend, zumindest im Dunkeln. Ich bin hier noch nie gewesen. Annas Haus ist ein wirkliches Häuschen. Sie öffnet mir die Tür, es gibt ein herzliches Hallo, doch ich gehe gleich noch einmal los, um Bier zu kaufen, das ist alle. Im Haus sind Sahra und Sam, zwei englische Mädels und der famose Luke, von dem mir Anna schon so viel erzählt und mit dem sie bereits zuvor zusammen gewohnt hat. Wir trinken lustig weiter, ich teile mir mit Luke die letzten Vodka-Ahoi-Brausen. Nach gut zwei Stunden sind alle nach Duschen, Anziehen und Schminken so weit, dass wir aufbrechen können.

Mit dem Taxi fahren wir in die Surry Hills in irgendeine Bar, in die die Mädels unbedingt wollen. Ich finde es hier sehr durchschnittlich, aber es ist zumindest günstig. Es kommen drei weitere Aussies dazu, wobei ich nicht weiß, ob zufällig oder eingeladen, und wir fahren weiter in eine Schwulenbar. Ich habe, was leicht passiert, schon wieder völlig die geografische Orientierung verloren. Schwulenbars haben ihren voyeuristischen Reiz, sind ansonsten aber eher langweilig und können schnell nervig werden, weshalb wir raus und bloß um die Ecke eine Treppe hoch in einen kleinen Club gehen. Es sieht eher aus wie in einer privaten Wohnung mit alten Möbeln. Wegen der geringen Größe ist es sehr voll, die Gäste ausnahmslos ebenfalls. Ich wechsle zwischen der Bar und dem Balkon, auf dem Anna zusehends müder wird. Sie geht zeitig zurück ins Haus. Ich bleibe bei den anderen. Nach einer guten Stunde gehen auch wir zurück in die Palmer Street, gleich um die Ecke. Wir wollen eigentlich weiter im Wohnzimmer feiern. Dort schläft nun aber Anna auf einer Matratze auf dem Boden. Aus Respekt plündern wir lediglich die gesamten Alkoholbestände des Hauses, werfen die Flaschen in zwei Tüten und nehmen uns zwei Taxis nach Bondi Beach. Die drei Jungs wohnen dort in einem Apartment am Meer und so geht die Feierei an meinem neuen ersten Abend in Sydney weiter.

3. August

Schwere Kopfschmerzen heute morgen. Alles geht nur sehr langsam, selbst die Dusche hilft wenig. Ich gehe in die Stadt, um mir etwas zum Essen zu holen. Auf meine letzten Tage werde ich mir nichts mehr selber im Hostel kochen. In der schmalen Durchgangsstraße, in der ich vor fast einem Jahr öfter mit Domenico, Emanuelle und Alex das günstige Pizzamenü gegessen hatte, finde ich einen neuen Burgerladen. Sitzen und Essen helfen. In derselben Passage befinden sich viele Geschäfte und ich mache mich auf die Suche nach einem Jumper. In einem der kleineren Läden finde ich einen Wendejumper zum halben Preis. Sehr zufrieden gehe ich weiter durch die Stadt entlang des Hafens zur Sydney-Oper. Es scheint sogar die Sonne, es ist warm und ich stehe an diesem Symbol Sydneys, ja ganz Australiens, und genieße das Leben. Das kann man jedoch auch im Sitzen, auf einer Bank im angrenzenden Park unter einem Baum. Nach den ersten Zeilen meines Tagebuchnachtrags verstirbt mein geliebter Kugelschreiber. Er hat mich während der ganzen Reise tapfer und bis hierher begleitet und hält nun die letzten Tage nicht mehr durch.

Anna ruft mich an und sagt, sie sei mit der Arbeit fertig und gehe nach Hause, wir könnten uns später dann direkt in der Stadt treffen und ins Kino gehen.

4. August

Am Morgen kommen zwei neue, junge Mädels ins Hostel-Zimmer. Da sie mit einer Reisegruppe unterwegs sind, strömt gleich ein ganzer Schwung mehr an Menschen bei uns in die Bude. Immerhin versuchen sie leise zu sein. Um halb zehn stehe ich auf, gehe nach dem Duschen ins Gloria-Café und bestelle ein Birnen-Brombeer-Muffin und einen großen Cappuccino. Mit einer Zeitung auf dem Sofa ist es ein schöner Morgen. Im Sonnenschein schlendere ich durch den Darling Harbour und schaue mir eine Bootsmesse an. Ich kaufe ein Ticket nach Manly Beach und gehe noch einmal zur Oper, um dort ein Foto von mir machen zu lassen, als Vergleich zu meinen ersten Tagen in Sydney vor fast genau einem Jahr.

In Manly laufe ich die Haupteinkaufsstraße entlang, die zum Strand führt. Ich bin weiter auf der Suche nach Klamotten für mich, denn noch ist es nicht allzu viel geworden. Die Auswahl an relevanten Läden ist groß, Quiksilver, Billa Bong, Rip Curl ...

In einem der vielen Bistros am Strip bekomme ich endlich meinen Barramundi-Fisch, hier mit Chips. Seit dem Northern Territory verfolgt er mich, aber entweder war er gerade aus oder zu teuer. Er schmeckt vorzüglich und mir wäre etwas Edles entgangen.

Von einem der Picknick-Tische an der Esplanade schaue ich aufs Meer. Die Sonne geht unter und strahlt in einem wunderschönen orangefarbenen Ton über das Wasser. Am Strand steht ein sehr professionell ausgestatteter chinesischer Fotograf. In den ersten Wellen gleiten fünf junge Surfer den Strand entlang. Etwa 50 m hinter ihnen, im seichteren, ruhigen Wasser zieht ein Kajakfahrer durch das silbrige Nass. Und als wäre dies nicht schon ausreichend schön, tauchen hinter ihm etwa zehn Delphine auf und folgen ihm auf seinem Weg die Küste entlang.

Von der Fähre zurück in die Stadt, bestaune ich erneut die hell beleuchtete Hafeneinfahrt entlang der Skyline von Sydney. Auch dies ist ein angemessener letzter Ausflug gewesen. Im Hostel packe ich dann ein letztes Mal meine Sachen, was schnell getan ist, und gehe erneut in die Pitt Street, in der ich gestern ein gemütliches Thairestaurant gesehen hatte. Als ich gerade auf dem Weg bin, ruft Anna an, die ganz in der Nähe ist. So treffen wir uns keine fünf Minuten später am Restaurant. Wir sind zunächst die Einzigen und schauen auf den vielen Monitoren thailändische Karaokevideos, sehr putzig. Wir trinken Bier und ich bestelle Tamarindo Shrimps. Die sehr nette Kellnerin versucht sich auffallend viel mit uns zu unterhalten, es ist ja auch sonst niemand hier. Leider ist ihr Englisch so schlecht, dass sie überhaupt nichts von dem versteht, was wir ihr erzählen, und es daher auf ein recht sinnloses Gespräch hinausläuft, in dem sie ihre Floskeln abfeuert und wir vollkommen Zusammenhangsloses antworten. Trotzdem haben wir alle unseren Spaß.

Wir gehen ins „Three Monkeys", was berühmt in Sydney sein soll, auch wenn ich nicht weiß, wofür genau. Es ist ein geräumiger, mehrgeschossiger Irish Pub. Wir setzen uns auf ein Sofa und trinken Pure Blonde vom Fass. Unser Gespräch ist seit Längerem mal wieder sehr persönlich. Wir sprechen über unsere Aussichten, das Ende der Reise und weitere Pläne. Es ist ein angenehmes Gefühl und sehr viel weniger schwer, als ich es vermutet hatte. Ich bringe sie um ein Uhr zurück in ihr neues Heim, ein Hostel, dessen Zimmer aus alten Zugwaggons bestehen. Sie wird im September zurückfliegen und dann werden wir sehen, was passiert.

5. August

Mein letzter Tag in Australien. Die Nacht war nicht so ruhig wie erwartet, denn das Mädel unter mir hatte Besuch mitgebracht. So schaukelte mein Bett ganz ordentlich, wogegen auch Ohropax nichts half. Immerhin versuchten sie leise zu sein. Doch ich lächelte in die Dunkelheit, denn ausgerechnet ich darf mich nicht beschweren. Gleiches Recht für alle. Am frühen Morgen sind alle wach und machen ganz schön Alarm, wobei mir gar nicht klar wird, warum, denn auszuziehen scheint keiner. Ich schlafe so gut es geht bis neun Uhr und packe dann zusammen. In der Zwischenzeit sind auch die beiden Mädels zurück und ich erzähle ihnen ein wenig über mein Australien. Unten checke ich aus, kaufe mir ein Ticket für den Airportbus und schließe meinen Rucksack in ein Schließfach. Gleich um die Ecke gibt es ein günstiges Frühstück in einem Café, das aber leider auch so schmeckt. Es gibt noch eine wichtige Sache für mich zu tun, ich muss mein Bankkonto auflösen. Mein Konto zu schließen ist erstaunlich unkompliziert. Doch schließlich gehe ich an dem Ort, an dem ich vor einem Jahr das Konto mit einer Einzahlung von 50 $ eröffnet habe, nun mit 1 850 $ Cash wieder davon.

Im Global Gossip habe ich nur eine Nachricht bekommen. Von Denis aus London. Er schreibt, er würde sich sehr freuen, wenn ich für eine Woche nach London käme und dann weiter nach Barcelona reise, um die Dinge dort zu starten. Wow! Jetzt wird es konkret. Nur die Frage des Gehalts wäre noch zu klären, aber ich bin mir sicher, dass wir uns einigen werden. Er will mich in den nächsten Tagen auf meinem Handy anrufen, was keine gute Idee ist, denn das wird gleich nicht mehr funktionieren.

Ich verlasse nun Australien und bekomme am letzten Tag, in den letzten Stunden eine Jobzusage für Spanien, so wie ich es mir in den vergangenen Monaten immer erträumt hatte. Ich kann es selber kaum glauben und begreifen, es erscheint mir einfach so unrealistisch.

Am Check-in sitzt ein unglaublich netter Inder, mit dem ich mich eine ganze Zeit unterhalte. Er war früher selber einmal Lehrer und sagt, das sei der schlimmste Job überhaupt gewesen, er habe vor allem das Korrigieren gehasst. Für den ersten Flug könne er nicht mehr viel machen, aber ab Singapur würde ich direkt am Notausgang sitzen. Guter Mann.

Meine Gefühle sind ambivalent, je nach Situation überwiegt die Trauer des Abschieds oder die Vorfreude auf das große Wiedersehen zu Hause.

6. August

Im Flugzeug ab Singapur sitze ich nun wie angekündigt am Notausgang, was mir neidische Blicke einbringt. Das Essen bleibt weiterhin gut und nach einem weiteren Film schlafe ich bei Ipod, Schlafbrille und Nackenkissen fast fünf Stunden durch. Zum Abschluss sehe ich ebenfalls passend, wie ich finde, einen der besten Filme, der jemals gedreht wurde „Fear and Loathing in Las Vegas". Dann beginnt bereits der Landeanflug.

An der Frankfurter Passkontrolle weiß ich gleich wieder, wo ich gelandet bin. Der Beamte wirft mir den Pass rüber, nachdem er selber wortlos nur einen Blick darauf geworfen hat. Kein „Guten Morgen" oder „Willkommen", in Australien undenkbar.

Im Zug habe ich einen Einzelsitz am Fenster der Ersten Klasse. Dass ich hier nicht hingehöre, wird augenfällig, als ich mich umsehe. Ich bin in Frankfurt um acht Uhr am Morgen, um mich herum sitzen in einem fast vollbesetzten Zugabteil ausschließlich Anzugträger, vermutlich auf dem Weg in eine Bank oder Versicherung. Ich falle mit meinem dreckigen Klamotten und dem großen Rucksack auf. So mache ich es mir in diesem geräumigen Sessel gemütlich und mich über die Süßigkeiten meines Quantas-Beutels her.

Als wir langsam in Hamburg einlaufen, fängt es an zu regnen. Als wir in den Bahnhof einrollen, höre ich „What goes around ... comes around".

Ich kann noch gar nicht ganz begreifen, dass meine Reise nun zu Ende sein soll.

Ein Jahr Australien. Ein Traum ist wahr geworden und endet heute. Es ist ohne Frage das beste Jahr meines Lebens gewesen. Und was immer noch passieren mag, es gibt nichts daran zu bereuen. Und nichts davon kann mir jemals wieder genommen werden!

Danksagung

Mein Dank und meine Gedanken gehen an meine Mutter, meine Schwester und meinen Vater, ohne die weder ich noch dieses Buch existieren würden.

Ich danke all jenen, die mich begleitet, die mir das Reisen oder das Ankommen erleichtern haben: Darunter Mario für seine aktive Teilhabe am Reisen, seine stete Unterstützung in jeder Phase und vor allem seine Freundschaft. Christian, ohne den diese Reise nie stattgefunden hätte. Ali und Micha für ihre ungebrochene Anteilnahme aus über Tausenden Kilometern Entfernung, die mir viel bedeutet. Markus für seine unschätzbaren Informationen und Reiseplanungen über Australien und Neuseeland. Esther, die mich immer unterstützt und mir den Freiraum und die Ruhe gegeben hat, dieses Buch zu vollenden.

Mein besonderer Dank geht an Edith und Manfred Weniger, die alles gelesen, korrigiert, kommentiert und verbessert haben. Sie gaben anhaltenden Ansporn und Ermunterung, ihre Zeit, ihre Geduld und ihren Rat, die dieses Buchprojekt erst ermöglicht haben.

Und schließlich möchte ich mich sehr bei meiner Lektorin Ines Eifler für die Zusammenarbeit bedanken, ihre sorgfältigen, klugen und unentbehrlichen Anmerkungen und Korrekturen.

Armin Hagemann